KB003503

일본인의 인류학적 자화상

인류학적 관점에서 본 야나기타 구니오와 일본민속학

"NIHONJIN NO JINRUIGAKU−TEKI JIGAZO" by Mikiharu Ito
Copyright ⓒ 2006 Mikiharu Ito
All rights reserved.

Original Japanese edition published by CHIKUMASHOBO LTD.

This Korean edition is published by arrangement with CHIKUMASHOBO LTD., Tokyo
in care of Tuttle−Mori Agency, Inc., Tokyo
through Shinwon Agency, Co., Seoul.

이 책의 한국어판 저작권은 신원 에이전시와 터틀−모리 에이전시를 통해
CHIKUMASHOBO LTD.와 독점계약한 (주)일조각에 있습니다.
저작권법에 따라 한국 내에서 보호를 받는 저작물이므로 무단 전재와 복제를 금합니다.

일본인의 인류학적 자화상

인류학적 관점에서 본 야나기타 구니오와 일본민속학

이토 미키하루 지음
임경택 옮김

일조각

머리말

미국의 문화인류학자 하루미 베후Harumi Befu는 많은 일본인들이 내셔널 아이덴티티national identity[1]에 강한 관심을 가지고 있다고 지적하면서, 노무라종합연구소野村総合研究所가 펴낸 『일본인론』(1978)에 따르면 1946년부터 1978년까지 지난 33년간 698편의 '일본인론'이 간행되었다(Befu 2001:7)고 하였다. 단순히 평균해 보더라도 일본에서 매년 21편의 '일본인론'이 출간되었다는 결과가 나온다. 상당한 숫자라 하지 않을 수 없다.

정체성identity은 맥락에 따라 자기동일성이나 귀속의식, 존재증명, 주체성, 거처, 자기인식 등과 같은 일본어로 번역되곤 한다. 또

---

1 이 책에서는 민족을 뜻하는 단어로 'nation'뿐만 아니라 'ethnos'도 사용되므로 혼동을 피하기 위하여 각각 네이션과 에트노스라고 표기한다(nation과 ethnos의 의미에 대해서는 「서장」 참조). 그리고 이 단어들과 병기하는 'identity'는 정체성이라 번역하지 않고 영어 발음 그대로 표기한다. —옮긴이

한 정체성에는 개인의 정체성 외에 에스닉 아이덴티티ethnic identity
나 내셔널 아이덴티티 등과 같이 집합적 정체성이 있는데, 어느 정
체성이건 모두 타자와의 관계 안에서 '나는 누구인가' 혹은 '우리는
누구인가'라는 물음에 대한 답변이라고 생각한다.

이 책은 타자에 대한 자기인식으로서의 정체성을 타문화에 대한
'자문화 인식(문화적 정체성)'으로 바꿔 읽고, 타문화에 대해 '나의 문
화' 혹은 '우리의 문화'를 인식하는 것으로서의 정체성이 일본 내의
일본문화론에 어떻게 표상되고 있는가를 민족학ethnology과 민속학
folklore으로 불리는 두 개의 '민조쿠'[2]학에서 발견되는 '인류학적 담
론'들을 통해 검토한 것이다.

이 책의 핵심어인 '자문화'의 '자自'는 타자와의 관계 안에서의 '자
기'를 의미한다. 그리고 '자문화'란 태어나고 자란 자국의 생활공동
체 안에서 나 또는 우리가 키워온 '나의 문화' 또는 '우리의 문화'라
는 의미를 지닌 '자기 문화'를 말한다.

이 책은 특히 인류학적 담론 중 세 가지에 초점을 두고 있다. 첫
번째는 인류학적 담론이 어떠한 가정을 전제로 하여 표상되고 있
는가라는 점이다. 두 번째는 인류학적 담론에 어떠한 자화상이 그
려져 있는가이다. 세 번째는 인류학적 담론에 그려진 자화상에서
어떤 전망을 읽어낼 수 있는가라는 문제이다.

이러한 광의의 인류학적 자화상을 읽어 내고 풀어내기 위하여 이

---

2 일본어로는 민족民族과 민속民俗을 모두 '민조쿠ミンゾク'라고 발음한다. ─옮긴이

책에서는 '민속문화folk culture'를 다룬다. '민속문화'라는 용어와 개념은 일본의 민속학자가 만들어낸 것이 아니라 미국의 문화인류학자가 사용한 분석 개념이다. 이러한 개념을 굳이 선택한 것은 일본의 민속학자들이 많이 사용하는 '민속folklore'이라는 기술 개념보다는 민속문화라는 개념이 더 유효하다고 생각했기 때문이다. 여기에서는 우선 민속문화를 보다 큰 체계로서의 '민족문화national culture' 속의 '부분문화'라고 규정해 두고자 한다.

되풀이하자면, 이 책은 민속문화를 둘러싸고 시도되어온 인류학적 담론에서 어떠한 자화상이 그려졌고, 그 자화상이 역사의 한 굽이를 맞이한 현재, 우리에게 어떠한 의미가 있는가를 검토한 것이다.

서장에서는 일본문화를 인식하는 방법과 틀에 대해 서술한다. 방법으로서의 민족학(문화인류학)과 민속학이라는 두 '민조쿠'학의 역사적 관계에 대해 기술하고, 민속문화라는 개념이 민족문화 안의 부분문화라는 점을 지적한다. 또한 민족과 역사의 척도라는 두 개의 틀을 설정하여, 민족을 근대 이전에 형성된 에트노스ethnos와 근대 이후에 형성된 네이션nation으로 나누고 역사의 척도를 장기長期 지속/중단기中短期 지속으로 파악하고 각각에 대해 개략적으로 설명한다.

제1장에서는 두 '민조쿠'학의 '자문화' 연구 동향에 대해 서술한다. '현지인류학자'라 불리는 민족학자의 자문화 연구가 최근 들어 서서히 감소하는 경향이 있음을 지적하고, 나아가 '자문화 연구로

서의 민속학'의 일부에서 최근 민족국가(국민국가)의 존재를 전제로
한 일국민속학―国民俗学, National Folklore의 틀을 탈구축하여 지역사
회의 민속문화 연구로 축을 옮긴 현대민속학Postmodern Folklore이
제창되고 있다는 사실에 주목함으로써 현재 두 '민조쿠'학의 괴리
가 두드러지고 있음을 지적한다.

제2장에서는 이른바 기층문화를 둘러싼 인류학적 담론을 검토한
다. 역사민족학자 오카 마사오岡正雄의 '일본민족문화형성론'과 역
사민속학자 아카사카 노리오赤坂憲雄의 '여러 개의 일본'론을 다루
어 그들의 담론이 '구조로서의 역사'를 중시하고 역사과정에서 구
조의 안정성이라는 가정을 암묵적으로 전제하고 있음을 지적한다.
또한 오카의 담론이 당시 젊은 세대 사회인류학자들의 사회유형론
이나 민속학자들의 민속문화론으로 계승되어, 현재 일부 역사민족
학자들이 주장하는 다중구조론에 영향을 끼쳤음을 기술한다.

제3장에서는 민속문화의 다양성에 대한 인류학적 담론을 검토한
다. 정치학자 가미시마 지로神島二郎의 '순성사회론馴成社会論', 문화
인류학자 요네야마 도시나오米山俊直의 '소분지우주론小盆地宇宙論',
역사민족학자 오바야시 다료大林太良의 '문화영역론文化領域論' 등을
통하여 민속문화의 다양성론이 결국 '에트노스로서의 민족'의 민속
문화의 구조와 그 지속이라는 가정을 전제하고 있음을 지적한다.
또한 역사의 또 다른 측면으로서 '과정으로서의 역사'를 문제 삼아
야나기타 구니오柳田國男가 설정한 민속문화의 역사과정이라는 틀
과 '무의식의 전승'이라는 개념을 검토한다.

제4장에서는 만들어진 민속문화를 둘러싼 인류학적 담론을 검토한다. 유럽 언어에서 이야기하는 전통의 개념을 검토하고, 이것을 야나기타 구니오가 '전승'이라고 번역한 것에 주목하여 전통의 연속과 비연속의 문제를 다시 생각해 본다. 또한 에릭 홉스봄의 '만들어진 전통'론을 실마리로 삼아 일본의 민족국가 형성과정에서 창출된 '네이션으로서의 민족'의 민속문화를 '공통문화'라 규정하고, 공통문화의 틀로서 국민축제일이나 일요휴일제, 공통문화로서의 신전결혼神前結婚의 창출 등에 대해 검토한다.

제5장에서는 대중소비사회의 민속문화를 검토한다. 구미의 민속학자가 제시한 포클로리즘folklorism과 페이클로어fakelore라는 개념을 검토하고, 나아가 민속문화의 변용과정을 분석하는 틀(에트노스-민속문화/네이션-공통문화)을 설정한 후 '글로벌 문화'의 요소를 엮어 넣은 민속문화와 공통문화의 뒤얽힘 현상에 주목한다. 또한 1970년대 이후에 창출된 도시축제의 세계와 의도된 교환(밸런타인데이와 화이트데이의 선물 교환)을 제재題材로 삼아 공통문화와 민속문화의 뒤얽힘 현상을 재검토한다.

마지막 장에서는 '자문화 인식'으로서의 집합적 정체성이라는 맥락에서 인류학적 담론을 재검토한다. 정체성이 역사적 상황에서 끊임없이 흔들리고 있다는 것에 주목하여, 일본의 인류학적 담론도 내셔널 아이덴티티에서 로컬 아이덴티티local identity를 향해 흔들리고 있음을 지적한다. 그리고 일본 사회가 '다민족공생사회'로 향해 가는 현재, 장래의 '자문화 연구의 인류학'이 에트노스로서의 민족의 민속문화 외에 공통문화나 글로벌 문화 쪽으로도 시야를 넓혀야 할 필요성에 대해서도 설명한다.

이상이 이 책의 줄거리이다. 두 '민조쿠'학이 결별하게 된 것은 야나기타 구니오가 일국민속학을 제창한 다음 해인 1935년경의 일이다. 그로부터 70여 년의 세월이 흘렀다. 민족학과 민속학은 성립 경위를 보면 매우 친근한 관계였음에도 불구하고, 분리되고 나서는 무언가 서먹서먹하고, 경우에 따라서는 서로 반발하는 관계를 이어 왔다. 최근에 이러한 두 '민조쿠'학의 관계를 결정적으로 갈라놓은 사건이 일어났다.

2004년 4월, 민족학 연구자 집단인 일본민족학회가 일본문화인류학회로 개칭되고 그 기관지인 『민족학연구民族学研究』가 『문화인류학文化人類学』으로 개명된 것이다. 이는 일본문화인류학회가 '에트노스로서의 민족'의 문화 연구에서 '안트로포스anthropos[3]로서의 인류'의 문화에 대한 연구로 그 축을 옮겼다는 사실을 내외에 표명한 것이라 할 수 있다. 민족학은 에트노스로서의 민족을 포괄하는 안트로포스로서의 인류의 문화를 연구하는 학문으로 재출발한 셈이다.

한편 민속학은 어떠한가. 당초 민속학은 '네이션으로서의 민족' 안의 '에트노스로서의 민족'의 민속문화를 연구하는 학문으로 출발

---

3 그리스어로서 '인간', '인류'를 뜻한다. ─옮긴이

했지만 1980년대의 포스트모던 상황에서 이러한 일국민속학의 틀을 탈구축하는 움직임이 나타났다. 에트노스로서의 민족의 민속문화 연구라는 틀을 해체하고 지역사회의 민속문화 연구로 그 축을 전면적으로 옮긴 것이다. 앞으로 민속학이라는 학문은 어떻게 재구축될 것인가. 늘그막에 접어든 필자가 그것을 끝까지 지켜볼 수는 없겠지만, 역사적으로 친밀한 관계였던 두 '민조쿠'학이 나아갈 자문화 연구의 장래를 위하여 여기에서 조촐한 제안을 내놓아 보고자 한다.

이 책에서 내가 두 개의 '민조쿠'학을 광의의 인류학으로 파악하여 거기에서 표상되는 담론들을 인류학적 담론이라 부르는 이유는, 일본에서 두 학문이 장래에 하나의 학문영역으로 통합되는 것이 바람직하다고 생각하기 때문이다.

민족학에서는 자문화 연구에 종사하는 민족학자(문화인류학자)를 '현지인류학자native anthropologist'라 부른다. 나는 일본의 현지인류학자는 국내·국외의 타문화 연구를 살펴보는 동시에 야나기타 구니오의 일국민속학 이래 '자문화 연구로서의 민속학'이 쌓아 올린 성과를 비판적으로 검토하고, 자문화 연구의 새로운 관점과 방법을 개척하고자 노력하는 것이 바람직하다고 생각한다. 이는 오랫동안 '일국완결형'을 고집해온 민속학자들을 자극할 것이기 때문이다.

한편, 민속학자들은 야나기타 구니오의 일국민속학 이래 부지런히 쌓아온 실증적 연구와는 별도로, 이 학문의 이론 체계를 확충해야 할 것이다. 이론적 연구가 아직 미개척 분야이기 때문이다. 분석 개념이 빈약하다는 점이 걱정될 뿐만 아니라, 민속학자들이 현지인류학자가 사용하는 개념이나 담론을 안이하게 '이차적으로 유용'하는 데에 더욱 신중해지기를 바란다. 필자는 현지인류학자와 마찬가지로 민속학자도 외국의 인간과학 제반의 성과를 직간접적으로 섭취함으로써 자문화 연구를 심화해 주기를 기대한다. 야나기타 구니오가 일국민속학의 이론적 기초를 굳히기 위하여 방대한 외국 문헌을 섭렵했다는 점을 상기해야 할 것이다.

또한 현지인류학자와 민속학자 모두 두 개의 '민조쿠'학이 성립 당초부터 잡학성雜学性이 특징인 학문영역이었음을 유의해야 할 것이다. 장래에 자문화 연구를 발전시키려면 현지인류학자와 민속학자 모두 인접 학문의 연구성과를 자세히 살펴보면서 가능한 한 폭넓은 교양을 지니는 것이 불가결한 요건이기 때문이다.

두 학문의 괴리는 갈수록 두드러지고 있다. '자문화 연구의 인류학'이라는 열매를 맺는 데에 이러한 상황은 결코 바람직하지 않다. 두 학문의 긴밀한 연대가 필수적이기 때문이다. 앞으로 이러한 괴리를 최대한 메꾸는 것이 두 '민조쿠'학 내의 생각 있는 젊은 세대들에게 부과된 과제가 아닐까 생각한다.

차례

일러두기

1. 본문의 각주는 모두 옮긴이 주입니다.
2. 일본에서 쓰이는 용어, 저서, 인명 등을 표기하고자 일본식 한자를 사용했습니다.

일본문화를 인식하는 방법과 틀

자문화 인식의 방법

방법으로서의 두 '민조쿠'학

일본에는 두 개의 '민조쿠'학이 있다. 하나는 '타문화'를 연구하는 민족학民族学, ethnology이다. 이는 문화인류학이나 사회인류학이라 불린다. 또 하나는 '나' 혹은 '우리'가 자국의 생활공동체 안에서 자라게 하거나 키워온 '자기 문화', 즉 '나의 문화', '우리 문화'를 연구하는 민속학民俗学, folklore이다. 머리말에서도 언급했듯이 이 책에서 '자문화'란 나의 문화 또는 우리 문화로서의 '자기 문화'를 가리킨다. 전자의 민족학은 '에트노스ethnos로서의 민족'의 문화를 연구하는 학문이고, 후자의 민속학은 '네이션nation으로서의 민족'의 문

15

화에서 전승되는 '민속문화'를 연구하는 학문이다. 그러므로 두 개의 '민조쿠'학은 친밀한 관계에 있는 학문영역이다.[1]

두 개의 '민조쿠'학이 일본에 성립된 것은 그다지 오래된 일이 아니다. 지금으로부터 70여 년 전이다. 그전에는 두 개의 학문이 공존관계를 지속해 왔다. 민족학과 민속학으로 나누어진 것은 1934년부터 1935년에 걸친 무렵의 일이다. 일본민족학회가 1934년 11월에 설립되고 이듬해인 1935년 1월에 기관지 『민족학연구民族学研究』가 창간되자, 그에 대응하듯이 1935년 7월 31일부터 8월 6일에 걸쳐 도쿄의 일본청년관에서 야나기타 구니오의 회갑을 기념하여 일본민속학강습회가 개최되었는데, 그 자리에서 '민간전승회民間伝承の会'(일본민속학회의 전신)가 결성되었으며, 이듬해 9월에 기관지 『민간전승民間伝承』이 창간되었다.

그리하여 '민족문화'(에트노스/네이션)를 연구하는 학문은 민족학과 민속학으로 분리되었는데, 그렇게 되기까지에는 우여곡절이 있었다. 야나기타가 창시한 '일국민속학—国民俗学'의 성립과정을 통해 그 경위를 추적해 보자.

야나기타가 신화학자인 다카기 도시오高木敏雄의 협력을 얻어 향토를 대상으로 한 월간지 『향토연구郷土研究』를 창간한 때는 1913년 3월이다. 이 잡지는 4년 후인 1917년에 제4권 제12호를 내고 휴간

---

1 이 책에서는 민족의 개념을 두 가지로 분별하여 사용하는데, 에트노스로서의 민족과 네이션으로서의 민족이 그것이다. 이 개념에 대해서는 30~36쪽을 참조할 것. 한국어로 적절한 번역어가 없으므로 원문 그대로 에트노스와 네이션이라고 표기한다. 따라서 이 책에서 네이션은 민족이라는 개념으로만 사용한다.

하였는데, 그사이에 야나기타는 1910년에 니토베 이나조新渡戸稲造가 주재하여 설립한 '향토회'에 참석하였고, 그 무렵에 영국의 사회인류학자 제임스 프레이저James George Frazer와 민속학자 G. 로런스 곰G. Laurence Gomme의 저작을 가까이하였다. 『정본 야나기타 구니오집定本柳田國男集』의 「연보年譜」(이하 「정본 연보」라 한다.)에는 1913년에 "8월, 프레이저의 『곡신론穀神論』, 『불사영혼론不死靈魂論』 등을 읽다." 그리고 "11월, 곰의 『에스놀로지 인 포클로어』를 읽다."라고 되어 있다. 『곡신론』은 프레이저의 『황금가지』 전 13권(1906~1936) 중에서 『황금가지―곡물령과 야생령―The Golden Bough: Spirits of the Corns and of the Wild』(1912) 전 2권, 『불사영혼론』은 『불사신앙과 사자숭배The Belief in Immortality and the Worship of the Dead』(1924) 전 3권, 『에스놀로지 인 포클로어』는 『Ethnology in Folklore』(1892)를 가리킨다.

『향토연구』를 창간할 때 야나기타는 일본을 '작은 향토의 집합'이라 파악하고, 향토인에 의한 향토 연구를 구상하고 있었다. 이 잡지를 휴간한 후 야나기타는 1921년 초순부터 2월 중순에 걸쳐 아마미奄美, 오키나와沖縄를 방문하였고, 5월에는 국제연맹 위임통치위원으로 취임하여 1923년 11월에 귀국할 때까지 햇수로 3년간, 실제로는 1년 7개월 정도 유럽에 머물렀는데, 이 기간에 '일국민속학'의 구상을 심화하였다.

야나기타는 귀국한 지 2년 후인 1925년 11월, 독일·오스트리아의 역사민족학에 관심을 보이던 오카 마사오岡正雄와 그 친구인 다나베 스케토시田辺壽利, 아루가 기자에몬有賀喜左衛門 등 젊은 세대 연구자들의 협력을 얻어 격월간지『민족民族』을 창간하였다. 이 잡지는 두 개의 '민조쿠'학 외에 언어학이나 고고학, 종교학 등의 인접 학문들을 다루었는데, 이처럼 두 개의 '민조쿠'학이 당시에는 문자 그대로 친밀한 공존관계에 있었다.

그 무렵 야나기타는 인접 학문의 성과를 적극적으로 흡수하여 일국민속학의 방법론적 기초를 굳히고자 하였으며, 다른 한편으로는 일국민속학의 대상을 구체화하고자『민족』제1권 제2호(1925)부터 「자료·보고·교순交詢」란을 만들어 각지의 민간습속을 게재하였다. 제1권 제2호에 「정월正月행사」, 제1권 제3호에 「3월 셋쿠節供 습속」과 「춘제春祭 기사」, 제1권 제4호에 「모내기 때의 행사 등」이 게재되었다. 이 잡지도『향토연구』처럼 4년 후인 1929년 4월에 제4권 제3호를 마지막으로 폐간되었다. 야나기타가 '포클로어folklore'와 '에스놀로지ethnology'의 번역어를 적극적으로 생각하게 된 것은『민족』을 간행 중이던 때의 일이다. 이제 그 경위를 살펴보겠다.

야나기타의 강연집『청년과 학문青年と学問』(1928)에 수록된 일본 사회학회에서의 강연 「일본의 민속학」〔원제 「민속학의 현상民俗学の現状」(1926)〕에서 야나기타는 민속학이라는 명칭을 전면에 내세워 포클로어를 민속학, 에스놀로지를 토속학으로 번역하자고 제안한다. 그런데 1개월 후 문화회文話会에서 강연한 「Ethnology는 무엇인가Ethnologyとは何か」(1926,『청년과 학문』에 수록)에서는 에스놀로지를 민속학이라 번역하고 싶지만 민족학이라 번역하는 것이 더 낫다는

견해도 있으므로 민속학이라 결정하기 힘들다고 하면서, 에스놀로지는 장래에 '민족적인 학문'이 되어야 한다고 주장한다.

에스놀로지는 본디 에트노스에 대한 학문이기 때문에 이것을 민속학이라 번역하기보다는 오히려 민족학이라 번역하는 편이 적절할 것이다. 그 에스놀로지를 감히 민속학이라 번역하고, 더 나아가 민족적인 학문이 되어야 한다고 주장한 것은 이 무렵의 야나기타가 '자국민 동종족의 자기성찰'을 목적으로 한 일국민속학을 구상하고 있었기 때문이 아닐까? 후술하겠지만, 『민족』을 폐간한 지 2개월 후인 1929년 7월에 민속학회가 설립되어 기관지 『민속학民俗学』이 창간되는데, 야나기타는 설립에 참여하지 않았을 뿐만 아니라 기고조차 하지 않았다. 그리고 야나기타는 에스놀로지와 포클로어의 번역어를 계속 모색해 갔다.

1930년 6월에 발표한 「도호쿠와 향토연구東北と郷土研究」에서 야나기타는 에스놀로지를 민속학, 에스노그래피ethnography를 민속지民俗誌라 번역하였다. 그리고 독일에서는 민속학이 제국諸国민속학Völkerkunde과 자국민속학Volkskunde으로 구별된다고 하고, "주로 자국의 생활, 동포의 문화를 관찰하고 해설하는" 학문을 자국민속학 혹은 '내셔널 에스놀로지national ethnology'라 불렀다. 그 후 제국민속학은 민족학, 자국민속학은 민속학이라 번역하였다.

이듬해 9월에 출간한 「향토연구의 장래郷土研究の将来」(1931)에서도 야나기타는 에스놀로지를 토속학, 에스노그래피를 토속지土俗誌라고 번역하는 외에, 독일어인 '푈커쿤데Völkerkunde'를 비교민족지학, '포크스쿤데Volkskunde'를 일국민족지학이라 번역하였다. 그 무렵 야나기타는 두 개의 '민조쿠'학을 민속학이라는 명칭으로 통일하고, 민속학을 일국민속학 혹은 일국민속지, 민족학을 비교민속학으로 번역하는 것도 생각했던 듯하다.

야나기타가 『민간전승론民間伝承論』(1934)을 출간한 것은 「향토연구의 장래」를 발표한 지 3년 후의 일이다. 이 책은 일본에서 네이션으로서 민족의 민속문화(민간전승)를 연구하는 일국민속학의 관점과 방법, 대상 등의 제반 문제를 체계적으로 기술한 저서이다. 야나기타는 유럽에서 전개된 인간과학의 성과를 시야에 넣어 민속학의 체계화를 도모하였지만, '민간전승'이라는 용어는 프랑스 민속학자 폴 세비요Paul Sébillot가 서명이나 학회명, 기관지에 사용한 '트라디시옹 포퓔레르traditions populaires'를 번역한 말이다.

일국민속학의 이론적 틀을 제시한 『민간전승론』에 이르러 야나기타는 민족학이라는 번역어를 포클로어의 번역어인 민속학과 동음이라는 이유로 회피하고, 다시금 에스놀로지를 토속학, 에스노그래피를 토속지 또는 토속지학이라 부른다. 『민간전승론』 이후에도 야나기타는 에스놀로지와 에스노그래피의 번역어로 토속학과 토속지를 채택하고, 프랑스어의 에트놀로기ethnologie와 에트노그라피ethnographie를 민속학과 민속지학, 독일어의 포크스쿤데와 푈커쿤데를 각각 일국민속지학과 만국민속지학 또는 비교민속지학이라 번역하였다(伊藤 2002:82-85).

이상이 포클로어와 에스놀로지의 번역어를 둘러싼 야나기타의 시도이다. 『민간전승론』은 야나기타가 구술한 내용을 정리한 책으로, 「정본 연보」에 따르면 1933년 "9월 14일, 이날부터 매주 목요일 오전 자택에서 '민간전승론'을 강의하였다. 고토 고젠後藤興善, 히가 슌초比嘉春潮, 오토 도키히코大藤時彦, 스기우라 겐이치杉浦健一, 오마치 도쿠조大間知篤三 등이 참가하였고, 이후에 12회에 걸쳐 12월 14일까지 계속하였다."고 한다. 이듬해 1월, 이 모임은 야나기타가 주재하는 목요회로 발전하여 같은 달 11일에 제1회 목요회가 열렸다. 4월 15일에 야나기타는 자택의 서재를 '향토생활연구소'로 개방하고, 민속학 연구자를 육성하고자 노력하였다.

야나기타가 일국민속학의 기초를 견실하게 굳혀 가는 한편, 잡지 『민속학民俗学』을 거점으로 한 민속학회 사람들도 야나기타의 움직임에 대항하여 일본민족학회의 조직화에 의욕을 불태우고 있었다. 야나기타의 『민족』이 폐간된 지 얼마 안 되어 민속학 담화회가 생겨났고, 오리쿠치 시노부折口信夫를 중심으로 긴다이치 교스케金田一京助, 마쓰무라 다케오松村武雄, 우노 엔쿠宇野円空, 마쓰모토 노부히로松本信廣, 아루가 기자에몬有賀喜左衛門, 아키바 다카시秋葉隆, 고이즈미 마가네小泉鐵, 우쓰시가와 네노조移川子之藏, 고야마 에이조小山栄三 등이 민속학회를 조직하고 기관지인 『민속학』을 발간하였다.

두 개의 '민조쿠'학은 이 무렵부터 결정적으로 분리되기 시작하였다. 야나기타가 자택에 향토생활연구소를 설립하고 『민간전승론』을 출간한 1934년에 민속학회 동인 중에서 우노 엔쿠, 이시다 미키노스케石田幹之助, 고야마 에이조 등 세 명이 실행위원으로 선출되어 일본민족학회 설립을 준비하였다. 같은 해 11월 10일에는 발기인회가 개최되어 "우리나라에 민족학 연구를 진흥하고, 나아가 국제적 연락을 도모할 것을 목적"으로 하는 일본민족학회가 세워졌다. 초대 이사장에는 동양사학자 시라토리 구라키치白鳥庫吉가 선출되었고, 이듬해인 1935년 1월에 기관지『민족학연구』(제1권 제1호)가 창간되었다(民族学振興会 編 1984:1-5).

야나기타가 민족학과 민속학의 분리를 묵인하고 에스놀로지와 푈커쿤데를 민족학, 포클로어와 포크스쿤데를 민속학이라고 부르는 움직임을 용인할 수밖에 없게 된 것은 이와 같이 민족학의 진흥을 목적으로 한 일본민족학회가 발족했기 때문이다. 전시 중에 출간된『국사와 민속학国史と民俗学』(1944)의 「자서自序」(1943년 9월)에서 야나기타는 당시의 일을 다음과 같이 술회하였다.

「향토연구의 장래」(1931)를 발표한 무렵, "나는 민속학과 민족학이 서로 매우 용이하게 접속할 것이라고 낙관하였다." 하지만 두 학문의 거리가 오히려 멀어지고, 민속학이 "한 민족의 내부 생활에서 잇달아 흥미로운 문제가 발견되는 데에 이끌려 바깥으로 나가서 일할 여유를 잃었고", 민족학은 "일본 이외의 여러 민족에게 배워야만 하는 것이 너무나 많아져서, 그것을 확실히 해야 할 필요성이 대두되어 내외와 자타를 비교·종합하는 작업을 나중으로 미루어 둠으로써" 완전한 분업 상태가 여전히 계속되고 있다고 하였다.

이러한 상태가 오리라고는 생각하지 않았기 때문에 민속학을 일국민속, 민족학을 비교민속학이라고 부르면 좋겠다는 정도로 정해둔 무렵에 민족학 쪽에서 "관립 연구소와 공인된 학회까지 만들어진 이상, 날개가 이미 완성되었으니 더 이상 움직이는 것은 불가능"하다고 하였다. 그래서 임시 조치로서 "가령 최초의 문장에 민속학이라고 썼던 것을 민족학으로 고치기로 했던 것이다." 하지만 "오늘날 이야기하는 일본민속학, 즉 세계의 모든 민족을 연결하여 문화의 전개를 탐구하는 경우에 그 학자가 속한 나라가 겪은 일들을 중심으로 하여 출발하려는 우리의 사업을 포용하고 이해하지 않는다면 서로에 대해 알기 어려울지도 모르겠다."(柳田 1998:86-87)라고 하였다.

여기에서 야나기타가 언급한 '관립 연구소'란 1942년에 문부성 직할연구소로 설치되기로 결정된 국립 민족연구소를 가리킨다. 그리고 '공인된 학회'란 야나기타를 중심으로 한 민간전승회와 대립관계에 있던 일본민족학회이다.

『국사와 민속학』에 수록된 「향토연구의 장래」는 야나기타의 논고 중에서도 대폭적으로 가필·수정된 것 중 하나인데, 야나기타가 명기하였듯이 번역어의 정정이 특히 눈에 띈다. 에스놀로지의 번역어인 민속학이 민족학이나 비교민족학, 토속학으로 정정되었고, 에스노그래피의 번역어인 민속지가 토속지로 정정되었다. 또한 독일어인 푈커쿤데의 번역어인 비교민속지가 비교민족지로, 포크스쿤데의 번역어인 일국민족지학이 일국민속지학으로 바뀌었다.

민족학과 민속학은 그 후 반세기가 넘도록 서로 긴장관계를 유지하면서도 불가근불가원不可近不可遠 관계를 계속해 왔는데, 최근 이러한 관계에 쐐기를 박는 사건이 일어났다. 2004년 4월 일본민족학회가 일본문화인류학회로 개칭되고, 그 기관지인 『민족학연구』가 『문화인류학』으로 개명된 것이다. 이것은 민족학이 에트노스로서의 민족의 문화를 연구하는 것에서 에트노스를 포함한 '안트로포스anthropos로서의 인류'의 문화를 연구하는 쪽으로 축을 옮겼다는 것을 내외에 표명하였음을 의미한다. 민족학은 에트노스를 부분으로 하는 안트로포스로서의 인류의 문화를 연구하는 학문으로 재출발하게 된 것이다.

민속학계의 일부에서는 이러한 동향에 역행하듯이, 네이션 안에 전승되는 민속문화를 연구하는 일국민속학의 틀을 탈구축하고 지역사회의 민속문화를 연구하는 '현대민속학Postmodern Folklore'으로 재발족하려는 움직임도 나타나고 있다. 이에 대하여 뒤에서 서술하겠지만, 현재 두 '민조쿠'학의 거리가 이전보다 더욱더 멀어지고 있다는 것은 부인할 수 없다.

민속문화라는 개념

소규모의 고립된 자율적 사회라고 상정되는 이른바 미개사회가 급격한 변화를 거쳐 '탈미개화'한 결과, 민족학자(문화인류학자)가 미개라는 진화주의 인류학의 개념을 포기한 지 이미 오랜 세월이 흘렀다. 과거의 미개사회가 오늘날 민족국가(국민국가)나 도시사회라는 보다 큰 체제 안에 자리 잡게 되었다는 사실은 여기에서 새삼 논할 필요는 없을 것이다. 이 책에서 사용하는 민속문화folk culture는 이러한 맥락에서 사용되는 개념이다.

일본 민속학자들 사이에서 민속문화가 민속학의 대상인 '민속'과 동의어로 사용되고 있는데, '민속문화란 무엇인가'라는 개념 규정이 이루어지지 않은 채 오늘날에 이르고 있다. 민속학자들이 이 용어를 사용하는 맥락들을 읽어 보면 민속문화는 "주어진 것으로서의 민속"과 "과제로서의 지역문화"를 겹쳐 놓은 개념인 것 같다(伊藤 2002:130).

민속문화라는 용어와 개념은 1930년대부터 1960년대에 걸쳐 중앙아메리카를 연구한 미국 문화인류학자들이 사용하였는데, 이 책에서 민속folklore 대신 민속문화를 사용한 것은 민속학자들이 사용하는 '주어진 것으로서의 민속' 개념이 분명하지 않다는 사실 때문이다. 다음에서는 '부분문화'라는 측면에 초점을 맞추어 민속문화 개념의 골자를 설명하겠다.

민속사회와 그 문화의 개념화를 처음 시도한 이는 미국 문화인류학자 앨프리드 크로버Alfred L. Kroeber이다. 크로버는 민속사회와 부족사회를 문명사회와 대비하여 다음과 같이 설명한다. 민속사회와 부족사회에서는 사람들이 상호 숙지하는 관계를 맺고 친족집단이 사회의 기초를 이룬다. 게다가 정치제도가 발달하지 않아 도덕관념이나 종교관념이 강하다. 그에 비해 문명사회에서는 인간관계가 탈인격적이고 개인화되어 친족집단이 약하고 종교적 신앙도 쇠미해지며 합리화나 세속화, 도시화가 촉진된다는 것이다. 크로버는 민속사회와 문명사회의 중간에 농민사회peasantry를 위치시키고, 농민이 시장과 관계하면서 생활하고 도시를 포함한 보다 큰 집단에서 한 분절을 형성한다는 데에 주목하여 농민사회를 '부분문화part-culture'를 지닌 '부분사회part-society'라 규정하였다(Kroeber 1923:280-284).

크로버의 주장은 중앙아메리카 문화 연구를 실마리로 삼아 독자적인 민속문화론을 전개한 로버트 레드필드Robert Redfield로 이어졌다. 그는 1930년에 발표한 멕시코 테포스틀란Tepoztlán 촌락에 대한 민족지에서 '포크folk'라는 개념을 검토하고 테포스틀란을 "'민속'공동체'folk' community"라고 불렀다.

19세기 후반 유럽에서 포크는 문명이나 야만 혹은 미개와 대비되어 문자사회 내에서 문자를 모르는 농민이라는 의미로 여겨졌다. 레드필드는 포크를 민간의 지식folk-lore이나 민요를 전승하는 사람들이라 파악하여, 그들의 문화가 기록되지 않고 세대를 넘어 계승되며, 일정한 토지에 한정되었다는 점에 주목하였다.

레드필드는 테포스틀란 사회가 경제적으로나 정신적으로나 자기충족적이고, 사회유산이 지방적이며, 지식이 모두 대인관계를 통해 전달되고, 사람들이 옛날부터 살아온 토지와 강하게 결부되어 있다고 생각하였다. 또한 테포스틀란 사회가 외부 사회의 일부로 간주되고 촌민이 도시문명을 통해 개인적으로 문제를 해결하고자 한다는 점에서 부족사회와는 다르다고 생각하여, 이것을 미개 부족사회와 근대 도시사회의 중간에 자리 매김하여 '민속'공동체라고 불렀다(Redfield 1930:1-13, 217).

테포스틀란 민족지를 간행한 후 레드필드는 멕시코 동남부의 네 개 도시와 농민 촌락, 부족 촌락을 조사해 고립성의 감소나 이질성의 증가 등 제반 변수를 분석하고 조합하여 문화의 해체와 세속화, 개인화라는 범주를 설정하고, 민속사회에서 도시사회로의 연속적인 변화 과정을 기술하려고 노력하였다(Redfield 1964:338-339). 그 후 민속사회라는 이념형을 설정한 레드필드는 그 특징으로서 소규모성이나 고립성, 문자 기록의 결여, 동질성, 공속감각共屬感覺, 분업의 미발달, 관습화된 행동양식 등을 들었다(Redfield 1962:232-241).

레드필드는 '대전통great tradition'과 '소전통little tradition'이라는 대립 개념을 설정하여, 소사회小社会를 연구할 때 대전통 혹은 국가나 문명의 맥락에서 소사회를 이해할 필요가 있다고 주장하였다(Redfield 1967:34). 또한 대전통과 소전통을 큰 시스템과 작은 시스템으로 바꾸어, 농민사회는 문명이라 불리는 '큰 시스템'의 일부분에 지나지 않으므로 농민사회를 지적 엘리트의 사회나 문화와 관련하여 검토해야 한다고도 주장하였다(Redfield 1955:28-29). 대소 두 가지의 '전통'과 '시스템'이라는 대립 개념을 설정함으로써 레드필드도 크로버와 마찬가지로 농민사회를 부분사회로 간주했다고 보아도 좋을 것이다.

레드필드 이후 민속사회와 그 문화의 연구는 농민사회론이나 농민문화론으로 이행해 갔다. 조지 포스터George M. Foster는 레드필드의 도비都鄙연속체론을 비판하고 민속사회와 농민사회를 동일시하여 민속사회와 그 문화를 레드필드처럼 이념형으로서가 아니라 실체로서 파악해야 한다고 주장하였다. 그리고 민속사회와 그 문화를 국가나 도시라는 보다 큰 사회 시스템 안에 자리 매김하고, 쌍방 사이에서 상호작용이 반복된다는 점에 주목하였다.

포스터에 의하면 민속사회는 수직적으로도 수평적으로도 구조화된 보다 큰 사회적 단위의 부분이 되는 반사회半社会, half-society이며, 나아가 그 안에 포함된 구성요소는 도시의 상층부에 의해 형성된 복잡한 구성요소와 공생관계에 있다고 한다. 따라서 포스터에게 도시사회와 민속사회는 대립 개념이 아니다. 양자는 사회체계에 통합된 부분이다. 민속사회를 연구할 때에는 그 사회가 일부분을 이루는 도시사회를 포함한 '민족문화national culture'의 역사나 구조, 내용을 숙지할 필요가 있다는 것이다(Foster 1953:163-164).

포스터의 '반사회' 개념은 크로버의 부분사회를 바꾸어 말한 것일 터인데, 민속사회를 반사회라 규정하고 이것을 민족문화의 하위체계라고 보는 포스터의 생각은 주목할 만한 가치가 있다. 포스터 이후 크로버의 부분사회론은 에릭 울프Eric R. Wolf, 로이드 팰러스Lloyd A. Fallers에게 계승되었다. 울프는 농민문화가 보다 큰 통합적 전체와 관계된 '부분문화'라고 하였고(Wolf 1955:454-455), 팰러스도 농민사회를 부족사회나 근대산업사회와 구별하여 '반자율적 문화'를 지닌 '반자율적 지역공동체semi-autonomous local communities'라 규정하고, 농민문화를 고급문화의 많은 요소들을 재해석 혹은 재통합한 것으로 간주하였다(Fallers 1967:36-39).

이상이 미국 문화인류학자들이 전개한 민속문화론의 개략인데 (伊藤 2002:131-136), 일본의 민속학자들이 많이 사용하는 민속문화는 미국 문화인류학자들의 맥락에서 이야기한다면 전체로서의 '민족문화national culture' 내의 '부분문화'일 것이다. 부분문화는 민족문화의 하위문화라고 환언할 수 있는데, 일본의 민속학자들은 이 점을 충분히 인식한 후에 민속을 민속문화라고 치환한 것일까?

되풀이하자면, 민속문화는 그 자체로 완결된 문화가 아니다. 보다 큰 체계로서의 민족문화의 부분문화인 것이다. 이 책에서는 민족문화와 부분문화를 재해석하여 다음과 같이 규정하고자 한다.

민족문화란 민족국가가 형성된 근대 이후의 '네이션으로서의 민족'(네이션)의 문화이다. 그리고 그 부분문화는 네이션이 형성된 근대 이전에 형성된 '에트노스로서의 민족'(에트노스)이 전승해온 민속문화와, 네이션이 새롭게 창출한 민속문화로 이루어진다. 바꾸어 말하면, 우리가 생활하는 현대사회에는 네이션이 창출한 민속문화와 그 안에 엮인 에트노스의 민속문화라는, 신구 두 가지의 민속문화가 복잡하게 얽혀 공존한다는 것이다.

일본의 민속학자들은 여태까지 근대 이전에 에트노스가 만들어내고 전승해온 민속문화에 초점을 맞추어 왔지만, 급격히 변화하고 있는 민속문화의 현상을 시야에 넣는다면 종래의 관점은 재고될 필요가 있다. 에트노스가 전승해온 민속문화 외에 네이션이 새롭게 창출한 민속문화를 시야에 넣어야 할 필요성을 절감하게 될 것이기 때문이다. 또한 국경을 초월하여 사람들이 공유하고 있는

'글로벌 문화'의 유입이 이에 박차를 가할 것임은 부정할 수 없는 사실이다. 이와 관련하여 민족이라는 개념틀의 재검토가 요구될 것이다. 많은 민속학자들은 야나기타 구니오의 일국민속학 이래 오랫동안 민족의 존재를 자명한 전제로 여겨 왔는데, 솔직히 말하면 그들이 사용하는 민족 개념이 충분히 다듬어졌다고 하기는 어렵다. 그중에는 민족이라는 틀을 부정하는 민속학자도 있지만 그 점에 대해서는 다시금 검토할 필요가 있을 것이다.

자문화 인식의 틀

민족이라는 개념: 에트노스/네이션

1970년대 전후부터 민족이라는 개념을 둘러싸고 제반 학문들 사이에서 실로 여러 가지 논의가 이루어져 왔다. 역사나 문화, 언어 등의 객관적 속성을 중시하는 객관적 규준과 그에 대립하는 '우리' 의식이라는 주관적 속성을 강조하는 주관적 규준 외에 원초주의/상황주의 또는 본질주의/구축주의 등과 같은 이항대립의 관점이 두드러지게 나타나고 있다.

원초주의 혹은 본질주의는 민족을 원초적 애착 또는 원초적 유대에 뿌리를 둔 것, 또는 본질적으로 세대에 상관없이 변하지 않는 것이라 파악한다. 이에 대해 상황주의 또는 구축주의는 민족을 상황에 따라 변화하는 것 혹은 역사적·사회적으로 구축된 허구라고 파악한다.

각각의 관점은 원초성/상황성, 본질성/구축성(허구성), 불변성/가변성이라는 대립 개념으로 이루어져 있는데, 객관적 규준과 주관적 규준같이 각각 상호 불가분 관계에 있다고 할 수 있다. 양자 모두 민족의 두 가지 측면일 뿐만 아니라, 주어진 상황에서 허구로서의 민족이 실체화할 가능성이 숨어 있음을 부정할 수 없다는 사실이 존재하기 때문이다(伊藤 2002:96-97, 103).

영국의 역사사회학자 앤서니 D. 스미스Anthony D. Smith는 공통의 기원과 출계의 신화나 공통의 역사적 기억, 공통의 상징이라는 '공통의 역사와 문화'를 지닌 집단을 에트니ethnie라고 부른다(Smith 1989:348-349). 이는 그리스어의 에트노스에서 유래한 프랑스어이다. 스미스가 프랑스어인 에트니를 사용한 것은 영어에는 형용사 에스닉ethnic이나 에스닉 아이덴티티ethnic identity를 함의하는 에스니시티ethnicity라는 말은 있지만 에트니를 의미하는 명사가 없기 때문이다. 그는 에트니를 에스닉 공동체ethnic community라고도 불렀다. 이 책에서 사용하는 에트노스Ethnos는 프랑스어 에트니와 마찬가지로 그리스어의 에트노스에서 파생한 독일어이다.

스미스의 에트니/네이션이라는 이분법은 일본의 민족 개념을 이해하는 데 유효한 실마리이므로, 이 책에서는 이것을 민족 개념의 틀로 채택하였다. 이어서 스미스의 에트니와 네이션의 개념을 좀 더 구체적으로 기술해 보자.

에트니는 스미스의 역사주의 이론의 기본 개념이다. 스미스에 따르면 에트니에는 여섯 가지 속성이 있다. 1988년 이후 그는 이 속성에 대해서 반복적으로 설명해 왔는데, 1991년에 출간한 『내셔널리즘의 생명력National Identity』 등에 따르면 여섯 가지 속성이란 집단에 고유한 이름과 공통 조상에 대한 신화(공통의 기원과 출계 신화), 공통된 역사적 기억, 공통된 문화요소, 공통된 역사적 영토, 구성원 간의 연대감 등이다(スミス 1998:52; 1999:29-37).

스미스의 네이션이란 이러한 속성을 지닌 에트니를 핵으로 한 공동체를 말한다. 그는 에트니의 여섯 가지 속성에 통일된 영토와 경제, 공유된 대중교육 체계, 공통된 법적 권리 등이 더해진 역사와 문화의 공동체를 네이션이라 부르고, 근대주의자 어니스트 겔너 Ernest Gellner와 마찬가지로 네이션을 근대에 창출된 현상이라고 간주하였다(Smith 1989:340-342). 이와 같은 네이션은 '정치화된 에스닉 공동체'라고도 불리고 있다(Brass 1991:18).

스미스 이론의 특징은 네이션의 문화적 측면을 중시함으로써 사회-정치결정론으로 기울어진 겔너(ゲルナー 2000)의 결점을 보충한다는 데 있다. 이를 민족국가의 맥락에서 이야기하면, 에트니는 '민족국가를 창출하는 기초', 네이션은 '민족국가에 의해 창출된 공동체'가 된다(Nieguth 1999:158). 스미스는 전자를 에스닉 네이션ethnic nation, 후자를 시민적 네이션civic nation이라고 부르는데, 양자 모두 이념적인 모델이다.

스미스는 시민적 네이션이 영역을 축으로 한 서구적 네이션 모델

인 데 대하여 에스닉 네이션은 영역보다 출계를 강조하는 비서구적 네이션 모델로서 동유럽이나 아시아에서 잘 나타난다고 하였다(Smith 1988:9-10; スミス 1999:159-171). 이 책에서 언급하는 '네이션으로서의 민족'은 스미스의 이론에 따르면 일차적으로 에스닉 네이션에 해당한다. 그가 거론하는 에트니와 네이션의 속성은 일본 민족연구의 맥락에서 새롭게 검토되어야 하는데, 이 부분에서 나는 민족의 기본적 속성으로서 '공속의식'과 '공속감각'이라는 개념을 지적한 역사학자 니노미야 히로유키二宮宏之와 문화인류학자 가와다 준조川田順造의 견해에 주목하고 싶다.

니노미야 히로유키는 20세기 후반의 민족분쟁과 그에 수반된 민족국가의 멸망을 시야에 넣어, 민족국가 차원의 네이션으로부터 네이션 안에서 사회적 결합 역할을 하는 에트노스로 축을 옮겨 갈 것을 주장한다(二宮 1988:37~48). 그는 에트노스가 자생적 결합으로서 문화적 계기가 강하게 작용하여 심층에 감추어진 데 반해 네이션은 보다 작위적이고 정치적 계기가 강하며 표층의 이데올로기로 나타난다고 기술하면서, 에트노스와 네이션의 기본적 속성으로서 타자와의 관계에서 자각된 공속의식과 그 의식 아래에 감추어진 공속감각을 지적하였다(川田 외 1988:308, 327).

'공속'이라는 개념은 사회인류학자 마부치 도이치馬淵東一가 사용한 바 있는데(馬淵 1974:529~530), 가와다 준조도 니노미야의 공속감각과 공속의식이라는 개념에 주목하여, 전자가 어떤 범위에 속한 사람들이 공통된 출계의식을 포함하여 문화의 몇 가지 요소를 공유함으로써 생겨난 감각인 데 비하여 후자는 그 감각이 의식화된 것이라 규정하고, 기치로서의 민족은 상황적 필요에 따라 만들어진 허구라 하더라도 민족이 기치가 될 수 있는 기반은 어떤 종류의 실체로서 존재한다고 설명하였다(川田 1999:454-455). 니노미야와 가와다가 제시한 공속감각과 공속의식이라는 개념은 일본의 에트노스와 네이션을 생각하는 데 있어서 주목할 만한 가치가 있다.

그런데 일본은 단일민족국가라는 사고가 있다. 어떤 문화인류학자는 일본인의 99퍼센트 이상이 '일본민족'이며 일본은 세계적으로 진귀한 단일민족국가라고 기술하였다(綾部 1993:36). 미국의 정치학자 워커 코너Walker Connor도 일본을 민족적으로 등질적인 민족국가라고 하였다(Connor 1994:196). 사회학자 로버트 벨라Robert N. Bellah도 미국과 일본을 비교하여 일본이 인종적으로나 문화적으로나 언어적으로나 모두 동질적이라고 주장하였다(Bellah 1983:210).

그러나 일본은 단일민족국가가 아니다. 현재 일본 열도에는 복수의 에트노스가 거주하기 때문이다. 우메사오 다다오梅棹忠夫는 일본의 에트노스를 '야마토 민족'과 '아이누 민족'으로 유별하고, 일본을 2민족국가로 보아야 한다고 주장하였고(梅棹 1990b:252; 1993a:629), 하시모토 만타로橋本万太郎는 그것에 '류큐 민족'을 부가하여 일본은 3민족국가라고 주장하였다(橋本 1988:82-83). 우메사오가 말하는 야마토 민족은 스미스가 주장한 네이션론의 맥락에서 이야기하면 네이션으로서의 일본인의 대부분을 차지하는 에트노스가 될 것이다. 또한 우메사오의 아이누 민족과 하시모토의 류큐 민족은 네이션으로서의 일본인 중에서 소수의 에트노스가 될 것이다.

그렇다 하더라도 일본인의 대부분을 차지한다고 여겨지는 야마토 민족도 고대 이후에 '몇 개의 에트노스'가 오랜 역사과정 속에서 접촉과 교류를 축적해 가면서 오늘날과 같이 단일화 혹은 등질화해 왔다고 보아야 할 것이다. 야마토 민족 또한 당초부터 단일민족으로서 형성된 집합이 아니기 때문이다. 현대 일본 사회는 몇 개 에트노스의 존재를 전제로 한 '단일화 사회' 또는 '등질화 사회'라고 보는 편이 더 적절할 것이다(伊藤 2002:105).

일본어로 네이션은 민족 또는 국민이라고 번역되는데, 이는 일본에서 민족과 국민의 범주가 거의 일치하여 일본국민의 대부분이 일본민족이라고 인식되기 때문이다. 그러나 민족과 국민은 동일한 개념이 아니다. 민족은 문화를 기반으로 하는 문화 개념이지만 국민은 국가를 기반으로 하는 법적·정치적 개념이기 때문이다(梅棹 1990b:252). 이러한 네이션으로서의 민족·국민과 그 의식이 사람들 사이에 정착한 것은 서구화 사상에 대항하여 내셔널 아이덴티티의 확립을 지향했던 메이지 시대의 내셔널리즘이 풍미하던 1890년대 이후의 일일 것이다(山內 1996:11-13; 吉野 1997:38).

일본의 네이션은 국민과 마찬가지로 근대에 창출되었는데, 그 기반에 에트노스가 존재했음은 말할 나위도 없다. 에트노스가 존재하지 않았다면 네이션은 형성되지 않았을 것이다. 그러한 까닭에 네이션의 문화 안에는 몇 개의 에트노스의 문화가 잠재해 있다고 볼 필요가 있다. 이 책에서 기본 개념으로 설정한 민속문화는 전술한 것처럼 근대 이전부터 에트노스가 전승해온 문화와 근대 이후에 네이션이 새롭게 창출한 문화를 가리킨다.

역사의 척도: 장기 지속/중단기 지속

역사는 현재와 과거의 대화, 또는 현재에 재구성된 과거라고 일컬어지듯이 역사가 과거 그 자체는 아니다. 현재와의 관계에서 표상된 과거가 역사가 되는 것이다. 그러한 의미에서 역사는 과거 위에 현재를 표시하는 것이기도 한데(Friedman 1992:837), 과거의 사실이 모두 역사가 되는 것도 아니다. 과거가 재구성되는 과정에서 과거의 사실을 선택하거나 해석하기 때문이다. 따라서 역사는 과거의 사실을 선택하는 과정 또는 해석하는 과정이라 할 것이다.

과거를 재구성하는 방법은 여러 가지이다. 역사학은 문자자료(기록)를, 고고학은 발굴한 것을, 민족학(문화인류학)이나 민속학은 주로 비문자자료(구비전승)를 실마리로 하여 각각 과거를 재구성하듯이 그 방법이 동일하지는 않다.

프랑스 역사학의 아날학파는 1970년대 이후 새로운 역사학으로서 '인류학과 역사학의 대화'를 시도했는데, 자크 르고프Jacques Le Goff는 이것을 세 가지 경향으로 나누어 소개하였다. 첫째는 역사를 '장기 지속la longue durée'으로 파악하는 방식이다. 둘째는 일상적 물질문화에 중점을 두고 역사를 생각하는 입장이다. 셋째는 표면적 현상에 혼돈되지 않고 역사를 그 심층에서 파악하고자 하는 심

층역사학이라고도 부를 수 있는 경향이다(ルゴフ 1992:25-26).

장기 지속은 역사를 장기적인 시간 단위로 파악하려는 관점으로서, 이러한 사고방식에 결정적인 영향을 끼친 이는 아날학파의 페르낭 브로델Fernand Braudel이다. 브로델에 따르면 역사에는 10년, 20년, 50년을 단위로 한 중단기 지속 외에 100년 단위로 천천히 움직이는 장기 지속의 역사가 있다고 한다. 그는 '구조'라는 개념에 주목하여, 구조는 시간이 지나도 완전히 소모되지 않고 아주 오랫동안 시간에 의해 운반되는 현실을 의미한다고 해석하고, 구조는 오랫동안 살아남아 세대를 넘어 영속적인 요소가 된다고 주장하였다(Braudel 1980:27, 31-33; ブローデル 1989:19, 26).

브로델은 구조주의 인류학자 클로드 레비스트로스Claude Lévi-Strauss의 '무의식'이라는 개념에도 주목하여 '무의식의 역사'라는 문제를 다루었다. 장기 지속이라는 개념은 반드시 고정된 것이라고는 생각되지 않지만(二宮 1995:350), 브로델이 역사를 파악하는 척도로서 단기·중기·장기라는 세 개 층으로 이루어진 역사과정의 분석틀을 설정한 것은 주목받을 만한 가치가 있다.

이 책에서 다루는 '인류학적 담론' 중에는 역사의 장기 지속을 전제로 한 것이 몇 가지 있다. 역사민족학자 오카 마사오의 '일본민족문화형성론'이나 역사민속학자 아카사카 노리오의 '여러 개의 일본'론, 야나기타 구니오의 '고유신앙론' 등은 모두 장기 지속이라는 역사과정의 분석틀을 전제로 한 담론이다.

민속문화의 역사과정을 생각할 때에 장기 지속 외에 중기 혹은 단기 지속을 시야에 넣어둘 필요가 있다. 야나기타의 일국민속학이 기존 문헌사학에 대한 안티테제로서 제창되었음은 잘 알려져있다. 일국민속학을 구상하던 무렵 야나기타는 문헌사학이 방치해온 '네이션' 안의 '잔류殘留'로서의 민속문화에 주목하여, 민속문화를 통해 '평민의 역사' 또는 '상민 대중의 역사'를 밝힐 수 있다고 확신하였다. 메이지 시대 이후 일본에서는 근대화 과정에서 서양의 새로운 제도나 지식이 도입되고, 민간에 전승되어온 민속문화가 서서히 소멸되고 있었다. 이러한 현실을 우려한 야나기타는 근대화가 철저하게 이루어진 유럽 국가들과 달리 일본에서는 "하루하루 생활 자체가 눈앞에서 과거를 이야기해 주고 있다."고 생각하였고, 이것을 '잔류survival' 또는 '지속vestiges'이라고 파악하였다(柳田 1998d:31).

그리하여 야나기타의 일국민속학은 '새로운 역사학'으로서 출발하였다. 그는 19세기 말부터 20세기 초두에 걸쳐 회자되던 유럽의 진화주의 인류학의 잔류 개념에 착안하여 이 개념으로 '전대前代의 생활'을 설명할 수 있다고 생각하였다. '전대의 생활'을 브로델의 역사과정의 분석틀에서 이야기하면, 장기 지속뿐 아니라 중단기 지속을 시야에 포함시킨 것이라 할 수 있다.

제1장 두 '민조쿠'학의 과거와 현재

민족학과 자문화 연구

역사민족학의 시동

1934년 11월에 설립된 일본민족학회는 이듬해 1월에 기관지『민족학연구民族學研究』제1권 제1호를 창간하고 마부치 도이치馬淵東一의 「고사족高砂族의 계보」나 마쓰무라 다케오松村武雄의 「이형족고異形族考」, 우노 엔쿠宇野円空의 「말레이시아의 종교 서설」 등의 논문을 게재하여 '타문화 연구'의 기치를 내걸었다. 그리고 휘보적 성격을 지닌 『학보學報』(월간)를 발행하였고, 1936년 1월에는 제1회 민족학 간담회를 열었으며, 같은 해 4월에 도쿄제국대학에서 일본인류학회·일본민족학회 연합대회를 개최하였다.

1937년 10월에는 시부사와 게이조澁沢敬三 등의 호의에 힘입어 도쿄 시외의 호야保谷에 일본민족학회 부속연구소가 설치되었고, 학회 사무소도 시내에서 호야로 이전하였으며, 이듬해에는 부속박물관이 완성되었다. 부속연구소에서는 후루노 기요토古野清人와 기타노 세이치喜多野清一, 마부치 도이치, 미야모토 게이타로宮本馨太郎, 고야마 도루小山徹, 오이카와 히로시及川宏, 스기우라 겐이치杉浦健一 등 14명의 연구원을 채용하여 매주 1회 연구원들끼리 연구회를 열었고, 그 성과의 일부가 『민족학연보民族学年報』 전 3권(1938~1941)으로 간행되었다.

제1권(1938)에는 마부치 도이치의 「중부 고사족의 부계제에서 모족母族의 지위」, 후루노 기요토의 「아미족의 농경의례」, 스기우라 겐이치의 「팔라우 섬 사람들의 종교—무술적 사제자司祭者를 중심으로—」, 오이카와 히로시의 「분가와 경지의 분여—구 센다이령 마스자와무라의 관행에 대하여—」 등이 게재되었다. 그리하여 일본민족학회는 야나기타 구니오가 주도하는 민간전승회와 인연을 끊고 독자적인 행보를 시작하게 되었다(民族学振興会 編, 1984:1-15; 馬淵, 1988:340-341).

문부성 직할 민족연구소가 설립된 때는 오카 마사오岡正雄와 후루노 기요토, 고야마 에이조小山栄三, 야와타 이치로八幡一郎, 에가미 나미오江上波夫, 이와무라 시노부岩村忍 등이 중심이 된 APE회[1] 동인

---

1 인류학, 선사학, 민족학 분야의 젊은 연구자들이 모여 만든 조직으로, Anthropology, Prehistory, Ethnology의 앞글자를 따 이름을 지었다.

이 설치 운동을 시작한 지 2년 정도 경과된 1943년 1월이었다. 일본민족학회는 민족연구소의 외곽단체로서 나중에 민족학협회가 되었고, 본체인 민족연구소는 패전 직후인 1945년 9월에 폐쇄되었다. 설립된 지 2년 9개월 만이었다.

민족연구소 설치의 중요한 목적 중 하나는 여러 민족에 대한 현지 실태조사였다. 연구소가 설치된 해인 1943년 4월, 7월, 8월에 중국 대륙으로 조사단을 파견하였고, 12월에도 동남아시아의 말레이 반도, 수마트라, 자바로 조사단이 출발하였다. 민족연구소가 발행한 『민족연구소 기요民族研究所紀要』 제1책(1944)에는 소장인 다카타 야스마高田保馬의 「창간사」와 「민족정책의 기조」, 에가미 나미오의 「흉노·훈 동족론」, 이와무라 시노부의 「간쑤성 회족의 두 유형」, 스기우라 겐이치의 「남양군도 원주민의 토지제도」 등이 게재되었다.

일본민족학협회는 패전 이듬해(1946년) 8월에 연구간담회를 재개하였다. 여기에서 미국 문화인류학자 허버트 패신Herbert Passin이 「미국 민족학의 최근 동향」을 보고했고, 같은 해 9월에 협회는 『민족학 연구』(통권 제11권 제1호)를 재간하였다(民族学振興会 編 1984:17-33). 재간된 『민족학연구』에서 주목할 만한 점은 이 기관지의 편집 담당자 이시다 에이이치로石田英一郎가 헌신적으로 노력하여 재빨리 「특집」을 기획했다는 것이다. 「일본민족·문화의 원류와 일본국가의 형성」을 비롯하여 「샤머니즘 연구」(제14권 제1호, 1950), 「루스 베네딕트의 『국화와 칼』이 주는 것」(제14권 제4호, 1950), 「오키나와 연구」(제15권 제2호, 1950), 「긴다이치 교스케 박사 고희 기념 사루沙流[2] 아이누 공동조사보고」(제16권 제3·제4호, 1952) 등이 실렸다.

특집 「오키나와 연구」는 패전 전의 '일류동조론日琉同祖論'에서 '류큐 문화 독립단위론'으로 관점의 전환을 도모했다는 점에서 패전 후 오키나와 연구의 재출발을 기념하는 획기적인 시도였다(伊藤 2002:161~162). 야나기타 구니오나 오리쿠치 시노부의 민속학 논고 외에 역사학, 체질인류학, 고고학, 민예론 분야의 논고가 수록되었다. 이에 덧붙이자면, 12년 후에 제2회 특집 「최근의 오키나와 연구」(제27권 제1호, 1962)가 기획되었고 이 특집은 일본민족학회가 엮은 『오키나와의 민족학적 연구-민속사회와 세계상-』(1973)으로 발전하였다. 이것은 '타문화' 연구로서 재발족한 민족학(문화인류학)에서 '자문화' 연구로서의 오키나와 연구가 중요한 분야라는 사실을 웅변해 준다.

이러한 특집 외에 이시다는 두 학문 영역으로 갈라진 민족학과 민속학의 역사적 관계를 중시하여 두 번에 걸쳐 야나기타 구니오와 오리쿠치 시노부의 대담을 기획하였다. 「일본인의 신과 영혼 관념 및 기타」(제14권 제2호)와 「민속학에서 민족학으로-일본민속학의 족적을 돌아보며-」(제14권 제3호)가 그것이다. 이시다는 서로 인연을 끊은 두 '민조쿠'학 사이에 어떻게든 가교를 만들고 싶었던 것이 아닐까? 두 번의 대담은 지쿠마쇼보筑摩書房가 발행한 『민속학에 대하여-제2 야나기타 구니오 대담집-』(1965)에 수록되었다.

---

2 사루는 홋카이도 히다카日高 관내를 거쳐 태평양으로 흘러들어 가는 일급 하천인 사루가와沙流川를 가리킨다.

이시다의 편집활동 중에서 자문화 연구의 일환으로 기획된 특집 「일본민족·문화의 원류와 일본국가의 형성」은 전후 민족학의 재출발을 기념하는 기획이었다. 이 특집은 이시다가 사회를 맡고 에가미 나미오(동양사학)와 오카 마사오(역사민족학), 야와타 이치로(고고학) 세 사람이 가진 좌담회이다. 좌담회의 내용은 나중에 상세한 보충 주가 부가되어 『일본민족의 기원―대담과 토론―』(1958)이라는 제목으로 헤이본샤平凡社에서 발행되었다.

이 좌담회에서 에가미가 제기한 '기마민족정복설'은 패전 전·전시 중에 황국사관이라는 주술에 속박되었다가 해방된 패전 후의 역사학계에 큰 파문을 던졌다. 오카가 제창한 일본민족문화형성론도 당시 해외조사 기회가 그다지 많지 않던 젊은 세대 민족학자나 사회인류학자들에게 큰 영향을 미쳤고, 나아가 그들을 자문화 연구로 끌어들이는 계기가 되었다. 이시다의 요구에 응하여 오카는 '고일본古日本'의 종족문화복합 양상을 신화와 종교, 사회, 언어를 통해 해설하였는데, 그의 일본민족문화형성론은 좌담회가 있기 15년 전인 1933년, 오스트리아의 빈 대학에 제출한 학위논문에 있던 내용이다. 오카는 논문 첫머리에 일본민족문화형성론이 다음과 같은 네 가지 가정을 전제한다고 적었다.

첫째, 어떤 문화를 지닌 인간이 다른 지역에서 일본 열도로 이동해 왔다. 둘째, 그들은 '여러 개의 민족 또는 종족'의 혼성집단이었다. 셋째, 역사적 발전에는 내적 발전과 함께 '전파, 혼합, 중절中絶 등을 통해 이루어진 발전'이 큰 역할을 하였다. 마지막으로, 일본 열도에 여러 민족이나 종족이 전후에 또는 동시에 거주했다고 생각했을 때, 이 민족들 또는 문화는 각각의 발전 계열을 따랐을 터이므로 서로 영향을 주고받아 이른바 일본민족으로서 정치적·문화적·종족적으로 점차 혼성되어 등질화하기 전까지는 이 민족들 또는 문화를 '여러 가지 종족문화 흐름의 다발'로 파악해야 하며 등질적인 하나의 흐름으로는 생각할 수 없다.

이러한 네 가지 가정을 전제로 하여 오카는 고문헌이나 포클로어를 사용하여 신화나 종교, 사회, 언어에 대한 '장대한 가설'을 제기했는데, 그중에는 지금도 유의해야 할 탁견이 포함되어 있다. 다음에서는 신화와 종교, 사회 등에 관한 오카의 주장을 살펴보자.

신화 중에서 다카미무스비高御産巣日[3]를 주신으로 삼는 다카아마노하라高天原[4] 신화와 아마테라스天照[5]를 주신으로 삼는 아마노이와토天岩戸[6] 신화는 각각 출계와 계통을 달리한다. 전자는 한반도에서 만주에 걸쳐 분포한 종족 조상신의 산상강하山上降下를 모티브로 한 신화로서 천황족 고유의 종족 조상신 신화이며, 후자는 천황족이

---

3 일본 신화의 신이다. 『고지키古事記』에 따르면 천지개벽할 때 최초로 아메노미나카누시天御中主가 나타났고, 그다음으로 가미무스비神皇産霊와 함께 다카아마노하라高天原에 출현했다고 여겨지는 신이 다카미무스비이다. 조화의 3신으로 불리는 세 신은 모두 성별이 없으며, 인간계에서 모습을 감추었다고 여겨진다.
4 『고지키』에 포함된 일본 신화에서 아마쓰가미天津神가 살고 있다는 장소이다.
5 일본 신화에 등장하는 신으로서 『고지키』에는 아마테라스오미카미天照大御神, 『니혼쇼키』에는 아마테라스오카미天照大神라고 기록되어 있다. 태양을 신격화한 신이며 황실의 조상신으로 여겨진다.
6 일본 신화에 등장하는 바위동굴이다. 태양신인 아마테라스가 이곳에 숨어들어 세상이 칠흑 같은 어둠에 휩싸였다고 한다.

한반도를 거쳐 일본 열도에 진입하기 이전에 일본 열도에 살면서 농업사회를 형성한 민족의 신화로 추측된다.

종교 형태는 모ㅌ 또는 모노モノ 신앙[7]과 다마タマ 신앙,[8] 마레비토 マレビト[9] 신앙, 가미カミ(神) 신앙, 천체天体 신앙 등으로 분류된다. 고신도古神道[10]는 수평적으로 출현하는 마레비토 신앙과 수직적으로 출현하는 가미 신앙이 혼합되어 성립한다고 추정된다.

사회는 두 개의 모권적 사회(①·②)와 두 개의 부권적 사회(③·④)로 상정된다. 두 개의 모권적 사회는 모두 재배민적栽培民的 모계사회로 추정된다. 그중 하나는 촌락공동체, 모계적 가족, 모거혼, 혈족금혼 단위가 특징이고, 비공개로 성년식·성녀식이 행해졌을 가능성이 있고, 발치 습속도 있었으리라 추측된다. 또 하나는 촌락공동체, 모계적 대가족이 특징이고, 과도기적으로 대가족 외혼이 이루어졌을 가능성이 있으며, 방문혼이나 여자 추장(女酋)제도가 존재했고, 부권의 영향을 다소 받았을 것으로 생각된다.

부권적 사회 중 하나는 연령등급 조직, 와카모노야도若者宿,[11] 월

---

7 일본의 토착 개념인 모노モノ는 고어古語로 두려워하고 삼가야 할 영적 대상을 의미한다.

8 일본의 민간신앙에서는 자연계의 수목이나 암석 또는 동물도 영적 주체로 상정한다. 사람 이외의 물건에도 '다마'(영혼)가 깃들어 있다고 여기며, 영적 주체의 의사나 영역을 함부로 범해서는 안 된다고 생각한다.

9 稀人, 客人. 때를 정해 타계에서 찾아오는 영적 존재 또는 신 등의 본질적 존재를 의미한다. 오리쿠치 시노부가 창안하였다.

10 불교, 유교, 도교 등이 일본에 전래되기 이전의 종교. 원시신도라고도 한다.

11 전통적 지역사회에서 일정한 연령에 도달한 청년들을 모아 지역의 규율이나 생활규칙 등을 가르치던 곳. 지역에 따라 명칭이 매우 다양하다.

경오두막月経小屋,[12] 우부야産屋,[13] 공개적인 성년식 등의 문화요소를 지녔고, 어로민적·재배민적·전사적·연령등급적·남성적 사회로 추정된다. 또 하나는 대가족, 부계적 씨족조직, 하라ハラ[14]외혼 동족조직, 부장권적 종족장제父長權的 種族長制, 종족 연합, 군대조직, 노예제·종족적 왕조의 발생, 왕조적 종족 직계제 등의 요소를 포함하였다. 네 사회의 역사적 전후관계를 살펴보면, ①과 ②가 오래되었고 ③은 ②에 연이어 나타난다. ④는 이들보다 이후에 나타나며, 일본 열도에 지배자 문화를 확립한 천황족의 사회조직이라 상정된다.

마지막으로 오카는 이시다의 요구에 답하여, 황실의 종족적·문화적 계통을 다음과 같이 총괄하였다. 다카아마노하라 신화와 신의 수직적 강림을 표상하는 가미 신앙은 모두 천황종족의 고유 신화와 종교 형태로서, 천황종족은 2, 3세기경 중국 동북부(남만주)에서 이동해 한반도를 남하하여 일본 열도에 이르렀으며, 일본에 왕후문화王侯文化를 가져왔다. 그때 일본 열도에는 도작농민문화를 길러낸 모권적 사회나 연령등급사회를 지닌 종족이 거주하였지만 천황족의 왕후문화와 도작농민문화의 혼교로써 이른바 고일본문화

---

12 월경할 때 여성이 들어가 사는 오두막집. 월경 또는 월경 중인 여성은 부정하며, 월경 중인 여성을 접하는 것은 특히 남성에게 위험을 초래한다는 생각에서 생겨난 터부의 일종이다.

13 출산하는 데 쓰이는 방이나 시설. 월경오두막을 겸하기도 한다. 메이지 시대 후반까지는 마을 공동으로 우부야를 설치하여 산모가 금기기간 중에 이곳에 머무는 관습이 일본 열도의 여러 지역에서 발견되었다.

14 남도 각지에서 쓰이는 친족용어로, 아마미 제도에서 오키나와 제도에 걸쳐 혈통이라는 뜻으로 사용된다. 하나의 배에서 태어났다는 핏줄의 연결을 보여 주는 말이다.

의 근간이 만들어졌다(石田 외 1958:36-89).

이상이 오카가 좌담회에서 이야기한 일본민족문화형성론의 대강이다. 그 후 오카는 여러 가지 기회를 통해 이러한 '인류학적 담론'을 발전시켜 나갔는데, 이 점에 대해서는 나중에 다시 다루기로 하겠다.

최근의 동향

오르바 뢰프그렌Orvar Löfgren은 1980년대의 인류학자는 자국으로 돌아온 것 같다고 하면서 다음과 같이 지적한 바 있다.

영국사회인류학자협회The Association of Social Anthropologists in Britain에서는 1985년 열린 연차대회에서 '자국의 인류학Anthropology at Home'을 다루었다. 프랑스에서도 1987년 가을 파리에서 '프랑스의 민족학과 일반인류학Ethnologie français et anthropologie général'을 거론하였다. 유럽 국가들에서는 식민지를 상실한 결과, 민족적이고 지역적인 인류학 또는 민속학을 발전시켰다. 이와 같은 일국인류학Naional Anthropologies의 첫 작업은 한 나라의 민속문화를 재생하는 것이었다. 재생한다기보다 구축한다고 하는 편이 더 나을지도 모르겠다. 그 후의 인류학자나 민속학자는 '전통적인 농민문화'라는 사고방식을 탈구축하는 데에 다대한 정력을 소비하게 되었다(Löfgren 1989:366-367)는 것이다.

유럽의 인류학자와 달리 일본의 민족학자(문화인류학자)는 1935년

1월에 기관지 『민족학연구』가 창간된 이래 타문화 연구 외에 자문화 연구를 하여 오늘에 이르고 있다. 이것은 일본의 민족학(문화인류학)이 또 하나의 '자문화 연구로서의 민속학'과 깊이 연관된 것과 관계가 있다.

문화인류학자 세키모토 데루오關本照夫는 「일본인류학의 자기와 타자Selves and Others in Japanese Anthropolgy」에서 민족학의 자문화 연구 동향에 대해 흥미로운 보고를 하였다. 세키모토는 1935년부터 1994년까지 60년 동안 『민족학연구』에 게재된 특정 지역연구의 논고(1,267편)를 일본의 식민지화 과정에 대응하여 다섯 개의 지역(①~⑤)으로 나누어 다음과 같이 분석하였다.

지역 ①은 1868년 근대 일본이 형성된 이후의 지역으로서 '중핵일본Core Japan'[15]이라고 불린다. 지역 ②는 초기 확장지역인 오키나와沖繩·아마미奄美, 홋카이도北海道이다. 지역 ③은 식민지 사할린(가라후토樺太)·쿠릴(치시마千島), 조선, 대만, 미크로네시아이다. 지역 ④는 전전과 전시 중의 일본의 군사적 침략지역인 중국, 몽골, 동남아시아이다. 지역 ⑤는 기타 지역인 오세아니아(미크로네시아 제외), 남아시아, 중앙아시아, 중근동, 아프리카, 유럽, 캐나다, 라틴아메리카의 여러 지역이다.

세키모토에 따르면 중핵일본에 대한 논고는 1935년부터 1994년까지 60년 동안 327편이 게재되었다. 전체 논고의 25.8퍼센트

---

15 일본 본토라 불리어온 지역. 큰 세 개의 섬(혼슈, 시코쿠, 규슈)을 가리킨다.

에 해당하는 수치이다. 여기에 지역 ②의 오키나와·아마미에 대한 논고를 합하면 421편, 전체의 33.2퍼센트를 차지한다(Sekimoto 2003:133). 이 숫자는 일본민족학 안에서 자문화 연구가 상대적으로 중요한 위치를 차지하였음을 보여 준다.

패전 후 민족학자의 해외조사가 활발히 이루어지자 중핵일본과 오키나와·아마미에 대한 자문화 연구 논고의 게재 횟수가 서서히 감소하였다. 전전·전시 중이던 1935~1944년에는 104편을 헤아리다가 패전 후인 1946~1956년에 86편, 1957~1966년에 76편, 1966~1976년에 60편, 1976~1986년에 54편, 1986~1994년에 41편으로 서서히 감소하는 양상이 눈에 띈다(Sekimoto 2003:133).

이와 같이 자문화 연구 논고가 감소한 것은 1963년에 시작한 문부성 해외 학술조사 과학연구비 보조금이나 1968년에 개시된 문부성 아시아 파견 유학생 제도 등으로 해외조사가 활발히 이루어지고 타문화 연구가 활성화했기 때문일 것이다. 일본민족학은 1960년대부터 타문화 연구에 본격적으로 나서게 된 것이다.

1966년 3월, 일본민족학회는 창립 30주년을 맞이하여 『일본민족학의 회고와 전망』(日本民族学協会 編)을 발행했는데, 그중에서 주목되는 것은 민족학과 민속학이라는 두 개의 '민조쿠'학이 당시 '같은 부모에게서 태어난 자매'라고 인식되었다는 점이다.

제I부의 「민족학 이론의 발전」에서는 민족학 일반이 역사민족학과 사회인류학, 물질문화론, 문화론, 민속학의 다섯 분야로 구분되고, 자문화 연구로서의 민속학이 '민족학의 한 분야'로 자리 매겨졌다. 제II부의 「민족학적 지역연구의 발전」에서도 자문화 연구의 동향이 중시되었고, 서두에서 일본 본토와 남서 제도가 다루어졌다. 제I부에서는 사회구조와 민간전승, 신화(전설, 옛날이야기, 속신俗信을 포함) 연구에 대한 회고와 전망이, 제II부에서는 류큐·아마미의 사회인류학이나 민간신앙 연구에 대한 회고와 전망이 시도되었고, 다음으로 아시아, 오세아니아, 아프리카, 아메리카 대륙 연구에 대한 회고와 전망이 이어졌다.

20년 후인 1986년 3월, 일본민족학회는 창립 50주년 기념사업의 일환으로 다시 민족학의 회고와 전망을 실시하여 『일본의 민족학－1964~1983－』을 발행하였다. 20년 전의 『일본민족학의 회고와 전망』과 비교해 보면 상당한 변화가 이루어졌음을 알 수 있다.

그중 하나는 민족학이라는 명칭이 '문화인류학'으로 치환되어 연구 분야가 두드러지게 세분화되었다는 것이다. 20년 전에는 민족학이 역사민족학과 사회인류학, 물질문화론, 문화론, 민속학의 다섯 분야로 구분되었는데, 1986년에는 역사민족학, 사회인류학, 물질문화론, 문화이론 외에 종교인류학, 경제인류학, 법인류학, 심리인류학, 교육인류학, 도시인류학, 언어인류학, 상징인류학, 인지인류학, 생태인류학, 의료인류학, 영상인류학, 여성론 등 새로운 분야가 다루어졌다(日本民族学会 編 1986:1-128)

이러한 세분화는 구미 인류학의 영향을 강하게 받은 결과일 것이다. 일본의 민족학은 그 무렵부터 '에트노스'의 문화를 연구하는 민족학에서 '안트로포스로서의 인류'의 문화를 연구하는 문화인류학으로 전환하는 경향을 강화해 왔다고 할 수 있다. 2004년 4월 일본 민족학회가 일본문화인류학회로 이행한 것은 이때부터 시작되었던 것이다.

또 하나는 민족학과 민속학의 관계가 크게 달라졌다는 점이다. 20년 전 『일본민족학의 회고와 전망』에서는 자문화 연구로서의 민속학은 민족학의 한 분야로 간주되었지만 『일본의 민족학－1964~1983－』에서는 자연인류학, 영장류학, 사회학, 지리학과 마찬가지로 '인접 제 과학의 한 분야'로 자리 매겨졌다.

이와 같은 변화에 대하여 민족학자 아야베 쓰네오綾部恒雄는 일본 민족학이 일본민속학을 "자기의 '육친'이 아니라 '친척'으로 다루게 되었음을 이야기해 준다."라고 하면서, 두 개의 '민조쿠'학이 "학문으로서나 조직으로서나 상대적으로 독립해온 것과 관계가 있다."라고 결론 지었는데(綾部 1986: v), 민족학과 민속학의 관계는 아야베가 생각한 것처럼 단순하지 않다. 지금도 민족학자가 민속학자와 마찬가지로 감소하고 있지만 자문화 연구에 종사하고 있기 때문이다.

그렇지만 민족학과 일본민속학은 오랫동안 부즉불리不卽不離 관계에 있었으며, 민족학이 일방적으로 관계를 끊었다는 사실은 부정할 수 없다. 민족학에 '결별선언'을 당했다고 해도 과언이 아닐 것이다. 이러한 움직임에 대하여 민속학 측은 무반응인 채 현재에 이르고 있다. 덧붙여 『일본의 민족학－1964~1983－』에서 인접 학문 중 '일본민속학' 항목을 집필한 고마쓰 가즈히코小松和彦와 미야타 노보루宮田登는 민족학과 민속학이 "종래의 역사적 전개에 구속당하는 면은 있지만, 앞으로는 일본 연구에 대한 역사학·문화인류학적 접근이 교차하는 영역으로서 새로운 국면을 맞이하였다고 할 수 있다."라는 말로 글을 끝맺었다(小松·宮田 1986:133).

패전 후『민족학연구』에 게재된 중핵일본과 오키나와·아마미에 대한 자문화 연구 논고는 세키모토가 지적했듯이 서서히 감소하고 있다. 세키모토의 보고와 부분적으로 중복되지만, 다음에 1984년부터 2003년까지 20년간의 동향을 제시하고자 한다. 이 기간에『민족학연구』는 '논문', '연구노트', '자료와 통신', '서평'이라는 네 개 범주로 구성되었다. 1985년도 제50권 제1호부터 '자료와 통신'이 '연구노트'로 개정되었는데, 4년 후인 1989년도 제54권 제1호부터 다시 '자료와 통신'이 만들어져 현재에 이르고 있다. '논문', '연구노트', '자료와 통신'에 게재된 논고를 보면 다음과 같은 경향을 지적할 수 있다.

1984~2003년의 20년간 게재된 논고 중 논문은 277편, 연구노트는 122편, 자료와 통신은 100편에 이른다. 그중에서 중핵일본과 오키나와·아마미에 관계된 논문은 37편, 연구노트는 24편, 자료와 통신은 6편으로, 각각 전체의 13.4퍼센트, 19.7퍼센트, 6.0퍼센트를 차지하고, 모두 점차 감소하는 경향을 보여 준다. 10년 단위로 보면 이러한 경향은 한층 더 뚜렷해진다.

1984~1993년에는 논문이 115편, 연구노트가 80편, 자료와 통신이 54편 정도 게재되었는데, 그중에서 중핵일본과 오키나와·아마미 관련 논문은 16편, 연구노트는 19편, 자료와 통신은 5편으

로, 각각 전체의 13.9퍼센트, 23.8퍼센트, 9.3퍼센트를 차지한다. 1994~2003년이 되면 게재된 논문 162편, 연구노트 42편, 자료와 통신 46편 중 중핵일본과 오키나와·아마미 관련 논문이 21편, 연구노트가 5편, 자료와 통신이 1편에 불과하여 각각 13.0퍼센트, 11.9퍼센트, 2.2퍼센트를 차지하는 데 그쳤다. 그중에서도 연구노트가 반감하는 양상이 두드러진다. 이러한 경향은 앞으로 더 높아질 것으로 예상되는데, 최근 유럽의 동향을 보면 민족학자의 자문화 연구가 완전히 사라지지는 않을 것이다. 그렇다 하더라도, 타문화 연구로 방향을 전환한 민족학과 자문화 연구로서의 민속학은 이제 어떤 관계를 맺게 될 것인가?

자문화 연구로서의 민속학

'자기성찰'로서의 민속학

1945년 8월 15일의 패전은 일본의 지식인에게 커다란 충격이었다. 야나기타 구니오도 전해 1월부터 집필하기 시작한 『탄소일기 炭燒日記』에 "8월 15일 수요일 맑음 12시, 조칙 나오다, 감격이 멈추지 않는다."(柳田 1999c:674)라고 기록하였다. 그 무렵 야나기타는 패전이 다가오고 있음을 알았던 듯하다. 4일 전인 8월 11일에는 "이른 아침, 나가오카 씨를 방문하였으나 부재중. 나중에 그분이 오셔서 시국이 급박하다는 이야기를 들려주었다. 저녁 무렵 다시 전화가 왔고, 드디어 무언가 움직임에 나서야만 하는 세상이 도래하였다."(柳田 1999c:672)라고 적었다.

야나기타는 다음 달인 9월 9일에 전전부터 해오던 목요회를 재개하였다. 「정본 연보」에는 이날 목요회에서 "우지가미氏神와 야마미야사이山宮祭에 대해 이야기하다."라고 기록되어 있다. '우지가미와 야마미야사이'는 1947년에 출간한 『신국학담新国学談』 3부작 중 제3책 『우지가미와 우지코氏神と氏子[16]』(1947)와 제2책 『야마미야 고찰山宮考』(1947)에서 다룬 야마미야와 우지가미에 대한 이야기일 것이다. 제1책 『사이지쓰 고찰祭日考』은 전해인 1946년에 출간되었는데, 「정본 연보」에 1946년 "1월 31일, 『신국학담』 출판을 결의"라고 기록되어 있다. 이 3부작은 패전을 일본인의 문화적 정체성의 위기라고 받아들인 야나기타가 심혈을 기울여 집필한 저작으로, 당시 그가 절실히 소망했던 바는 일본사람들의 문화적 정체성의 위기를 극복하기 위하여 하루라도 빨리 '민간전승회'를 재발족하여 운동으로서의 일국민속학을 재출발시키는 것이었다.

1946년에 일본민속학 강좌가 개강되자 야나기타는 10월 5일에 '현대과학이라는 것'이라는 제목의 강연을 하였다. 그 강연에서 야나기타는 민속학을 '현대과학'으로 규정하고, 의문에서 출발한 민속학은 그에 대한 해답을 준비해야 한다며 민속학의 재출발에 임

---

16 우지가미는 같은 지역에 사는 사람들이 공동으로 모시는 신도의 신을, 우지코는 같은 우지가미를 모시는 고장에 태어난 사람들을 말한다.

하는 예사롭지 않은 결의를 밝혔다(柳田 1964:3-16).

1947년 3월, 자문화 연구로서 새롭게 출발하는 민속학을 지향한 야나기타는 자택의 서재를 개방하여 민속학연구소를 설립하였다. 이것은 야나기타에게 큰 결단이었음에 틀림없다. 패전 전부터 계속된 목요회가 발전적으로 해산하고 민속학연구소의 연구회로 새 단장하였다. 1947년 4월에는 '민간전승회'가 일본민속학회로 개칭되었고 야나기타는 초대 회장에 취임하였다. 같은 해 9월에 제1회 일본민속학회 연회年会가 열렸고, 24일에 공개강연회(도쿄 아사히 신문사 강당)가, 25일에 연구발표회(고쿠가쿠인 대학 강당)가 열렸다. 야나기타는 공개강연회에서 '일본을 알기 위하여'라는 제목으로 강연을 하였다.

패전 후에 야나기타는 일본인의 문화적 정체성의 위기를 극복하고 그것을 재확인하는 데에 온 힘을 쏟았다. 그는 패전 이듬해 1월부터 4월에 걸쳐 발표한 「회담일록喜談日錄」에서 앞으로 "도움이 될 것이라 생각하는 일"이 세 가지가 있다고 하면서, "국민의 고유신앙"과 "사람의 마음을 부드럽게 하는 문학", "국어의 보통교육"을 들었는데(柳田 2004:231), 일본인의 문화적 정체성의 위기를 극복하려면 이 세 가지 문제가 급선무라고 생각했기 때문일 것이다.

야나기타가 만년의 대작 『해상의 길海上の道』(1961)에 수록한 일본 민족문화의 원류를 검토한 논고나, 민속학연구소의 연구원들과 공동집필한 『일본인』(柳田 編 1954)을 세상에 내놓은 것도 일본인의 문화적 정체성을 재확인하려는 시도라고 볼 수 있다. 문화적 정체성

은 네이션이 위기 상황에 있다고 의식될 때 표상되는데(Hutchinson 1987:40), 야나기타의 경우도 예외는 아니었다. 야나기타는 패전을 일본인의 문화적 정체성의 위기로 받아들이고, 그 위기를 극복하고 재확인하는 것을 자신에게 부과된 책무라고 자각하였음에 틀림없다.

야나기타가 일국민속학의 이론적 틀을 굳힌 때는 1930년대인데, 그 틀은 근대에 형성된 민족국가와 밀접하게 관련되어 있다. 민족국가는 '1민족 1언어 1국가'라고 불리듯이, 하나의 민족과 하나의 언어가 이념상 구성단위인 국가를 가리킨다. 민족국가가 국가의 한 유형에 지나지 않는다는 것은 새삼 말할 나위도 없지만, 일본에서는 문화에 기반을 둔 민족과 국가에 기반을 둔 국민이 동일한 의미를 지니기 때문에 민족국가가 국민국가로도 불리고 있다.

민족국가는 18세기 후반에 유럽 선진국이던 영국과 프랑스에서 형성되었고, 독일과 이탈리아에서도 19세기 후반에 탄생하였다. 독일이나 이탈리아와 마찬가지로 일본에서도 19세기 후반에 민족국가가 구축되기 시작되어 메이지 말기에 유럽 국가 수준의 민족국가 체제가 정비되어 오늘에 이르고 있다. 여기에서 강조하고 싶은 점은, 구미사회에서 생겨난 민속학이라는 학문이 민족국가가 형성된 근대에 각국에서 자각적으로 창출된 학문이라는 것이다. 미국에서는 그 10년 후인 1888년에 미국민속학회American Folklore Society가 설립되었다.

구미사회에서는 민속학이라는 학문이 성립 당초부터 민족국가의 틀과 불가분의 관계에 있었다. 세이조 대학 민속학연구소의 야나기타 문고에는 19세기 후반부터 20세기 전반에 걸쳐 유럽 민속학을 중심으로 한 여러 학문 분야의 문헌이 상당량 수장되어 있다. 야나기타는 이 문헌들을 통해 유럽 민속학의 성과를 일본 사회와 문화의 맥락에서 이해하고자 애썼고, 일국민속학을 창출하고자 노력했던 것이다(伊藤 2002:55-79).

야나기타가 1934년에 출간한 『민간전승론』은 일국민속학의 사상과 그에 기초한 이론적 틀이 명시되어 있다는 점에서 획기적인 저작이다. 이 책에서 주목하고 싶은 점이 한 가지 있다. 그것은 타민족 관찰은 도저히 민속학의 '자국민 동종족의 자기성찰'이라 부를 수 없다는 언설이다(柳田 1998d:38). 야나기타의 '종족種族'이란 이 책의 민족 개념으로 본다면 '네이션'에 해당한다. '자기성찰'은 자신들 또는 자문화를 반성적으로 고찰하는 것이므로 '자국민 동종족의 자기성찰'은 '내셔널 아이덴티티 또는 문화적 정체성의 성찰'로 바꿔 읽을 수 있을 것이다.

최근 일부 민속학자들 사이에서 야나기타의 '경세제민' 사상이 주목받고 있는데, 자기성찰은 경세제민과 함께 야나기타의 일국민속학을 관통하는 이념이다. 두 이념은 야나기타의 사상에서 자동차의 두 바퀴와 같으므로 야나기타의 일국민속학을 탈구축할 때에는 이 점에 충분히 유의해야 할 것이다.

야나기타는 당시 근대 일본이 하나의 네이션과 하나의 언어로 구성된 민족국가이며, 이것이 민속학이라는 학문을 성립시킨다고 굳게 믿었다.

『민간전승론』에서 야나기타는 다음과 같이 이야기하였다. 근대 일본은 '1국 1언어 1종족', 즉 한 언어와 한 종족 단위로 구성된 국가이기 때문에 국내의 (자료) 정리가 손쉽고(柳田 1998d:81), 그러한 '인종·언어 관계'에 근거하여 일본에 일국민속학이 성립할 수 있다고 하였다(柳田 1998d:108). 또한 국가 영토 안에 '하나의 종족'이 퍼져 있는 것은 비범한 경우이고, 통일이나 단일과 같은 '통합unity 문제' 등을 연구하는 데에는 안성맞춤인 국가라 할 수 있다고 하였다(柳田 1998d:72). 야나기타의 '종족', '인종'이 네이션에 해당한다는 것은 두말할 나위가 없다.

그리하여 야나기타는 근대 일본의 네이션과 언어가 하나라는 인식에 기초하여 새로운 학문영역으로서 일국민속학의 제창을 단행하였다. 이것은 일국민속학의 뼈대가 근대 일본에 형성된 민족국가의 존재를 전제로 한다는 것을 의미한다. 1980년대 이후의 포스트모던 상황에서 야나기타의 일국민속학과 그 언설의 정치성이 비판받고 있는데, 그 정치성은 메이지 초기에 태어난 야나기타의 사상에서 자라난 '내셔널한' 의식이나 '내셔널한' 감정으로 인한 부분이 크다. 야나기타의 일국민속학을 긍정적으로 평가하든 부정적으로 평가하든 간에 이 점을 충분히 인식할 필요가 있다.

일국민속학의 탈구축

야나기타 구니오가 사망한 지 40여 년의 세월이 흘렀다. 그사이 자문화 연구로서의 민속학도 문화인류학이라 개칭된 민족학과 마찬가지로 크게 변모하였다. 이를 상징적으로 보여 주는 것이 민속학 개념을 둘러싼 일련의 시도이다.

민속학연구소가 설립된 지 4년 후에 간행된『민속학사전』(民俗学研究所 編 1951)에는 민속학이 "민간전승을 통해 생활 변천의 흔적을 찾고 민족문화를 밝히려는 학문"(民俗学研究所 編 1951:582)이라고 규정되어 있다. 민간전승은 현재 민속학자들이 상용하는 '민속'의 동의어로 보아도 좋을 것이다. 이 정의에 '민족문화'의 규명이 민속학의 목적으로 명시된 사실은 패전 후 문화적 정체성의 위기 극복과 재확인을 목표로 하여 재출발한 이 학문의 성격을 여실히 반영한다.

그로부터 20년쯤 후에 오쓰카민속학회가 편찬한『일본민속사전』(1972)이 간행되었는데, 여기에서는 민족문화가 '민족의 기층문화'로 치환되었다. '민속학' 항목을 집필한 역사민속학자 와카모리 다로和歌森太郎는 민속학을 "민간전승을 소재로 하여 민속사회·민속문화의 역사적 유래를 밝힘으로써 민족 기층문화의 성격과 본질을 규명하는 학문"이라고 규정하였다(和歌森 1972b:705).

와카모리에 의하면 '기층문화'란 수세대에 걸쳐 전승되는 문화를 가리키며, 기층문화는 '민족의 핵'과 보다 많이 결합하고, 민족적 특성은 전승문화 연구로써 파악된다고 한다(和歌森 1972a:479). 이러한 언설은 패전 직후에 와카모리가 세상에 발표한 『일본민속학개설』(1947)이나 『야나기타 구니오와 역사학』(1975)에서도 볼 수 있다.

『일본민속학개설』에서는 "보통 문화사라는 이름으로 널리 퍼진" 부류의 문화는 표층문화이고, "그 심연에는 민족적 전승문화가 잠겨 있는 기층문화가 있다."(和歌森 1981a:9)라고 하였고, 『야나기타 구니오와 역사학』에서는 기층문화란 "모든 사람이 뒷받침하는 문화"로서 "일상적인 기층문화를 우리는 민속이라고 한다."(和歌森 1981c:269)라고 하였다. 와카모리의 민족문화나 민족의 기층문화는 이 책의 맥락에서 이야기하면 '네이션'의 문화에 포함된 '에트노스'의 민속문화가 된다.

그로부터 사반세기 이상 지나 간행된 후쿠타 아지오福田アジオ 등이 편집한 『일본민속대사전 상·하』(1999~2000)에 이르면 민속학의 개념은 후쿠타 아지오에 의해 완전히 뒤바뀐다. 그는 민속학이란 "세대를 넘어 전해지는 사람들의 집합적 사실과 현상을 통해 생활문화의 역사적 전개를 밝히고, 그것을 통해 현대의 생활문화를 설명하는 학문"(福田 2000:640)이라고 규정하였다. 세대를 넘어 전승되는 집합적 사실과 현상을 통해 '생활문화의 역사적 전개'를 밝히고 '현대의 생활문화를 설명한다'는 것은 야나기타가 일국민속학의 목적 중 하나로 삼았던 '전대 생활의 해명'과 '세상 해설'을 계승하는 것같이 보이지만, 후쿠타의 의도는 좀 더 본질적인 데 있었던 것 같다. 그것은 일국민속학이라는 학문의 틀을 '탈구축'하는 것이다.

후쿠타는 민속학이 성립 당초부터 암묵적 전제로 삼아온 '민족' 이라는 틀을 무너뜨리고 포스트모던 상황을 직시하여 민속학의 대상을 민족문화나 기층문화 대신에 보다 일상적인 '생활문화'로 치환한 것 같다. 후쿠타로서는 "민족문화, 민족성, 에트노스, 또는 기층문화 등과 같은 알맹이 없는 제목을 민속학의 목적으로 삼는 것"을 인정할 수 없었기 때문이다(福田 1998b:101). 그리하여 후쿠타는 야나기타 구니오의 일국민속학 이래 민속학이 성립 전제로 삼아온 민족국가의 틀을 탈구축하여 '현대민속학Postmodern Folklore'을 구축하려 하였다. 이것은 민속학이라는 학문의 역사적 전환을 의미한다고 보아도 좋을 것이다. 그는 현대민속학에 대하여 다음과 같이 이야기하였다.

현대민속학은 종래의 민속학과 달리 "현대를 사는 인간으로서 주체적으로 연구과제를 설정하고, 문제의 소재를 역사적으로 밝히거나"(福田 1998a:12), "현대에 살아 움직이는 운동으로 민속을 파악하고 보다 역동적인 역사 형성 과정"을 그린다(福田 2000:642)는 것이다. 후쿠타는 현대사회의 생활문화를 해명함으로써 새로운 역사민속학을 지향한 것 같다. 현대민속학이라는 분야는 일본 민속학자들 사이에서 언제부터 주목받았을까? 패전 직후에 행한 강연 '현대과학이라는 것'(1946)에서 야나기타는 민속학을 현대과학이라 부르고 민속문화의 현대성에 주의를 환기시킨 적이 있는데, 현대민속학은 문화적 정체성의 위기를 극복하고자 했던 야나기타의 '현대과학으로서의 민속학'과 달리 1980년대 이후 포스트모더니즘의 세례를 받은 새로운 경향이라 보아도 좋을 것이다.

일본민속학계에서는 1981년 개최된 연차대회에서 심포지엄 '민속학과 현대사회'(아토미가쿠엔 여자대학)가 열렸고, 1998년 연차대회에서도 심포지엄 '현대사회와 민속학의 실천'(붓쿄 대학)이 열렸다. 후쿠타가 제창한 현대민속학은 이러한 상황과 무관하지 않을 것이다.

후쿠타는 「초기 야나기타 구니오의 연구와 현대민속학」(1986)에서 다음과 같이 이야기하였다. 오늘날의 민속학은 1930년대 중반에 확립된 야나기타의 일국민속학을 계승하였는데, 야나기타가 이 학문에 부여한 '경세제민의 학'으로서의 성격은 망각되고 역사를 밝힌다는 학문의 목적도 희석되었으며, 일본인 또는 일본민족의 특질을 규명하려는 연구자가 많아지고 있다는 것이다. 이와 같이 이야기한 후쿠타는 이러한 민속학의 현상을 타파하고 민속학을 새롭게 전개하기 위하여 야나기타의 초기 연구에서 네 가지 논점을 끌어내었다.

첫째, '중출입증법重出立證法'[17]이라는 종래 민속학의 객관주의를 포기하는 것, 둘째, 일본 열도의 주민을 하나라고 생각하지 않거나 또는 생각할 필요가 없음을 가르쳐 주는 것, 셋째, 개별 지역을 복

---

17 지역 간의 민속 차이는 시간적 차이에서 비롯된다는 전제하에 민속자료들을 비교하여 서로 접촉하거나 중첩된 민속요소를 중심으로 점차 연관성이 떨어지는 요소들을 순차적으로 나열해 간다. 이 방법을 통해 횡적으로 보이는 자료 내용을 종적으로 계열화하면 민속요소의 역사적 변천을 알 수 있다. 마치 사진을 중첩시키는 것처럼 나열하는 방식이라 하여 중출입증법이라고 명명하였다.

권함으로써 새로운 민속학을 구성할 수 있을 것, 넷째, 새로운 역사인식으로써 민속학을 재생할 수 있다는 것 등이다.

이와 같은 네 가지 논점은 후쿠타에 의하면 민속학을 "일본민족이라는 틀 안에서 생각하는 데에서 벗어나 일본 열도의 민속학으로 변화시켜" 민속학에 아이누 민속의 정당한 자리를 마련하는 것이기도 하다. 그리고 일국민속학이라는 용어 또는 민족성과 민족문화의 규명이라는 목적관을 파기하는 것이기도 하다(福田 1986:11-14).

여기에서도 후쿠타는 야나기타의 일국민속학이 성립 당초부터 전제해온 '민족국가'라는 틀을 '일본 열도'라는 지리적 공간으로 치환하여 민속학을 '일국민속학National Folklore'에서 '일본 열도의 민속학Folklore in Japanese Archipelago'으로 전환시킬 것을 주장한다. 그는 민속문화가 세대를 넘어 전승되는 '개별 지역'을 중시하여 '지역민속학'의 복권을 강조하는 듯한데, 이러한 관점의 전환으로 과연 민속문화를 총체적으로 파악할 수 있을까?

현대민속학의 문제에는 현재 많은 민속학자들이 관심을 가지고 있다. 일본민속학회의 기관지 『일본민속학』은 1975년도의 100호 이후 정기적으로 특집을 만들어 「일본민속학의 연구동향」을 게재하고 있다. 1998년 11월에 발행한 『일본민속학』의 「특집·일본민속학의 현재」에서 「총설」을 담당한 스즈키 마사무네鈴木正宗가 '현대민속학의 과제'를 다루었으므로 그중에서 후쿠타의 제안과 관련된 네 가지 과제를 추출해 보자.

첫째, 일본 전체를 향토로 파악하고 일본인이란 무엇인가를 생각한 야나기타의 일국민속학을 뛰어넘고자 균질적 파악에서 다원적 파악(타민족이나 이민을 포함)으로 전환하여 아이누, 오키나와, 화교, 재일한국·조선인 등의 움직임을 주의 깊게 살펴보면서 본토를 상대화하고, 민속의 내적 다원성과 외적 다원성을 접합함으로써 일본인 안팎의 민족적 경계를 탈국가화한다.

둘째, 마을이나 지방을 일거에 일본, 일본인에 결부하려는 어조를 바꾼다. 메이지 이후의 정치지배하에서 인식된 '민속'이 서서히 국민을 엮어 일원적인 일본이 형성되었다는 관점에서 민족과 국가를 생각한다.

셋째, 야나기타의 '경세제민経世濟民·학문구세学文救世'라는 초심으로 돌아간다. 경세제민의 실질은 도덕경제moral economy의 실천이다. 국민문화의 형성, 마을 만들기, 도시 만들기, 문화유산, 문화적 동질성의 이데올로기(단일민족국가 신화의 기원)에 대한 지적 기여 등, 학문과 사회의 관계를 음양으로 고려한다.

넷째, 방대한 민속자료를 어떻게 유효하게 활용하여 성과를 공유하고, 현대를 해명하고 미래에 도움을 주는 '민속지民俗知'로 만들 것인가를 생각한다(鈴木 1998:11-13).

여기에서 스즈키는 후쿠타와 마찬가지로 야나기타의 일국민속학의 탈구축을 지향하면서 다른 한편으로는 야나기타의 경세제민 사상에 공감하는데, 이러한 자세는 현대민속학을 제창하는 민속학자들에게 공통된다고 보아도 좋을 것이다. 경세제민이란 '세상을 다스리고 민을 구제하는'(세상을 다스려 사람들의 고통을 구제한다) 것으로서 본디 '경제'를 가리켰는데, 오늘날에는 오히려 '정치'에 가깝다 (藤井 1995:i).

경세제민 사상이 야나기타의 초기 학문에서 자라났음을 중시한 후쿠타는 민속학의 목적은 '경세제민'에 있으며 민속학은 "현실 사회에서 시급히 해결해야 할 문제를 연구"하는 학문이라고 단언하였다(福田 1998b:111). 이것은 1928년에 간행된 야나기타의 강연집 『청년과 학문』에 수록된 동명의 강연 '청년과 학문'에서 학문은 공민교육에 있어서 불가결하고, "학문만이 세상을 구제할 수 있다."(柳田 1998a:11-13)라고 역설한 야나기타의 언설을 염두에 둔 주장일 것이다.

후쿠타가 '개별 지역의 복권'을 도모하여 구상한 '지역민속학'도 당시 야나기타가 구상한 '향토 연구'의 현대판이라고 할 수 있다. '청년과 학문'을 강연한 1920년대 후반부터 1930년대 전반에 걸쳐 야나기타는 향토 연구의 대상을 "일정한 토지에 한정시키는 것이 제1조건"(柳田 2001a:192)이라 하고, 향토 연구의 본디 목적을 "향토인이 향토를 연구하는"(柳田 2001b:546) 것이라고 생각하였기 때문이다. 향토 연구의 대상이 '작은 향토'에서부터 그것이 집합된 일본이라는 '큰 향토'로 확대된 것은 『민간전승론』(1934)이 간행된 후의 일이다(伊藤 2002:54).

1946년부터 1983년에 걸쳐 민족학에서 종교인류학, 경제인류학, 심리인류학, 상징인류학, 생태인류학, 의료인류학 등 새로운 분야가 생겨났음은 앞에서 설명하였다. 민속학에서도 역사민속학 외에 1970년대 이후 다른 학문들의 영향을 받아 도시민속학과 생태민속학 또는 환경민속학, 관광민속학, 젠더론, 개발론 등과 같은 새로운 분야가 개척되어 연구 분야가 서서히 세분화되었다. 현대민속학도 포스트모던 상황에서 생겨난 새로운 분야라고 생각하지만, 앞으로 민속학의 연구 분야는 민족학과 마찬가지로 점점 더 세분화될 것이다.

지금까지 문화인류학으로 개칭된 민족학과 민속학의 과거와 현재의 동향을 기술했는데, 아야베가 지적했듯이 장래에 두 학문의 관계는 '육친'에서 '친척' 관계로 옮아 가게 될까? 아니면 부모님 밑에서 함께 생활했던 '자매'에서 결혼하고, 성이 바뀌고, 따로 살게된 '자매'가 된 만큼 서로 부즉불리의 관계를 유지하면서 광의의 인류학으로서 공존하게 될까?

그렇지만 민족학이 문화인류학으로 전환함으로써 '에트노스' 문화 연구에서 '안트로포스로서의 인류' 문화 연구로 그 시야를 확대하려고 하는 데 비해 민속학은 현대민속학이 상징하듯이 민족학과는 역방향을 모색하고 '네이션' 안의 민속문화 연구에서 '지역사회'의 민속문화 연구로 그 시야를 축소시키려는 것 같다.

현재 일부 민속학자가 제창하는 현대민속학에서는 안트로포스로서의 인류를 기저로 한 보편적인 사상을 엿볼 수 없다. 현대민속학은 지역사회가 그 자체로 완결된 시스템이 아니라 더 큰 시스템의 부분이라는 것을 어떠한 형태로 그 학문에 포괄하려는 것일까? 설마 1920년대부터 1950년대에 걸쳐 소규모로 고립된 자율적 사회 연구에 집중했던 기능주의 인류학에서 모델을 찾지는 않을 것이다.

일국민속학의 '탈구축'은 당사자가 의식하느냐 마느냐에 상관없이 포스트모더니즘의 세례를 받은 담론이다. 포스트모더니즘은 사회나 그 문화의 전체성이나 등질성을 부정하고 차이성이나 이질성을 중시하기 때문이다(イーグルトン 1998:164-165). 현대민속학에서 볼 수 있는 담론은 현재 야나기타의 일국민속학에 대한 안티테제에 불과하지만, 이것이 장래에 어떻게 '재구축'될 것인가는 젊은 세대 민속학자들의 활동에 달려 있다.

여하튼 두 개의 '민조쿠'학이 현재 상반된 방향으로 걸어가고 있다는 것은 부정할 수 없다. 두 개의 학문이 앞으로도 계속 역행한다면 양자의 틈새는 지금까지보다 더 깊어질 것이 확실하다. 이 책에서 문화인류학자 이시다 에이이치로가 제안했듯이(石田 1970a:157-168), 그리고 구조주의 인류학자 레비스트로스가 지적했듯이(レヴィ=ストロース 1972:400), 민족학과 민속학을 '하나의 인류학'으로 묶은 것은 이러한 상황에 일말의 불안감을 느끼기 때문이다.

제2장 민속문화의 원풍경原風景

두 개의 기층문화론

오카 마사오의 일본민족문화형성론

작년 가을, 철학자 우메하라 다케시梅原猛는 연재 에세이 「반시대적 밀어」에서 다음과 같이 썼다. 최근 어떤 사람이 "조몬繩文 시대의 세 선인仙人"이라고 하기에 그게 누구냐고 물어보았더니 오카모토 다로岡本太郞, 소 사콘宗左近, 우메하라 다케시라고 대답하였다는 것이다. 오카모토는 조몬 시대의 토기가 예술품이라는 점을 통찰하였고, 소는 장시長詩에서 조몬 문화를 찬양하였다. 우메하라는 두 사람은 선인으로서 충분한 자격이 있지만 자신을 그 안에 포함시켰다면 다음과 같이 주장했기 때문일 것이라며 자신의 주장을 세

가지로 요약하였다.

첫째, 수렵(어로)과 채집이 생산 기반인 조몬 문화가 일본의 기층 문화라는 주장이다. 조몬 문화는 약 1만 3,000년 전에 시작되어 약 2,000년 전까지 대략 1만 년 이상 계속되었다. 도작농업과 양잠이 생산 기반인 야요이弥生 문화는 에도 시대까지 계속되었다고 보아야겠지만 약 2,000년간 지속되었을 뿐이다.

둘째, 일본의 원주민인 에조蝦夷와 그 후계자인 아이누 민족의 문화는 류큐琉球 문화와 함께 조몬 문화의 유산이라는 주장이다. 그래서 우메하라는 아이누인의 세계관에서 볼 수 있듯이 조몬 시대의 세계관은 인간과 동물이 본디 동일하고 모든 생물의 영은 이승과 저승 사이에서 무한히 순환된다는 사상이라고 했던 것이다.

셋째, "이 같은 공존 사상이야말로 21세기 이후의 인류가 돌아가야 할 사상"이라는 주장이다. 우메하라는 "조몬 문화는 단순히 과거의 문화가 아니라 미래 인류문화의 존재방식을 가르쳐 주는 문화이다."라고 결론 지었다(「왜 조몬 문화인가」, 『아사히 신문』 2004. 10. 26.)

우메하라는 조몬 문화를 일본의 기층문화라고 봄과 동시에 그 저변에 흐르는 애니미즘 사상에 공감하여 그 현대적 의의를 높게 평가한 것이다. 이러한 역사관은 표면적인 현상에 사로잡히지 않고 심층에서 역사를 파악하고자 하는 '심층역사학'(ルゴフ 1992:26) 부류에 포함된다고 할 수 있다.

그런데 민족학자(문화인류학자)들 중에서 일찍부터 조몬 문화가 일본 기층문화의 일부를 형성하고 있다고 주장한 이는 역사민족학자 오카 마사오이다. 패전 직후에 이시다 에이이치로의 사회로 오카와 에가미 나미오, 야와타 이치로가 주최한 좌담회 '일본민족·문화의 원류와 일본국가의 형성'(1948)에서 오카는 일본민족문화형성론에 대해 발표한 후 그 내용을 다듬어 「일본문화의 기초구조」(1958)를 집필하였다.

오카는 이 논고의 서두에서 일본문화는 '고유문화'를 기반으로 여기에 중국문화, 불교문화, 구미문화가 누적·혼합되거나 병존하여 형성된 하나의 혼합·누적적 구조의 문화이고, 고유문화는 "몇 가지 이질적이고 다른 계통의 종족적 문화에서 성립된 다원적 문화구조"라고 파악한다(岡 1979b:18). 일본문화의 기반을 이루는 고유문화는 서로 이질적일 뿐만 아니라 계통이 다른 종족문화들을 바탕으로 성립하였다는 것이다. 오카가 이야기하는 고유문화란 "근대 서양문명이 도래하기 이전에 성립된 생활문화"를 말하는 것으로서, 그는 이것을 '기반문화' 또는 '기층문화'라고 부른다(岡 1979c:67). 이 책의 맥락에서 이야기한다면 오카의 고유문화는 근대화 과정에서 형성된 '네이션'이 성립하기 이전의 '에트노스'의 민속문화가 될 것이다.

오카 주장의 특징은 고유문화가 '몇 개 종족문화'에 의해 형성되었다고 가정하고, 그것을 전제로 하여 '종족문화복합'이라는 개념을 설정했다는 점에 있다(岡 1979b:20-23). 오카의 '종족'이란 이 책의 에트노스에 해당한다. 그는 에트노스를 '종족' 또는 '종족단위체 ethnical unit', '민족=종족'으로 파악하고, 그 속성으로서 공통의 언어와 공통의 동질적 문화, 공통 출계의 신앙, 내혼제, 독립단위체로서의 경제를 들고, 에트노스를 "원래 같은 거주 지역에 살면서 동일 집단에 귀속되어 있다는 의식과 감정을 가진 사람들의 집단"으로서 "가변적·과정적 생활체"라고 규정한다(岡 1979c:63).

이 규정은 에트노스의 객관적 규준과 주관적 규준을 시야에 포함하고 상황주의나 구축주의에도 유의한다는 점에서 당시 민족 개념의 정의로서는 매우 참신한 견해였다. 그중에서도 오카가 에트노스의 주관적 규준에 착안하여 에트노스를 '귀속의식'이나 '귀속감정'을 지닌 사람들의 집단이라고 파악한 것에 주목할 필요가 있다.

오카의 종족문화복합 개념은 다음과 같은 다섯 개 종족문화와 그 특징(구성요소)으로 이루어진다(岡 1979b:20-31).

(1) 모계적·비밀결사적·감자 재배–수렵민 문화

타로감자 또는 얌 재배나 비밀결사 복합(가면 가장자假面假裝者), 막자 모양乳棒狀 돌도끼, 곤봉용 석환石環, 토우土偶 등이 특징이다.

(2) 모계적·육도陸稲(밭벼) 재배–수렵민 문화

화전에서의 육도 재배나 작물의 사체화생死体化生 신화, 형매시조 兄妹始祖 홍수 신화, 태양신 아마테라스 숭배, 가족적·촌락공동체적 샤머니즘 등이 특징이다.

(3) 부계적·'하라ハラ'씨족적·밭농사–수렵·목축민 문화

조·수수 같은 곡식의 화전 경작, 즐목문櫛目文 토기, 곡물 이삭을

수확하는 데 쓰는 반월형 석기, 천신신앙, 북아시아적 샤머니즘 등
이 특징이다.

(4) 남성적·연령등급적·수도水稲 재배 – 어로민 문화

세대 별거와 관련된 가족 관습(와카모노야도若者宿,[1] 무스메야도娘

宿,[2] 네야도寝宿,[3] 우부야産屋,[4] 월경오두막月経小屋, 모야喪屋[5]), 성년식·

성녀식, 구형석부矩形石斧, 결입석부抉入石斧, 우미사치야마사치 신

화海幸山幸神話,[6] 벼와 쌀에 관련된 종교관념과 의례 등이 특징이다.

(5) 부권적·'우지ウジ'씨족적·지배자 문화

일본 열도에 지배자 왕후문화와 국가적 지배체제를 도입한 천황
씨족을 중심으로 한 종족문화로서 대가족·'우지'족·종족, 천신강림
신앙, 부계적 조상숭배, 직업적 샤머니즘, 천손강림신화 등이 특징
이다.

오카는 이러한 다섯 가지 종족문화가 조몬 시대 중기·말기부터
기원후 3~4세기까지 5회에 걸쳐 일본 열도에 전래되었다고 상정
하였다. 종족문화 (1), (2)는 각각 조몬 시대 중기 이후와 조몬 시대

---

1 제1장 각주 11 참조.
2 성년식을 마친 여성들이 모여 일을 하던 장소.
3 청년기의 남녀가 결혼할 때까지 공동으로 숙박하던 곳.
4 제1장 각주 13 참조.
5 죽은 이의 친척들이 일정 기간 동안 시신과 함께 상을 치르던 곳.
6 동생인 야마사치히코山幸彦가 형 우미사치히코海幸彦에게 어로와 수렵 도구를 빌
려 어로에 나섰다가 낚싯바늘을 잃어버렸는데, 낚싯바늘을 돌려 달라는 독촉을 받
자 시오쓰치노오지塩土老翁의 도움을 받아 해신의 궁으로 가서 낚싯바늘 등을 얻
어 돌아와 형에게 보복한다는 내용의 신화이다.

말기에, 종족문화 (3)은 퉁구스계 종족문화가 동북 중국이나 한반도로부터 야요이 시대 초기에, 종족문화 (4)는 남중국의 강남지방으로부터 기원전 4~5세기경에 각각 일본 열도에 유입되었지만, 종족문화 (5)는 한반도로부터 기원후 3~4세기경 일본 열도에 전래되었으며, 이것이 선주민을 지배하여 '야마토 국가'를 건설했다고 보았다(岡 1979b:20-33). 이 종족문화복합은 오카 자신도 인정하듯이 '작업가설적 성격'을 지닌 '문제 제기'적 가설이었으므로 여기에 비판이 가해진 것은 당연한 일이었다.

역사민족학에서 출발한 문화인류학자 이시다 에이이치로는 오카의 가설을 엄격히 비판하면서, (5)는 타당한 견해이지만 (3)은 추정할 수 있는 실마리가 없으며 (4)는 상당히 유보할 필요가 있다고 한 후, (1)과 (2)도 그 근거가 빈약하다고 지적한 바 있다(石田 1970d:250-252).

역사민족학자 오바야시 다료大林太良는 이시다만큼 비판적이지는 않다. 그는 (2)와 (4), (5)에 동의한 후 오카의 가설을 전체적으로 정리된 체계라고 평가하고, (2)의 특징에 의례적 수렵과 우타가키 歌垣[7]나 쓰마도이콘妻問い婚[8]을 수반한 혼인 형식, 죽은 자를 산으로

---

7 특정한 날에 젊은 남녀가 모여 서로의 사랑을 구애하는 가요를 부르는 주술적 신앙에 기초한 풍속을 가리킨다.

8 모권이 강한 민족에게서 흔히 볼 수 있는 혼인형태로서, 부부가 같이 살지 않고 남편이 밤마다 아내의 처소에 다녀가는 형태이다. 아이들은 어머니의 일족이 양육하고 재산은 딸이 상속한다. 일본에서는 고분시대(3~7세기)에 일반적이었다고 여겨진다.

표상하는 것, 오게쓰히메형의 사체화생작물신화死体化生作物神話[9]를, (4)의 특징에 이자나기·이자나미 신화[10]의 국가 탄생에서 볼 수 있는 원초홍수형[11]이나 해상타계海上他界 관념,[12] 이삭 떨어뜨리기 전승, 농경의례로서의 줄다리기 등을 부가하였고, (5)의 전래 시기를 5세기경이라고 수정하였다. 오바야시도 이시다와 마찬가지로 (1)을 독립된 문화복합으로 인정하는 데 의문을 표시하고, (3)에는 학문적 뒷받침이 없다고 비판하였다(大林 1979:424-427).

최근 들어 민족학자들 사이에서 일본민족문화형성론에 대한 관심이 매우 옅어졌다. 그럼에도 불구하고 오카의 종족문화복합 개념을 거론한 것은, 오카가 다섯 가지 종족문화복합이 일본에 전래된 시기를 조몬 시대 중기·말기부터 기원후 3, 4세기경 사이라고 추정하고, 그 종족문화복합이 '근대 서양문명이 도래하기 전에 성립한 생활문화'로서의 고유문화 안에 존속했다고 상정했음을 지적하고 싶었기 때문이다.

페르낭 브로델이 말한 역사과정의 분석틀에서 보면 오카는 역사

---

9 오게쓰히메(大宜都比売, 大気都比売神, 大宜津比売神)는 일본 신화에 등장하는 식물의 신이다. 다카마가하라에서 추방당한 스사노오(아마테라스의 동생)가 배가 고파 오게쓰히메에게 먹을 것을 구했다. 오게쓰히메가 코, 입, 엉덩이에서 먹을 것을 꺼내자 더럽다고 생각한 스사노오가 오게쓰히메를 죽였다. 그러자 오게쓰히메의 시체에서 벼, 조, 팥, 보리, 콩이 생겨나고 머리는 누에가 되었다고 한다.

10 이자나기伊邪那岐는 일본 신화에 등장하는 남신男神으로서 이자나미伊邪那美의 오빠이자 남편이다. 이들이 바닷물을 창으로 휘저어 창끝에서 떨어진 소금방울로 섬을 만든 후 그 섬에 내려와 결혼해서 일본 국토가 된 섬들을 낳았다고 한다.

11 홍수로 시작하는 신화 유형.

12 바다 저편에 죽은 자의 나라와 신의 영역(常世)을 상정하는 세계관.

과정의 장기 지속이라는 가정을 전제로 하여 일본 기층문화의 원형을 선사시대에서 찾고, 더 나아가 그 기층문화가 근대 이전의 에트노스로서의 민족의 민속문화 안에 오랫동안 존속하였다고 생각한 것이 된다. 이와 같은 관점은 역사민족학자 사사키 고메이佐々木高明의 생태학적 '농경문화복합' 개념에도 계승되었다. 사사키는 오카와 마찬가지로 일본 열도의 주변지역을 시야에 두고 생태학, 민족학, 고고학, 언어학 등의 성과를 반영하여 생태학적 관점에서 접근하여 다음과 같은 네 가지 시기의 기층문화 형성과정을 재구성하였다.

제1기 약 12,000년 전 조몬 문화의 성립
제2기 조몬 시대 전기~중기경 조엽수림문화의 요소가 일본 열도 서부에 진출한 시기
제3기 조몬 시대 말기 또는 야요이 시대 초기에 도작문화가 일본 열도에 도래한 시기
제4기 4~5세기경 거대 고분이 형성된 시기

사사키는 각 획기의 문화적 특징으로서, 제1기에는 수혈주거竪穴住居, 심발형深鉢型 토기, 활로 하는 수렵, 연어·송어 하천 어로의 탁월함 등을, 제2기에는 칠기 생산, 대륙의 조엽수림문화대에서 도입된 조롱박·들깨 등의 소규모 재배, 토란·석산石蒜의 반재배를, 제3기에는 신新몽골로이드계 사람들의 도래와 한반도에서 들어온 새

로운 도작 농경 기술과 금속기 문화의 전래, 도작에 수반된 의례나 신앙, 세계관의 전파를, 제4기에는 한반도에서 수입된 천손강림신화를 비롯한 지배자 문화를 들었다(佐々木 1997:36-51).

사사키의 생태학적 농경문화복합에서 주목하고 싶은 부분이 하나 있다. 제2기에 대한 설명 중에 사사키가 조몬 시대 후·만기 조엽수림문화의 특징으로 칠기나 비단, 차, 누룩술, 미소(된장), 떡 이외에 우타가키와 8월 15일 밤의 관행,[13] 산상타계山上他界, 산신山神관념 등이 일본 열도에 도래하였다고 설명하고, "그들 중 다수가 현대에까지 전승되어 일본의 전통문화에 깊이 뿌리내리고 있다."(佐々木 1997:50)라고 지적한 것이다. 사사키도 오카와 마찬가지로 기층문화의 장기 지속이라는 가정을 전제로 하여 현재의 민속문화를 파악하였다.

또한 오카가 「일본문화의 기초구조」에서 일본의 기층문화가 이질·이계의 '몇 가지 종족문화'로 구성되었다고 설명한 것 외에, 그 '결론'으로 단일민족사관에 기초한 야나기타 이후의 민속학을 통렬히 비판하였다는 점을 지적해 두자. 오카는 "일본 고유문화, 즉 민속학이 다루는 여러 가지 신앙 형태, 종교의례, 사회제도, 습속 등이 모두 동계, 동질의 민족문화에서 발원하여 전개된 것이라고 애초부터 전제하고 그 입장에서 개개 민속을 해석하고 설명하는

---

13 원래 타로감자 계통의 감자를 수확하는 의례였던 15야 제의가 쌀농사가 발달함에 따라 이차적으로 벼의 수확의례와 결부된 풍습이다. 집단무용, 밭작물 교환 등의 제의를 올린다. 중국 화남 일대에 거주하는 한족에게서도 볼 수 있다.

것의 위험성에 대하여 주의를 환기시키고 싶었다."(岡 1979b:36)라고 이야기하였다.

야나기타 구니오가 일국민속학의 이론적 틀을 굳힌 1930년대에 야나기타의 사상에는 근대 일본에서 '1민족 1언어 1국가'라는 민족국가(국민국가)의 이념이 실현되고 있다는 확신이 있었다고 전술한 바 있다. 그러나 오카의 일국민속학 비판에 대해 당시 야나기타 산하의 민속학자들은 거의 반론을 내놓지 않았다. 그들은 민속학이 기층문화의 규명을 목적으로 한다고 주장하면서, '기층문화란 무엇인가', '기층문화는 언제쯤 성립한 것인가'라는 문제에 전혀 관심이 없었던 것일까?

만년의 야나기타는 『해상의 길』(1962)을 출간하여 일류동조론日琉同祖論을 입증하기 위해 노력했는데, 이 논문집에 수록되어 책 제목이 된 「해상의 길」(1952)은 일본민족기원론이라고도 할 수 있는 논고이다. 이 글에서 야나기타는 바람의 호칭이나 표류물, 지명, 배, 보패寶貝, 동방정토, 벼 등을 실마리로 하여 일본 열도에 도작을 도입한 일본인의 조상이 보패의 매력에 끌려 류큐 열도의 한쪽에 이주했다는 대담한 가설을 제시했는데(柳田 1997b:385-415), 야나기타는 그 시기를 어느 시대로 상정했던 것일까?

에트노스로서의 민족의 기원은 과거로 거슬러 가면 갈수록 파악하기 힘들어진다. 오카의 종족문화복합과 사사키의 농경문화복합은 민족지나 선사학, 고고학 등 인접 제 과학의 방대한 성과를 원용하여 재구성된 가설인데, 오카와 사사키는 '야마토 국가'가 3, 4세기경 또는 4, 5세기경에 성립되었음을 시사하면서도 일본민족(일본인)이 성립된 시기에 대해서는 명확히 발언하지 않았다. 이러한 문제를 야나기타는 어떻게 생각했던 것일까?

패전 직후 이시다 에이이치로가 사회를 보고 야나기타 구니오와 오리쿠치 시노부가 대담한 내용을 정리한 「일본인의 신과 영혼 관념 및 기타」(1949)가 『민족학연구』(제14권 제2호)에 게재되었는데, 여기에서 야나기타는 이렇게 이야기하였다.

> 나는 지금도 일본민족이 인종의 혼효混淆로 이루어졌음을 인정한다. 결코 단일한 민족이 성장한 것이라고는 생각하지 않는다. 여러 종족이 섞이기는 했지만, 예를 들면 오늘날까지 전해지는 신령 관념, 사후 존재에 관한 고유신앙 등은 그중 가장 우수한 어떤 종족, 수가 많든지 힘이 있든지 지능이 발달했든지, 여하튼 가장 중요한 한 종족의 것이었다고 생각한다. 그러나 좌담회에서 본 것 같은 출발을 긍정한다면, 처음부터 일본의 고유신앙은 이것저것 뒤섞인 몇 가지 분자의 복합형이라는 논의가 가능할지도 모르겠다. 과연 그러했을지 어땠을지. (柳田·折口·石田 1965a:9)

이 대담은 이시다가 사회를 맡고 에가미 나미오와 오카 마사오, 야와타 이치로가 좌담한 '일본민족·문화의 원류와 일본국가의 형성'(1948, 『민족학연구』 제13권 제3호 게재)에 이어 마련된 것이다. 야나기타의 발언은 그 좌담회에서 제기된 에가미의 기마민족정복설이나 오카의 일본민족문화형성론을 염두에 둔 것으로 생각된다. 여기에서 야나기타는 일본민족이 "단일한 민족이 성장한 것이라고는 생각하지 않는다."고 전제한 후에, 고유신앙을 오늘날까지 전해준 사람들은 '몇 개 종족' 중 '한 종족'이라고 주장하였다. 그 종족은 오카와 마찬가지로 에트노스로서의 민족을 가리키는데, 이 대담 중에 나온 일련의 발언에서 야나기타는 그 한 종족을 '주요 종족' 또는 '중심 종족'이라고 부르고, 그들의 정신생활이 벼의 재배와 상당히 깊게 연결되어 있다고 상정하였다(柳田·折口·石田 1965a:10).

야나기타는 과거 시대의 '몇 개 민족' 중 주요 민족 또는 중심 민족을 에트노스로서의 일본민족의 원형이라고 상정했는데, 그것이 '야마토 국가'의 기초를 만든 민족이었다고는 주장하지 않는다. 야나기타는 신중한 자세를 무너뜨리지 않으려고 했을 것이다. 이러한 일본민족 형성시기에 과감하게 접근한 이가 오카 마사오와 마찬가지로 빈 대학에 유학한 적이 있는 역사민족학자 이시다 에이이치로와 오바야시 다료이다.

이시다는 에트노스로서의 민족을 객관적 규준과 주관적 규준을 고려하여, 어느 특정 지역에서 장기간 공동생활을 영위하고 "언어·신앙 그 외 각종 문화 내용의 전부 또는 대부분을 공유하며" 공통의 역사와 전통과 운명 안에서 "'우리'라는 공통의 집단귀속감정으로 맺어진 인간집단의 최대 집단"이라고 규정하고, 나아가 일본민족의 형성 시기를 고분시대 말기에서 찾았으며(石田 1970c:235), 일본민족의 기본 생활양식 중 거의 전부가 야요이 시대에 완성되었다고 상정하였다(石田 1970b:207).

　오바야시는 이시다가 에트노스로서의 민족의 '우리'라는 '집단귀
속감정'에 주목한 데 대하여 '우리'라는 '공속의식'에 착안하여 일본
민족의 형성 시기를 나라 시대가 시작된 무렵이라고 상정하였다.
'우리 일본인'이라는 공속의식의 성립은 국가 통일이라는 정치사
적 과정과 불가분의 관계에 있고, 일본 열도에서의 정치적 통합은
고분시대에 진행되어 나라 시대의 율령국가 체제에서 완성되었다
는 것이다. 그리고 나라 시대가 시작된 시기가 일본민족 형성에서
결정적 시기라고 추론하였다(大林 1984:401-405).

　오바야시는 일본민족의 성립을 7세기 말~8세기 초로 상정한 셈
인데, 당시 미나미큐슈의 하야토隼人와 류큐, 도호쿠 이북의 에조
는 율령국가 체제에 편입되지 않았던 점에 유의해야 할 것이다(網野
2000:26). 그렇다 하더라도 에트노스로서의 일본민족이 오바야시가
상정한 것처럼 역사시대에 성립하였다면 오카의 '종족문화복합'도
사사키의 '농경문화복합'도 일본민족이 형성되기 이전의 문화복합
을 재구성한 언설이 될 것이다.

　오카나 사사키의 언설이 브로델이 말한 역사과정의 분석틀 중에
서 장기 지속을 전제로 한다는 것은 전술하였다. 그중에서 일본민
족이 형성되기 이전의 문화복합의 일부가 이 나라의 현재 민속문
화에 잔류하고 있다고 상정되는 것은 두 사람에게 역사과정의 장
기 지속이 '흔들리지 않는 전제'이기 때문일 터인데, 그것이 왜 흔
들리지 않는 전제가 되는지 그 개연성을 새삼 되묻지 않을 수 없

다. 이 점에 대해서는 후술하겠지만, 역사과정의 중단기 지속을 전제로 하여 민속문화의 역동성을 파악하면 오카나 사사키의 언설과는 다른 해석이 가능하다. 따라서 이 나라에 전승되고 있는 민속문화가 어디까지 거슬러 올라갈 수 있는가라는 **민속문화의 소급 가능성** 문제는 새롭게 검토되어야 할 것이다.

아카사카 노리오의 '여러 개의 일본'론

1980년대 이후 포스트모던 상황에서 야나기타 구니오의 일국민속학 비판이 유행하였다. 근년에 일부 민속학자들이 제창하는 현대민속학이 일국민속학 비판의 일익을 담당하고 있으며, 역사민속학자 아카사카 노리오赤坂憲雄의 '여러 개의 일본'론도 야나기타의 일국민속학을 비판하는 부류에 속한다고 할 수 있다.

아카사카는『동서와 남북을 생각한다―여러 개의 일본으로―』(2000)의 머리말에 다음과 같이 썼다.

이 열도에서 조몬 시대 이래의 민족사적 경관에 대하여 '하나의 일본'이라는 필터를 자명한 것으로 덮어씌워온 역사인식의 작법은 이미 파탄을 맞았다. 이르는 곳마다 '하나의 일본'이 균열되는 모습이 보이기 시작하였다. 지금 '여러 개의 일본'으로 가는 도정이 피할 수 없는 과제로 부상하고 있다. '하나의 일본'의 소멸을 기점으로 하여 '여러 개의 일본'으로 이어지는 풍경을 하나하나 정성 들여 발굴하면서 미답의 길을 더듬어 가야 한다. 비록 거칠기는 하지만 '여러 개의 일본'을 둘러싼 큰 조감도를 그려 보고자 한다. (赤坂 2000: i - ii)

역사민속학자 와카모리 다로和歌森太郎나 미야타 노보루宮田登와 달리 아카사카는 조몬 시대 전후의 민족사ethno-history를 시야에 두고 '여러 개의 일본'의 실상을 밝히려 했는데, 그 출발점으로서 그가 비판의 표적으로 삼은 것이 야나기타의 일국민속학이다.

아카사카는 야나기타가 일국민속학의 이론적 틀을 굳힌 『민간전승론』(1934)과 그 이듬해에 공간한 『향토생활의 연구법』(1935) 등에 주목하여 야나기타가 "일본이라는 맥락 안에서 종족·문화의 다원성이나 계통을 달리하는 지역문화의 병존을 명백히 부정하였다." 라 하였고, 일국민속학을 "'하나의 일본'을 수육受肉[14]하기 위한 지知의 운동 그 자체"(赤坂 2000:42-43)라고 규정하였다. 그리고 야나기타의 방언주권론方言周圈論[15]과 그것을 더욱 발전시킨 문화주권론文化周圈論을 거론하며, 전자는 '하나의 일본'을 자명한 전제로 삼고 있

---

14 기독교 용어로서 성육신成肉神과 동의어이다. 성육신이란 하느님의 독생자인 예수가 인류를 구원하기 위하여 성령에 의하여 마리아의 태내에서 사람으로 잉태된 일을 가리키며, 넓게 보면 신적 존재가 인간의 육체 안으로 들어와 인간에게 거하게 되는 것을 뜻한다.

15 야나기타가 방언 분포의 원인을 설명하기 위해 제창한 가설. 문화의 중심지에서 새로운 단어나 표현이 생겨 세력을 얻으면 그때까지 존재하던 단어나 표현이 밖으로 밀려 나가며 전파된다는 주장이다. 이러한 양상은 연못에 돌을 던졌을 때 생기는 동심원처럼 중심에서 밖으로 퍼져 나가고, 중심에서 멀어질수록 힘이 약해진다. 따라서 오래된 단어일수록 중심으로부터 먼 지역에서 나타나게 된다. 야나기타는 이 가설을 민속주권론, 문화주권론 등으로 확대하였다.

으며 후자는 그 이론이 미치는 시간의 사정거리가 천수백 년을 넘지 않는다고 언급하면서 일국민속학의 "시간적 사정거리는 길어야 천수백 년에 머물고 있다. 도작이 도래한 때까지 늘린다 하더라도 이천수백 년을 넘지 못한다. 양자 모두 도작 이전은 시야 밖에 버려두고 있다."(赤坂 2000:53)라고 하였다. 아카사카의 '여러 개의 일본'론도 오카 마사오의 '종족문화복합'이나 사사키 고메이의 '농경문화복합'과 마찬가지로 역사과정의 장기 지속을 '흔들림 없는 전제'로 삼은 것이다.

그리하여 아카사카는 민속문화의 다양성이 '에트노스로서의 민족'과 그 문화의 차이에 기인한 것임을 검증하고자 오카 마사오에게 결정적 영향을 받아 야나기타의 일국민속학을 비판한 민속학자 쓰보이 히로후미坪井洋文의 민속문화이원론民俗文化二元論, 언어학자 오노 스스무大野晋의 방언구획론方言区画論, 민속학자 미야모토 쓰네이치宮本常一의 동서민속문화론東西民俗文化論, 역사학자 아미노 요시히코網野善彦의 동서이원론東西二元論, 후지모토 쓰요시藤本強의 '보카시ボカシ'지대론地代論 등을 다루었다. 여기에서는 미야모토의 동서민속문화론의 일부를 들어 아카사카의 언설을 검토해 보자.

『미야모토 저작집』 3(풍토와 문화)에 수록된 「민속으로 본 일본의 동과 서」(1963)는 미야모토가 서두에서 "일본민족이 공통된 문화를 가지고 있다는 대전제"에 입각한 논의라고 이야기하였듯이, '하나의 일본'을 전제로 한 연중행사론이다. 그 안에서 미야모토는 전국적으로 분포한 고소가쓰小正月(1월 15일)의 행사 '나리키이지메成木い

じめ'에 주목하여, 이 행사가 밭농사나 벼농사 이전의 채집경제를 배경으로 한다는 가설을 세웠다(宮本 1983:94).

나리키이지메란 '나리키제메成木責め', '기오도시木おどし', '나레나 레ナレナレ'라고도 불리며, 감이나 복숭아, 배, 살구 등의 과수에 칼로 상처를 내어 과일이 익기를 약속하는 예축행사豫祝行事이다. 미야모토는 나리키이지메를 옛날에 영국 등에서 볼 수 있었다고 했는데, 동남아시아의 말레이 반도 사람들도 과거에 두리안 나무에 유사한 행위를 했다는 사실이 보고된 바 있다(Skeat 1990:198-199). 민족지를 읽다 보면 다른 곳에서도 찾을 수 있을지 모르겠다. 이것을 채집경제를 배경으로 한 행사라고 추정한 것은 아카사카와 마찬가지로 미야모토도 역사과정의 장기 지속을 자명한 전제로 하여 나리키이지메를 파악했기 때문일 것이다.

아카사카는 미야모토의 가설을 무조건적으로 '설득력이 풍부한 매력적인 가설'로 받아들이고 있다. 그리고 채집경제를 '조몬 시대까지 확실하게 이어진 생업 형태'라고 바꿔 읽고, 미야모토가 "채집경제 시대의 인간 생활방식의 자취"(赤坂 2000:76-77)를 간파했다고 높게 평가하였다. 조몬 문화는 약 1만 년에 걸쳐 일본 열도에 뿌리내렸다고 하는데, 아카사카는 미야모토의 가설을 조몬 시대의 어느 단계로 상정한 것일까? 한마디로 조몬 시대라 하더라도, 사사키 고메이가 지적하듯이, 초창기나 조기早期와 후기後期, 만기晩期에 따라 문화요소가 상당히 달랐을 것이라 생각되기 때문이다(佐々木 1997:47-51).

가설이란 어떤 현상을 통일적으로 설명하기 위하여 세워진 가정을 말한다. 더욱 깊이 이야기하면, 가설이란 통설을 뒤집어서 그 배후에 숨은 진실을 발굴하는 것이라고 바꿔 말할 수 있다. 일국민속학을 창출한 야나기타는 예리한 통찰력과 풍부한 착상으로 여러 가지 가설을 제기하였는데, 가설에도 여러 가지 수준이 있다. 그중에서도 '설득력이 풍부한 매력적인 가설'이란 문제 제기성과 체계성을 갖춘 것이 아닐까?

오카의 종족문화복합이나 사사키의 농경문화복합은 각각 역사민족학과 생태학의 풍부한 지견과 방대한 자료를 구사하여 문제를 제기하고 체계적으로 정리하였다는 점에서 '설득력 있는 가설'이라고 할 수 있다. 그에 비해 미야모토의 나리키이지메 가설은 아카사카가 높게 평가할 만큼 문제 제기적이지는 않다. 더욱이 어떻게 보아도 체계성이 부족하다. 역사과정의 장기 지속을 자명한 전제로 삼고 세운 하나의 상정에 불과하다. 나리키이지메 관행이 어떠한 역사과정을 거쳐 전승되었는지 아무것도 설명하지 않기 때문이다.

에트노스와 그 문화의 기원은 과거로 거슬러 가면 갈수록 애매해지는데, 아카사카의 '과거지향성'은 조몬 시대에만 머문 것 같지 않다. 조몬 시대를 더 거슬러 올라가 후기 구석기시대도 시야에 넣고 일본 열도에 '여러 개의 다원적 지역문화'가 병존하는 상황이 있었다고 추측한다. 그리고 '하나의 일본'은 환영에 불과하다, '하나의 일본'의 명맥은 끝났다, 또는 '하나의 일본'을 자명한 전제로 하여 일본·일본인·일본문화에 대해 이야기할 수 없다고 강조한다(赤

坂 2000:120-121).

아카사카의 언설에서는 '여러 개의 일본'을 구축하려는 변치 않는 정열이 엿보이는데, '여러 개의 일본'을 구축하는 작업은 그가 생각하는 것만큼 용이하지 않을 것이다. 일본 열도와 그 주변지역을 시야에 넣음과 동시에 아카사카가 준거한 민속학과 고고학 외에 역사민족학이나 선사학, 언어학, 문헌사학, 신화학 등 다양한 분야에 대하여 해박한 지식이 필요하기 때문이다. 이와는 별도로 아카사카는 지역연구로서 '도호쿠학東北学'을 구상한 듯하다. 그는 「후기」에서 지역을 '하나의 일본'이 무너져 가는 현장이라 파악하고, 거기에 "역사적 또는 철학적 근거를 부여하고 싶다."고 하였다 (赤坂 2000:197-198). 아카사카가 구성하는 도호쿠학이 체계성이 필수조건인 하나의 학문영역으로 성립될 것인지는 '여러 개의' 일본론과 마찬가지로 그에게 무거운 과제로 남을 것이다.

지금까지 아카사카의 '여러 개의 일본'론을 해석했는데, 궁금한 점이 아직 남아 있다. 야나기타의 일국민속학을 비판하는 데 "'하나의 일본'에 대한 욕망"이라는 정서적 표현이 열 군데에 걸쳐 사용된 것이 마음에 걸린다. 또한 사회라는 개념이 누락되어 사회조직을 거의 검토하지 않은 것도 신경 쓰이는데, 앞으로 '여러 개의 일본'론이 결실을 거두기를 기대하면서, 마지막으로 기탄없는 의견을 덧붙여 보겠다.

그중 하나는 아카사카의 '여러 개의 일본'론 중에 그가 "뜨겁게 공감"했다는 쓰보이 히로후미의 민속문화이원론에 결정적인 영향을 끼친 오카 마사오의 일본민족문화 다계·다원론이 아카사카의 시야에 전혀 들어가 있지 않다는 것이다. 아카사카는 야나기타가 "일본이라는 맥락 안에서 종족·문화의 다원성이나 계통을 달리하는 지역문화의 병존"을 부정하였다고 했는데(赤坂 2000:42), 이와 동일하게 야나기타의 일국민속학을 본격적으로 비판한 이는 쓰보이가 사사한 오카 마사오이다. 아카사카의 '여러 개의 일본'론에는 이러한 경위에 대한 지견이 결여되어 있다.

오카는 「일본민속학에 대한 몇 가지 제안―비교민족학의 입장에서―」(1958)라는 글에서 이렇게 이야기하였다. 조금 길지만 인용하여 참고하고자 한다.

많은 민속학자들은 일본민족이 단일, 동계동질의 민족이라는 선험적 인식하에 이른바 '민속'문화는 동계동질적 문화가 다양해진 것이라고 간주하였다. 그러나 민족학, 인류학, 고고학, 또는 언어학 같은 연구들은 일본민족 또는 일본인이라고 불리는 존재는 여러 개의 종족·민족이 혼성된 것이라고 가르치고 있다. 오늘날 일본민족이나 일본문화가 단일하고 동계동질적이라고 생각하고, 처음부터 그러했으리라고 여기는 것은 독단이나 다름없다. 일본민족이 어떤 종족으로부터 또한 어떤 역사과정을 거쳐 혼성되었을까라는 구체적인 문제를 해명하려면 앞으로 이루어질 연구를 기다려야겠지만, 적어도 일본민족이나 그 문화가 혼합 과정을 거쳐 형성된 하나의 혼합구조라는 점은 일단 염두에 두고 문제로 삼아야 할 것이다. (岡 1979c:62)

여기에서 오카는 일본민족과 그 고유문화가 '다계·다원적인 혼합·누적적 구조'를 지니고 있다고 주장한다. 이러한 오카의 언설은 오카를 사사한 쓰보이 이외에도 당시 오카 아래에서 성장한 젊은 세대의 사회인류학자들에게 큰 영향을 미쳤고, 이후 일본 사회유형론으로 전개되었다.

또 하나는 아카사카가 사용한 민족 개념이 애매하다는 것이다. 「서장」에서 언급했듯이 1970년대 전후부터 여러 학문 영역에서 민족 개념을 둘러싸고 여러 가지 논의가 이루어졌는데, 아직 정설이 없다. 민족이라는 개념을 파악할 길이 없기 때문이다. 역사사회학자 앤서니 D. 스미스의 민족이론에 준거하여 이 책에서는 민족을 에트노스와 네이션으로 유별하였지만, 앞에 서술한 바와 같이 오카는 민족과 종족을 동의어로 사용하고 있다.

아카사카가 사용한 "민족으로서 시작한 시대"라든가 "두 민족의 조우 현장", 또는 "종족·문화의 다원성"이나 "동/서의 종족·문화적 균열" 등의 표현은 모두 다 선행 연구의 용어를 답습한 것이겠지만, 민족이나 종족을 기본 개념으로 사용하는 이상 그 의미를 명확히 정의해야 할 것이다. 또한 민족학(문화인류학)에서는 "공통의 언어를 사용하고 '우리'라는 공속의식을 공유하는 통합된 집단"을 트라이브tribe라 불러 왔다. 트라이브의 번역어로 일본의 아프리카 연구자는 '부족'을, 동남아시아 연구자는 '종족'이라는 일본어를 사용해 왔는데, 1960년대 말 이후 민족학에 패러다임의 전환이 일어나 트라이브를 대신하여 민족집단ethnic group이 더 많이 사용되게 되었다(Jenkins 1986:172-178).

아카사카는 『동서와 남북을 생각한다―여러 개의 일본으로―』 를 발표한 지 2년 후에 「일본상日本像의 전환을 찾아서―방법으로서 '여러 개의 일본'에 대하여―」(2002)를 발표하였다. 이 글에서 아카사카는 현대민속학의 가능성을 부정하고 민속학이 '상민사학常民史学'으로서 서야 한다고 주장하고, 방법으로서 '여러 개의 일본'에 대하여 두 가지를 지적하였다. 첫째, 여러 문화가 혼재한다고 보는 입장과 선을 긋고 동서에서 남북으로 좌표축을 전환해야 하며, 둘째, '여러 개의 일본'은 홋카이도와 도호쿠, 오키나와 등에 흐르는 다계多系의 시간을 품은 민족사를 재구축해야 한다는 것이다.

아카사카는 '여러 개의 일본'을 민족사를 재구축하는 방법으로서 파악하여, "민족사는 새로운 '민족'의 발견을 목표로 하는 것이 아니라 '민족' 그 자체를 내부에서부터 해체하기 위해 조직될 것이다."(赤坂 2002:25)라고 하였다. 이 말을 어떻게 이해하면 좋을까? 이는 아카사카가 홋카이도와 도호쿠, 오키나와 등에 에트노스가 존재했다고 상정하기 때문일 테지만, 그의 애매한 민족 개념에 기인한 부분도 크다.

이 논고에서 아카사카는 오카 마사오의 처녀작 「이인異人과 그 밖의 것―고대경제사 연구 서설 초안 메모―」(1928)를 거론하였다. 이 논문은 오카가 세이조의 야나기타 저택에 묵으면서 야나기타에게 협력하여 격월간지 『민족』을 편집하던 무렵 『민족』 제3권 제6호에 발표한 것이다. 오카가 유럽에 가기 전인 30세 무렵이었다.

아카사카가 왜 오카의 초기 논문만을 다루었는지 이해하기 어려운 데, 오카가 "동시대 민족학의 주류를 이루던 문화사파를 비판하였다."(赤坂 2002:13)라고 한 내용은 정정할 필요가 있다. 오카가 유학한 곳이 당시 '문화사적 민족학'의 거점이던 빈 대학이었기 때문이다. 오카가 비판한 것은 '문화사파'가 아니라 '진화주의 인류학'의 발전단계론이 아닐까? 그리고 진화주의 인류학이 오카와 '동시대 민족학의 주류를 이루었다'고도 볼 수 없다. 이미 영국에서 기능주의 인류학이 대두되고 있었기 때문이다.

또한 이 논문을 발표한 이듬해에 오카는 진화주의 인류학의 발전단계론을 비판하고 장대한 문화권설을 전개한 역사민족학의 세계에 매료되어 일본민족학 진흥에 크게 공헌한 시부사와 게이조의 호의와 격려에 힘입어 그 거점인 빈 대학에 유학하였다.

기층문화의 역사과정

구조로서의 역사

1980년대 이후 인류학자들 사이에서 인류학과 역사학의 관계에 관심이 모이고, "인류학적 역사"(Cohn 1980, 1987)나 "인류학의 역사화", "역사의 인류학화"(Ohnuki-Tierney 1990)라는 지적이 나오고, 문화의 구축이나 표상 또는 문화의 구조와 변용 등이 화제가 되었다.

버나드 콘Bernard S. Cohn은 인류학자와 역사학자가 인식론 수준에서 많은 것을 공유하며 문화는 항상 구축되고 변용한다는 점을 지적하고, 역사과정의 사건이나 구조와 그 변용이라는 개념의 중시성重視性을 지적하였다(Cohn 1980:216-219). 또한 프랑스 역사학의 아날학파인 브로델이 자신의 연구와 구조주의 인류학자 레비스트로스의 구조인류학 이론을 결부하였다는 데 주목하여, 브로델 이후 아날학파 역사학자들이 사건에 뿌리를 둔 역사와 장기 지속으로서의 역사를 변별하게 되었다고도 하였다(Cohn 1987:64).

브로델이 레비스트로스의 '구조'나 '무의식' 개념에 관심을 가졌음은 앞에 서술한 바 있다. 레비스트로스는 역사학과 민족학의 차이를 의식/무의식이라는 대립 개념을 이용하여 지적하였는데, 역사학은 사회생활의 의식적 표현과 관련하여 자료를 정리하는 데 비해 민족학은 무의식적인 여러 조건과 관련해서 자료를 정리한다고 하고, 민족학의 독자성을 연구대상인 집단적 현상의 무의식성에서 찾았다. 레비스트로스가 무의식의 구조에 대하여 설명한 바를 요약하면 다음과 같다.

이른바 '미개사회'에서는 관습이나 제도를 도덕적으로 정당화하거나 합리적으로 설명하는 모습을 만나기가 어렵다. 질문을 받은 사람은 항상 이러했다든가, 신들의 명령이라거나 조상들의 가르침이라고 대답하는 것으로 만족한다. 해석을 만나더라도 이차적인 합리화이거나 궤변인 경우가 대부분이다. 어떤 관습을 행하고 신앙을 품는 행위의 무의식적인 이유는 그러한 행위를 정당화하

기 위하여 내세우는 이유와 매우 멀리 떨어져 있다는 데에는 거의 의문의 여지가 없다. 우리 사회에서도 테이블 매너나 사회적 관행, 의상에 대한 여러 규칙이나 많은 도덕적·정치적·종교적 태도에 대하여 그 기원이나 현실적 기능을 반성적으로 생각해 보지 않은 채 각자가 깔끔하게 지키고 있다(レヴィ＝ストロース 1972:23-24).

레비스트로스는 이와 같이 이야기하고, 관습이나 제도의 근저에 무의식의 구조가 숨어 있으며 그곳이 민족학과 역사학이 만나는 장이라고 결론 짓는다. 브로델이 구조의 지속성에 주목하여, 구조는 시간에 의해 소모되지 않고 세대를 넘어 영속한다고 생각한 것은(Braudel 1980:27, 31-33; ブローデル 1989:19, 25-26) 무의식의 구조를 둘러싼 레비스트로스의 언설에 자극을 받았기 때문일 것이다. 이러한 까닭에 브로델의 장기 지속이라는 개념은 문화구조의 안정성이라는 가정을 전제로 한다. 레비스트로스의 맥락에서 보면 관습이나 제도는 오랜 시간이 경과하면서 변화하는데, 그 근저에 있는 무의식의 구조가 변하기 어렵기 때문이다.

오카 마사오의 일본민족문화형성론이 역사과정의 장기 지속을 전제로 하여 구성되었다는 점은 전술했는데, 오카도 브로델과 동일하게 문화는 항상 변하지만 그 구조는 안정되어 있다는 가정에 기초하여 일본민족문화의 형성과 전개를 시도한 것이 아닐까? 종족사회 이후의 고대사회 형성과정에 대해서 오카가 이야기한 바를 정리하면 다음과 같다.

석기시대 이후 일본 열도에는 여러 개의 종족이 도래하여 서로

인접하여 독립된 생활을 영위하였는데, 시간이 경과하면서 서로
접촉·교류를 거듭하였다. 마지막으로 도래한 천황종족은 먼저 거
주한 농경종족과 어로종족을 정복하여 국가를 창건하고 서서히 정
치권력을 강화하여 영토를 확대하고 국가광역사회를 형성하였다.
먼저 거주한 종족들은 피지배층으로서 농민층과 어민층, 수공업자
층이 되고 종족으로서의 독립성을 상실하여 국가광역사회에 편입
되었는데, 이 과정에서 종족 간의 융합이 촉진되었다. 그리고 공통
출계 관념이 침투하고, 언어가 통일되었으며, 신앙과 의례, 습속 등
이 등질화되고, 일본민족이라는 큰 단위체가 서서히 형성되었다(岡
1979c:65-66).

이렇게 형성된 에트노스로서의 일본민족 중의 농민층이나 어민
층, 귀족층이 각기 지닌 이질적인 종족적 성격은 오카에 의하면 '상
고 또는 중세'까지 잔류하였고, 더 나아가 그 일부가 근대 일본 사
회에서도 보였다는 것이다. 도호쿠 지방이나 주부 지방 등의 동북
일본에 분포한 '동족제同族制'라 불리는 제도가 그중 하나이다.

'동족同族'(도조쿠)이란 본가와 분가의 연합체로서, 본가와 분가
의 상하·주종관계를 구성원리로 하여 편성되었다. 오카는 동족제
가 고대국가의 지배계층을 구성한 종족의 '부계적 가장적 친족조
직'(동족)에서 유래한다는 가설을 세워 다음과 같이 추론하였다. 그
는 동족제가 "국가적 세력권의 확대, 토지 소유 개척의 진전과 함
께 지배계급자가 도호쿠·주부 지방 등으로 확산됨으로써 지방의
토지경영자로서 이른바 침하하여 농민화하기에 이르고, 농촌사회

의 기초적 골격구조가 되어 오늘에까지 존속하였을 것"(岡 1979a:7)
이라고 하였다.

종족문화에서 민속문화로의 장기 지속을 전제로 하여 오카는 근
대 일본의 동족제를 종족사회의 형태를 계승한 유제遺制라고 본 것
인데, 그는 연령의 상하에 따라 구성되고 서남일본에 분포한 '연령
등급제'도 동족제와 마찬가지로 국가광역사회에 거의 그대로 편
입되었고, 그 본질이 근대 일본에 잔류하였다고 상정하였다(石田 외
1958:243-244). 뒤에 서술하겠지만, 오카의 동족제/연령등급제라는
대립 도식은 사회학자 아루가 기자에몬이나 후쿠타케 다다시의 촌
락사회유형론에 촉발되었을 것이다.

이러한 가설을 통해 오카는 원시-고대-중세-근세-근대라는
단선적 시간 개념에 기초하여 민속문화가 지속하는 과정을 추적
하려고 하였는데, 오카의 가설은 야나기타의 역사관과는 대조적인
관계에 있다. 야나기타는 **다선적 시간 개념**으로써 민속문화의 지
속 문제를 생각하였기 때문이다. 패전 직후 야나기타는 오리쿠치
시노부와 나눈 대담에서 민속학이 대상으로 삼을 수 있는 시대는
어디까지일까라는 문제와 관련하여 다음과 같이 이야기하였다.

이것(근대-인용자 주)을 과거 300년간이라 끊어 버리는 것은 바람직
하지 않다. 전 시대는 고드름처럼 곳곳에 주렁주렁 매달려 온 것은 아
닐까? 예를 들어 관솔불을 등화로 쓰는 산촌이 지난 전쟁 때까지 존재
하였다. 관솔불보다 더 오래된 것은 생각할 수 없으니 이것을 아주 먼

옛날의 생활형태라고 본다면, 관솔불은 아시카가足利 시대를 지나 지역에 따라서는 쇼와昭和 시대까지 사용되고 있다. 등화를 시대적으로 구별할 수는 없겠지만, 물질생활뿐만 아니라 혼인이나 씨족조직도 어떤 지역에서는 완전히 고쳐지고 다른 지역에서는 전해져 오던 그대로 행해진다. 즉 시대를 기준으로 구분할 수는 없고 다만 순서가 있을 뿐이다. 신앙생활에서 보이는 많은 것들도 마찬가지이고, 마쓰리 날짜가 지금같이 바뀐 것도 그리 오래된 일이 아니라 메이지 이후 음력을 폐지한 다음의 일이다. (柳田 외 1965b:66)

야나기타는 민속문화에 정치사 중심의 시대 구분을 그대로 적용할 수 없고, 물질문화나 혼인, 씨족조직, 신앙에는 고대나 중세, 근세, 근대 등과 같은 시대 구분이 없으며, 현재의 민속문화에는 '고드름'처럼 장기 지속을 따르는 제도나 관습이 있는가 하면 중단기 지속을 따르는 제도나 관습도 있다고 생각한 것 같다. 이러한 발언에 이어 그는 "유럽에서는 르네상스가 크게 작용하여 중세기를 무너뜨렸다. …… 일본은 국가 상태가 그러하지도 않고, 다만 조금씩 조금씩 눈에 띄지 않게 이동했다고 생각한다. 그러므로 말 따위는 상당히 바뀌었더라도 여기에 수반되는 마음가짐 중에는 변하지 않은 것이 상당히 있지 않을까."(柳田 외 1965b:67)라고 하였다.

사회학자 쓰루미 가즈코鶴見和子는 야나기타의 발언에 주목하여, 야나기타가 일본에서는 현재에 원시, 고대, 중세, 그리고 근대까지 어수선한 세공품처럼 뒤섞여 존재하므로 원시-고대-중세-근대라는 분명한 시대 구분은 유럽 사회를 분석할 때는 유용하겠지만 일본 사회에는 해당하지 않는다고 생각한다고 바꿔 읽고, 이것을 사회변동론의 맥락에서 '고드름 모델'이라 이름 붙였다(鶴見 1977:26-28).

야나기타가 민속문화의 역사과정을 파악하는 방식은 그가 패전 후 힘을 쏟았던 고유문화론에서도 볼 수 있다. 야나기타가 고유문화라고 간주한 전승에는 정치사적 시대 구분이 명시되지 않았을 뿐만 아니라 상대연대相對年代[16]조차 시사하는 바가 적다. 민속문화는 단선적 시간 개념으로써 파악할 수 없다는 생각이 야나기타의 사상에 자라나고 있었기 때문일 것이다.

야나기타가 고유문화 속의 고유신앙 문제에 관심을 보인 것은 그가 일국민속학의 이론적 틀을 굳힌 1930년대 이후의 일이다. 전시~전후인 1940년대 전·후반에 들어서자 고유신앙에 대한 야나기타의 관심이 강해졌다.

전시에 공간한 『일본의 마쓰리日本の祭』(1942)에서 야나기타는 이렇게 썼다. "국가 또는 민족으로서의 총체적 경과를 추적하는 방법"은 최종적으로 "고유 또는 원시라 할 만한 원래 형태를 찾아내는 것 외에는 없다"(柳田 1998g:375). 여기에서 고유신앙은 '네이션'의 역사를 알 수 있는 열쇠로 생각되었다고 볼 수 있다. 패전 후에 야나기타는 『신국학담新国学談』 3부작 중 하나인 『우지가미와 우지코氏神と氏子』(1947)를 출간하였는데, 이 책에서 이른바 고유신앙을 어

---

16 절대연대에 대응하는 용어로, 어떤 문화, 유물, 유적을 다른 문화, 유물, 유적과 비교하여 상호 간의 연대적 위치를 측정하는 것이다.

느 민족에서든 "항상 언설 밖에서 자라나고 있는, 가슴에서 가슴으로 전승되는 것"(柳田 1999a:243)이라고 규정하고 고유신앙 연구의 의의를 강조하였다. 3부작을 이루는 『사이지쓰 고찰祭日考』(1946)과 『야마미야 고찰山宮考』(1947), 『선조 이야기先祖の話』(1946)는 모두 야나기타가 고유신앙을 다룬 논고이다.

야나기타는 고유신앙의 구체적인 예를 몇 가지 들었다. 그중에서 그가 가장 주목한 것은 사자死者가 가는 곳이라고 전승되는 영산靈山 신앙이다. 영산 신앙이란 산중 또는 산 위가 저세상으로 표상되는 믿음을 가리킨다. 야나기타는 『모노가타리와 가타리모노物語と語り物』(1946)에 수록된 「구로유리히메 제문黑百合姬祭文」[17]에서 영산 신앙에 대하여 이렇게 말하였다. "나는 실은 지금, 우리 일본인이 죽어서 가는 곳이라고 생각하는, 높게 솟은 산 정상이라는 것이 월산조해月山鳥海를 비롯하여 많은 명산 신앙의 기원은 아닐까라고 생각하였고, 그것을 이 제문들을 통하여 조금씩 밝힐 수 있지 않겠느냐고 제안한 것이다. 이 점에 있어서 불교의 침염浸染이 대단하고 외래종교를 아주 가벼이 여기는 일본인도 이제는 예로부터 전해오던 국민 고유의 사후관을 잊고, 죽으면 천국으로 간다거나 다카아마노하라에 간다는 등의 말을 입에 올린다"(柳田 1998n:436).

여기에서 야나기타는 사자가 가는 영산으로 갓산月山(야마가타 현)과 조카이 산鳥海山(야마가타와 아키타의 경계)을 들었는데, 패전 직후

---

17 중세 말기 이래의 이야기로 제문의 일종이다.

에 출간된 『선조 이야기』에서도 "일본에서 영산 숭배는 불교가 도래하기 이전부터 존재하였다. 오히려 불교가 이 고유신앙을 선전에 이용하였을 것이라고 생각된다."(柳田 1998m:122)라고 하면서, 사자가 방문하는 영산으로 우소리 산宇曾利山(아오모리 현), 다테야마立山(도야마 현), 구마노熊野의 묘호 산妙法山 안쪽의 중심이라 불리는 시키미야마樒山 등을 들었다.

주목할 점은, 야나기타가 영산 신앙의 기원을 "일본에서 불교가 도래하기 이전부터 존재하였다."라고 지적하는 데 멈추었다는 것이다. 불교가 전래된 시기는 6세기 중엽으로 여겨지므로 영산 신앙은 6세기 중반 이전에 정착하였다고 추정된다는 것인데, 야나기타는 정확한 시기를 언급하지 않았다. 야나기타 이후 영산 신앙은 역사민족학자들에게도 주목받았고, 6세기를 훨씬 더 거슬러 올라간 조몬 시대의 문화요소라고 추정되고 있다. 전술했듯이, 오바야시 다료는 '사자의 산의 표상'이 조몬 시대 말기에 전래되었다고 상정하였고(大林 1979:426), 사사키 고메이는 '산상타계山上他界의 관념'이 조몬 시대 후·만기에 걸쳐 전래되었다고 보았다(佐々木 1997:50).

오바야시와 사사키의 가설은 모두 동아시아의 민속문화를 시야에 넣은 비교민족학적 언설인데, 그 개연성에 대해서는 앞으로 검증되기를 기다릴 수밖에 없다. 또한 야나기타의 '불교가 도래하기 이전부터 존재하였다'는 가설이 오바야시나 사사키가 상정한 '훨씬 더 옛날'인 조몬 시대 말기에 해당하는지도 분명하지 않다. 아마도 야나기타는 영산 신앙이 6세기 중반 이전의 옛날 관습임을 아는 것만으로 충분했던 것은 아닐까? 전시와 전후에 걸쳐 그가 관심을 가진 고유신앙 문제는 그 기원이 아니라 일본인의 문화적 정체성의 근거를 보여 주는 증거에 불과했기 때문이다.

영산 신앙 외에도 야나기타는 미와 산三輪山 신화의 라이트모티프Leitmotiv가 된, 천상계의 신이 아버지이고 지상계의 여성이 어머니인 성스러운 아이의 강탄降誕 또는 이른바 지이사코진小さ子神[18] 신앙, 탁선託宣, 신들의 권청勸請 등을 고유신앙으로 간주하였는데 (伊藤 2002:124), 이러한 신앙이 언제 적에 생겨났는지에 대해서는 아무것도 언급하지 않았다. 다선적 시간 개념으로써 민속문화의 지속 문제를 생각하던 야나기타에게 단선적인 상대연대 추정은 자세히 파고들 가치가 없었을 것이다.

문제 제기로서의 기층문화론

역사민족학자 오카 마사오의 문하에서 자문화 연구에 종사한 가모 마사오蒲生正男는 『일본민족학의 회고와 전망』(1966)에 이렇게 썼다. "특히 일본 열도에서 제 종족의 문화복합에 관한 오카 마사오의 이

---

18 『니혼쇼키』에 등장하는 스쿠나비코나노카미가 원형인 일련의 영웅의 이름이다. 이름 그대로 몸이 작은 이들은 두 가지 상징적 측면을 지닌다. 하나는 '신이 점지해 준 자'이고, 다른 하나는 '인간이 되지 못한 자'이다. 이들은 인간 이상의 영웅인 면과 인간으로서 결여된 면을 동시에 가지고 있는데, 역경을 이겨 나가며 결여된 부분이 차츰 보강되어 완전한 영웅으로 성장하게 된다. 일본 옛날이야기에 등장하는 잇슨보시一寸法師, 모모타로桃太郎, 가구야히메かぐや姫 등이 대표적인 예이다. (『부활하는 보물』, 이나바 요시아키 지음, 송현아 옮김, 도서출판 들녘, 2002 참조)

론은 일본에 관한 사회인류학을 결정적으로 자극하기에 충분한 가설이 되었다. 해외 조사연구가 거의 폐쇄되었던 시기에 일본 내지에서 필드워크로써 실증할 수 있고 극복해야 할 목표가 부여되었기 때문이다"(蒲生 1966:39).

오카의 '일본 열도에서 제 종족의 문화복합에 관한 이론'이란 종족문화복합과 그 구조적 지속으로서의 동족제 사회/연령등급제 사회라는 이원론을 가리킨다. 가모는 이 이론을 높이 평가하여 오카의 가설을 발전적으로 계승하였다. 가족이나 혼인, 친족 등을 실마리로 삼아 일본의 촌락사회를 동족제 원리에 따라 편성된 동북일본형과 연령등급제 원리에 따라 편성된 서남일본형으로 유별하여 촌락사회의 지역유형론을 전개하였다(蒲生 1960:71-76).

일본의 촌락사회유형론은 패전 직후에 사회학자 후쿠타케 다다시福武直와 아루가 기자에몬이 시도해 왔다. 후쿠타케는 '이에家'[19]의 결합양식을 지표로 삼아 일본의 촌락사회를 '동족 결합' 촌락과 '고쿠미講組[20] 결합' 촌락이라는 두 유형으로 나누어 다음과 같이 서술하였다.

동족 결합 촌락은 재촌지주在村地主인 본가와 그에 종속된 소작인의 혈연·비혈연 분가로 구성되고, '주종적인 종적 결합' 원리에 따라 편성된다. 이 원리는 생산관계뿐 아니라 사회생활 전반을 관통

---

19 일본의 집, 가족. 이에는 혈연집단이라기보다 경영체로서의 성격이 더욱 강하다.
20 고講는 한국의 계와 같은 조직이고, 쿠미組는 5호 정도를 하나로 묶은 마을 내 자치 조직이다.

하므로 촌락의 우부스나가미産土神[21]도 본가 지주의 우지가미氏神[22] 형태를 띤다. 이에 반해 고쿠미 결합 촌락은 거의 동등한 '이에'들에 의해 구성되는 '횡적 연계' 원리에 따라 편성된다. 여기에서는 신분에 의한 지배나 종속관계가 생겨나지 않고, 촌락은 독립된 이에들의 연합체일 뿐이다. 우부스나가미의 마쓰리도 고쿠미의 윤번제에 따라 이루어진다(福武 1949:36-37).

민족학자 에모리 이쓰오江守五夫가 지적했듯이, 후쿠타케의 촌락유형론은 아루가 기자에몬이『촌락생활—무라의 생활조직—村落生活—村の生活組織』(1948)이나『일본 혼인사론日本婚姻史論』(1948)에서 지적한 촌락유형론을 전개한 것이다(江守 1976:17-18). 아루가는 일본의 촌락을 '취락적 이에 연합'으로 간주하고, 그 발생을 두 유형으로 파악하였다. 하나는 '이에의 계보관계에 근거한 생활상 상하관계가 기준인' 취락적 이에 연합, 또 하나는 '평등 대등한 생활관계인' 취락적 이에 연합이다. 아루가는 전자를 동족단, 후자를 편의상 구미組라고 불렀다(有賀 1968:116).

이와 같이 아루가는 촌락사회를 '이에'의 연합체로 간주하고, 이것을 동족단 중심의 촌락과 구미 중심의 촌락이라는 두 유형으로 나누었다. 이는 후쿠타케가 동족 결합 촌락/고쿠미 결합 촌락이라

---

21 신도의 신으로서 어떤 사람이 태어난 지역의 수호신을 가리킨다. 지연에 따른 신앙의식에 기초한다.
22 같은 지역에 사는 사람들이 공동으로 모시는 신도의 신. 본디는 조상신을 의미하며, 현재는 진쥬鎭守(그 고장·절·씨족 등을 보호해 주는 신)와 거의 동일한 의미로 사용된다.

는 촌락유형론을 낳은 계기가 되었는데, 후쿠타케의 촌락유형론에는 또 하나 주목해야 할 점이 있다. 그것은 후쿠타케가 두 유형의 촌락의 역사적 관계와 지역적 변이를 시야에 넣었다는 것이다.

후쿠타케는 다음과 같이 기술하였다.

두 가지 유형의 촌락은 개발 연대와 지리적 위치에 따라 세 가지 형으로 나누어진다. 첫 번째 유형은 고대부터 형성된 서남의 촌락, 두 번째 유형은 중세 말기에 무사적 토호가 주로 도호쿠 지방의 벽지 산간에 개발한 촌락, 세 번째 유형은 근세 이래 새로운 농지를 개발하면서 주로 평지에 성립된 촌락이다. 각각 첫 번째 유형은 고쿠미적 형태가, 두 번째 유형은 동족 결합 형태가 지배적인데, 세 번째 유형은 두 유형이 모두 보이지만 다수가 고쿠미적 형태를 띠므로 분명한 계층이 발달한 곳에서도 두 번째 유형만큼 전형적인 동족 결합이 발생하지 않는다. 그리고 후쿠타케는 동족 결합과 고쿠미 결합이라는 두 가지 유형이 각각 동북형 농촌과 서남형 농촌에서 보인다고 지적하였다(福武 1949:34-38).

가모 마사오의 동북일본형/서남일본형이라는 지역 유형은 후쿠타케의 동북형 농촌/서남형 농촌을 바탕으로 한 시도였다. 가모에게 '결정적인 자극'을 준 오카 마사오는 동족제 사회/연령등급제 사회라는 촌락사회의 유형을 설정한 바 있다.

오카는 동족제에 기초한 사회와 연령등급제에 기초한 사회가 각각 다른 지역에 분포하고, 이질적인 구조원리에 따라 그 성격이 결정되었다고 확신했던 것 같다. 오카는 『일본민족의 기원』(1958)의 보충 주에서 "원래 다른 종족의 사회 형태가 국가광역사회에 거의 그대로 편입되어 오랜 기간 동안 다른 사회 형태와 접촉하거나 혼합되었음에도 불구하고 오늘날까지 그 본질을 남겨 존속하였다고 보아야 한다."(石田 외 1958:243-244)라고 기술하였기 때문이다.

아루가의 동족 중심 촌락/구미 중심 촌락과 후쿠타케의 동족 결합 촌락/고쿠미 결합 촌락이라는 두 가지 유형은 오카의 역사민족학적 연구에서 역사적으로 다른 출계·계통이라고 상정된 종족문화를 장기적으로 지속시킨 동족제 사회/연령등급제 사회라는 두 가지 유형으로 전환되었다고 볼 수 있다(伊藤 1982:86). 오카는 동족제를 기원후 3, 4세기경에 전래된 종족문화복합의 특징으로, 연령등급제를 기원전 4, 5세기경에 전래된 종족문화의 특징으로 상정하였다.

이러한 오카의 문제제기적 언설은 오카 산하의 민속학자 쓰보이 히로후미에게 결정적인 영향을 미쳤다. 쓰보이의 『감자와 일본인 イモと日本人』(1979)은 벼농사 중심의 단일농경문화론에 대항하여 밭농사(토란)를 기조로 하는 민속문화의 중요성을 강조한 논고인데, 이러한 발상은 종족문화복합에 대한 오카의 언설에 의거한 부분이 크다. 「일본문화의 기초구조」(1958)에서 오카가 종족문화복합의 (1) 모계적·비밀결사적·감자 재배-수렵민 문화를 해설하고 다음과 같이 기술하였기 때문이다.

농경의례는 오래된 중요한 재배식물에 부수되므로 보통 새로운 것에는 수반되지 않는데, 우리나라의 종교행사나 연중행사에서 타로감자의 일종인 토란을 제사나 행사의 음식으로 빼놓지 않는 풍습이 널리 퍼져 있고, 야쿠시마 등에서는 토란을 재배할 때 의례를 행하여 가고시마의 사타 지방에는 토란의 신전神畑이 존재하며, 시가 현 가모 군 나카야마에서 미야자宮座[23]의 감자 마쓰리는 사토이모[24]의 마쓰리이다. 사토이모를 다라이모, 다다이모, 다로이모, 다로베이모라고 부르는 곳은 남해 제도, 기타큐슈, 산인, 간토, 이즈 제도에 흩어져 있다. 의례·풍습이 어렴풋이 그러나 광범한 지역에서 행해지고 있다는 사실은 사토이모 재배의 역사와 중요성을 말해 주고, 타로라는 명칭이 광범한 지역에서 점점이 발견되는 것은 타로감자가 새로운 수입품이 아니라는 것을 증명한다. (岡 1979b:21).

이 문단은 오카가 조몬 시대 중기 이후에 전래되었다고 상정한 종족문화복합의 감자 재배에 대한 해설이다. 쓰보이는 명기하지 않았지만, 사토이모의 의례나 습속에 관한 오카의 언설에서 큰 영향을 받았음에 틀림없다.

그 후 쓰보이는 오카의 언설에 준거하여 '일본민속의 다원성'을 강조했는데(坪井 1986), 쓰보이의 언설은 오카의 종족문화복합의 민속학적 버전이라고 볼 수 있다. 오카의 종족문화복합 개념이 완전

---

23 지역의 수호신 또는 우지가미를 모신 신사의 제사에 종사하는 촌락 내의 특권조직과 그것을 구성할 자격을 가진 사람들의 집단.
24 타로감자, 즉 토란을 가리키는 일본어.

히 해체되어 종족문화의 담지자로서의 종족이 단순한 집단으로서의 '도작민稻作民', '전작민畑作民', '어로민', '도시민'으로 치환되고, 일본인의 민속적 세계는 '도작민적 세계', '전작민적 세계', '어로민적 세계', '도시민적 세계'로 배열된 것에 불과하기 때문이다.

그렇다면 가모와 쓰보이는 오카의 일본민족문화형성론을 어떻게 받아들였을까? 오카의 일본민족문화형성론은 민속문화의 구조적 안정성이라는 가정과 그것을 전제로 한 민속문화의 장기 지속이라는 역사인식이 골격이다. 이러한 인식에 근거하여 오카는 선사시대에 일본 열도에 초래된 종족문화가 고대 또는 중세까지 존속하였다고 상정함과 동시에, 그 종족문화를 계승한 고대 지배자층의 '부계적 가장적 친족조직'이 근대 농촌사회의 동족조직으로 잔류하여 동족제 사회를 형성하였다고 추정했던 것이다.

이러한 일련의 추론은 문화 구조는 변하지 않을 뿐만 아니라 장기적으로 지속한다는 명제를 전제로 해야 비로소 성립된다. 가모나 쓰보이는 이와 같은 명제를 암묵적 전제로 받아들이고 지역사회의 유형을 설정하거나 민속문화의 다원성을 제언했던 것은 아닐까?

그러나 문화란 고정되지도 불변하지도 않는다. 문화는 항상 변용되고 구축된다. 이와 같이 생각하면 문화구조와 그 변용이 새로운 과제로 떠오른다(Ohnuki-Tierney 1990:10). 그렇다면 선사시대의 종족문화가 근대 산업사회까지 존속한다는 오카의 가설은 재검토되어야 할 것이다. 그리고 오카가 제시한 언설의 근저에 있는 **민속문화의 구조적 안정성**이라는 **가정**과, 그것을 **전제**로 한 **민속문화**

의 장기 지속이라는 개연성이 부정된다면, 오카가 구상한 일본민족문화형성론은 문화본질주의에 뿌리를 둔 언설에 불과할 것이다.

오바야시 다료는 오카의 일본민족문화형성론이 "중간 시기의 존재에 대하여 또는 경우에 따라 변화 과정에 대한 연구가 매우 불충분"하다고 비판하고, 이러한 역사과정의 누락이 오카 언설의 약점임과 동시에, 민족학적 입장에서 접근하는 일본민족문화기원론의 공통된 약점이라고 기술하였다(大林 1979:428). 이러한 비판은 쓰보이에게 큰 영향을 미친 오카의 종족문화복합 중 감자 재배 언설에도 해당할 것이다. 감자 재배가 일본 열도에 전래된 조몬 시대 중기 이래 어떠한 역사과정을 거쳐 현재에 이르렀는가라는 문제를 전혀 묻지 않았기 때문이다.

오카의 일본민족문화형성론은 이와 같이 미해결된 여러 가지 문제를 끌어안고 있지만, 일본 민속문화 연구에 새로운 관점을 도입하여 관련 연구를 활성화했다는 사실은 부정할 수 없다. 일본 에트노스의 민속문화를 '등질문화 안의 다양성'이 아닌 '이질문화 안의 다양성'으로서 재고할 것을 촉구하기 때문이다. 이것은 오카가 주장한 언설의 문제제기적 성격에 기인한 바가 크다.

제3장 민속문화의 다양성

민속문화의 해석

두 가지 민속문화론

미국의 문화인류학자 하루미 베후Harumi Befu는 일본인에 의한 일본문화론을 '일본인론'이라 명명하고, 많은 일본인론은 일본인이 민족적·문화적으로 등질이라는 가정을 전제로 한다고 지적하였다 (Befu 1983:254; 2001:68). 일국민속학을 창시한 야나기타 구니오와 그 산하의 민속학자들은 베후가 말한 일본인론의 맥락에서 보면 민속문화의 **등질성**이라는 가정을 전제로 하여 이 나라의 민속문화 연구를 추진해 왔다고 볼 수 있다. 그에 대해 역사민족학자 오카 마사오와 그 산하의 사회인류학자나 민속학자들은 정반대로 민속문화의 **이질성**이라는 가정을 전제로 하여 민속문화 연구의 재검토를 촉진해 왔다고 볼 수 있다.

민속문화의 이질성 문제는 야나기타의 일국민속학에 대한 오카의 안티테제(반조정反措定) 이후 자문화 연구의 중요한 과제 중 하나가 되었는데, 이 문제를 해결하기가 용이하지는 않다. 어느 쪽의 가정을 전제로 해야만 '에트노스로서의 민족'이 전승해온 **민속문화의 전체상**을 논리적으로 납득할 만한 형태로 파악할 수 있을지 아직 충분히 밝혀지지 않았기 때문이다. 이 나라의 민속문화를 만들어내 전승해온 에트노스로서의 민족은 「서장」에서 지적한 바와 같이 당초부터 단일한 집합이 아니었다. 당초 '몇 개의 에트노스로서의 민족'이 존재하였고, 그것이 오랜 역사적 과정에서 상호 접촉과 교류를 반복하면서 현재와 같이 단일화 또는 등질화되었다고 보는 것이 타당할 것이다. 현재 일본 사회는 몇 개의 에트노스로서의 민족의 존재를 전제로 한 '단일화 사회' 또는 '등질화 사회'라고 생각된다.

이 나라의 민속문화를 총체로 파악할 때에 다양성/단일성 또는 이질성/등질성이라는 두 개 조의 대립 개념이 자주 사용된다. 정치학자 가미시마 지로神島二郎의 순성사회론馴成社会論이나 문화인류학자 요네야마 도시나오米山俊直의 소분지우주론小盆地宇宙論은 이러한 대립 개념을 이용하여 전개된 민속문화론이다. 이 두 가지 이론은 이 나라의 민속문화를 이해하는 데 유익한 시사점을 제공하므로 그 대강을 살펴보고 몇 가지 문제점을 찾아내 보자.

가미시마는 일본 사회가 동일한 민족, 동일한 언어, 동일한 문화라고 보는 단일민족사관을 부정하고 이 사회가 잡다한 에트노스로서의 민족과 다양한 타문화에 의해 형성되었다고 파악하여 일본 사회를 '순성단일사회'라고 불렀다(神島 1971:83-84). 그 후 가마시마는 이화異化/순화馴化라는 대립 개념을 만들어내 순성단일사회를 '순성사회'라 고치고 그 구조에 대해 다음과 같이 설명하였다.

이화는 개체가 자타를 구별하고 독자성을 주장하는 것이고 순화는 개체가 타 개체와 익숙해져 협조하는 것이다. 이화와 순화는 병존하는 정치원리로서 한편만이 존재하고 다른 편이 존재하지 않는 관계가 아니다. 이화와 순화는 한쪽이 더 우월한데, 순화보다 이화가 우월해지면 '이성異成사회'(계급사회, 모자이크 사회)가 생겨나고, 역으로 이화보다 순화가 우월해지면 '순성사회'가 생겨난다.

일본 사회는 순성사회의 전형이다. 그 이유는, 지리적·역사적으로 고립된 일본 사회가 단속적으로 표류·표착한 소수자의 유입을 받아들이면서 과거부터 전래되어온 여러 문화들의 막다른 골목이 되었기 때문이다. 그런데 일본 사회는 협조성이 강한 사회같이 보이지만 그 내부에는 여러 가지 이질성이 침전하여 잠재해 있으므로 동질사회가 아니다. 오히려 이질성이 감추어져서 공공연하게 보이기 힘든 사회이다(Kamishima 1983:171-176; 神島 1988:9-10).

이상이 가미시마가 주장한 순성사회론의 요지이다. 이 모델은 가미시마가 정치문화론으로 제시한 것인데, 이것을 민속문화론으로 바꿔 읽어 그 안에서 두 가지 점에 주목하고자 한다.

하나는 오키나와에 대한 정치문화론의 맥락에서 가미시마가 일본 사회에서 단일성 안에 다양성이 잠재해 있다고 지적한 점이다. 그는 일본 사회가 외부와 접촉할 때마다 그때까지 잠재해 있던 다양성이 되살아난다고 하고, 그 이유를 외부와 접촉함으로써 이질성이 자각되고, 그때까지 순화 기제에 압도되었던 이화의 계기가 분출하기 때문이라고 설명한다. 이것은 정치문화론의 일환으로서, 지금으로부터 30여 년 전의 오키나와 정치사회를 분석한 담론이다.

가미시마는 본토와 오키나와 정치문화의 질적 차이에 주목하여 야나기타 구니오나 이하 후유伊波普猷 등 오키나와 연구의 선각자들이 입증하려 한 '일류동조론'을 오키나와를 본토에 순화하려는 관점에서 파악한 이론이라 간주하고, 이와 반대로 이화의 관점에서 오키나와의 원점原點을 찾아내야 한다고 문제를 제기하였다(神島 1971:92-96).

이 담론은 지금도 오키나와의 정치문화론으로서 경청할 가치가 있는데, '오키나와의 정치문화'를 '일본의 민속문화'로 바꿔 읽으면 이 나라 민속문화의 메커니즘이 분명해진다. 민족문화national culture라기보다 더 큰 체계의 한 단위인 민속문화는 광역사회와 접촉하여 이화의 계기가 작동하면 광역사회의 문화에 동조하고, 그것을 수용하여 민속문화의 단일화가 촉진된다. 그리하여 민속문화에서 다양화와 단일화가 끊임없이 반복된다고 해석할 수 있기 때문이다.

'네이션으로서의 민족'이 형성된 근대 이후 메이지 정부의 통합 정책에 의해 이 나라에서는 순화의 계기가 강화되고 민속문화의 단일화가 촉진되어 왔다. 근년에 지역문화의 재창출 또는 재평가의 기운이 고양되고 있는데, 이러한 경향은 여태까지 민속문화의 단일화나 등질화를 촉진해온 순화에 대항하여 이화의 계기를 재인식하는 움직임을 더욱 촉진하게 될 것이다.

또 하나 주목할 점은 이 나라에서는 에트노스로서의 민족의 이질성을 분명히 하는 것이 소수민족인 아이누 등을 제외하면 거의 불가능하다고 가미시마가 술회하였다는 것이다(神島 1971:89). 이것은 에트노스로서의 민족의 등질화라는 상황을 가미시마가 인정하지 않을 수 없다는 것을 시사한다. 오카의 민족문화형성론에 유사 이전이나 고대와 근대의 '중간 시기'가 결락된 것도 몇 개의 에트노스로서의 민족과 그 문화의 이질성을 역사적으로 검증하기가 얼마나 어려운지를 보여 준다.

요네야마의 소분지우주론도 가미시마의 순성사회론과 마찬가지로 민속문화의 다양성에 초점을 맞추고 있다. 그는 일본문화가 하나의 민족, 하나의 언어, 하나의 문화라는 인식은 근대 일본이 길러온 커다란 신화라고 하고, 일본문화의 단일성 신화의 안티테제로서 소분지우주론을 제창하였다. 소분지우주란 '소분지를 중심으로 하는 문화영역'을 말하며, 요네야마는 소분지우주를 통해 지방문화의 복권을 지향하는 듯하다.

요네야마는 『소분지우주와 일본문화』(1989) 중 '소분지우주의 미래'라는 부제를 붙인 결론에서 다음과 같이 이야기한다. 일본이 단일민족국가라는 믿음이 안팎에 있지만 이것은 메이지 유신 이후 근대국가의 국민을 형성하는 데 전제되는 국민문화 형성에 즈음하여 메이지 정부가 선택한 국민문화가 1민족, 1언어, 1문화의 국민국가를 목표로 하고 국민을 국가적으로 유도했기 때문이다. 그 결과 근대 일본은 국가 수준의 사회문화적 통합을 이룰 수 있었지만 패전 후 국가체제가 개편되어도 1민족, 1언어, 1문화라는 근대 국민문화 형성이 낳은 신화가 사라지지 않고 많은 '일본인론'을 생성해 왔다는 것이다.

그리고 요네야마는 다음과 같이 결론 짓는다. 일본 열도에는 구석기시대 이후 남방계나 대륙계 사람들이 도래하여 복합적인 '일본민족'이 형성되고 '일본어'가 탄생했지만 거기에 다양한 지방문화가 존재하였고, 근대 일본의 통합이 추진되기 전에 일본 열도에는 대략 100여 개의 지방적 사회문화통합(소분지우주)이 있었으며 고대의 규슈/긴키, 중세의 간토/긴키는 모두 소분지우주와 그것에 의해 지탱된 두 개 문명의 중심이었다. 이러한 전통을 부활시키고 전국의 소분지우주를 활성화해 가는 것이 중요한 현실적 과제가 될 것이며, 그러한 의미에서 '다극분산형 사회'의 구상이 중요하다(米山 1989:250-255).

요네야마의 안목은 정부가 1987년 '4전종'(제4차 전국종합개발계획)에서 기본 목표로 정한 '다극분산형 국토 형성'을 위한 '개성이 풍부한 지역 만들기'에 호응한 지방문화의 재인식과 재평가에 있는 것 같다. 아프리카 연구와 병행하여 자문화 연구에 종사해온 요네야마는 오랫동안 배양된 인류학적 지견에 기초하여 민속문화의 다양성 문제를 깊이 파고들었다. 하지만 그 반대편에 있는 단일성이나 등질성을 전면적으로 부정하기란 그다지 용이하지 않다.

가미시마가 에트노스로서의 민족의 이질성을 적출하는 것은 이 나라에서는 거의 불가능하다고 술회하였다고 앞에서 썼는데, 요네야마도 "상대적으로 보아 일본의 등질성이 상당히 높다는 것은 부정할 수 없다."(米山 1989:22)라고 하면서, 현재 일본 사회에 민속문화의 등질화가 상당히 확산되어 있음을 인정하였다. 가미시마가 민속문화의 다양성과 이질성을 중첩한 반면 요네야마는 민속문화의 이질성을 전제로 한 다양성에 초점을 둔 것처럼 보인다.

그런데 네이션으로서의 민족이 형성된 근대 이후 정치통합이나 경제통합, 문화통합 등이 촉진된 결과, 민속문화를 에트노스로서의 민족의 문화로 환원하기는 어려워졌지만 현상으로서의 민속문화의 다양성을 지적하기란 그다지 어려운 일이 아니다. 민속문화의 동서 지역차를 보여 주고자 민속학자 미야모토 쓰네이치宮本常一가 「민속으로 본 동과 서」(1983)에서 다룬 연중행사 등은 아주 좋은 예가 될 것이다.

전술한 바와 같이 이 논고에서 미야모토는 "나는 원래 동일본과 서일본의 문화 차이에 일찍부터 깊은 관심을 가지고 있었다. 물론 일본민족이 공통된 문화를 가지고 있다는 대전제하에서 그렇다는 것으로서, 동서의 문화가 본질적으로 차이가 있다는 뜻은 아니다."(宮本 1983:83)라고 하였고, 에트노스로서의 민족의 민속문화의 등질성이라는 가정을 전제로 하여 민속문화의 한 연중행사를 거론하였다.

그리고 미야모토는 일부 연중행사를 (1) 전국적 분포, (2) 서일본 분포, (3) 동일본 분포로 나누어 다음과 같이 설명하였다.

(1)에는 하쓰야마이리初山入り[1](1월 2일과 11일), 다우치田打ち[2](1월 11일), 하나쇼가쓰花正月[3](1월 14일), 나리키이지메成木いじめ·모구라우치モグラ打ち[4](1월 15일), 히마쓰리火祭り[5](1월 중), 오본お盆[6]의 본가마盆釜[7](7월)가 있지만 지역에 따라 조금씩 다르고, 더 크게 나누어 서쪽 지방과 동쪽 지방에 차이가 있다. (2)에는 정월에 집집마다 도마 또는 부엌 벽에 늘어뜨린 장대에 산해진미를 걸어 두고 축복하는

1 정월의 시무 행사. 신년에 산에 올라가 나무를 자르거나 땔감을 가져온다.
2 봄에 모내기를 준비하고자 소나 말(현재는 트랙터)을 사용하여 논의 흙을 파는 작업.
3 원단元旦이 기준인 오쇼가쓰大正月(양력 1월 1~3일)를 남자의 정월(男の正月)이라고 부르고, 1월 15일이 기준인 고쇼가쓰小正月를 하나쇼가쓰花正月 또는 호토케노쇼가쓰仏の正月라고 부른다.
4 논밭을 어지럽히는 두더지의 폐해를 방지하고자 행해지던 의례가 지금은 오곡풍양과 가내 안전을 기원하는 의식이 되었다. 음력 10월 해일亥日에 떡을 찧어 농사신에게 바치고, 아이들이 둥근 돌에 새끼를 감아 노래를 부르며 돌을 들었다 놓았다 한다.
5 불이 나지 않도록 기원하는 제사 또는 불을 때서 신에게 제사 지내는 행사.
6 조상이나 죽은 이들이 영을 모시는 행사나 그 기간(음력 7월 15일 전후였으나 현재는 주로 8월 13일부터 16일까지 4일간 행한다). 우란분盂蘭盆에서 유래한 말로서, 조상이나 죽은 이가 고통받지 않고 성불하도록 자손들이 보은이나 공양을 하는 기간이다.
7 오본에 아이들이 받은 돈을 모아 옥외에서 음식을 만들어 먹는 풍습.

사이와이기幸木,[8] 오반자오オオバンザオ,[9] 야스노고키ヤスノゴキ[10] 등
의 풍습이나 오본에 무연고 사망자를 제사 지내는 풍습, 이노코亥の
子[11]가 있다. (3)에는 도리오이鳥追[12]나 오코토요카オコト八日,[13] 아부
라시메油しめ,[14] 다이시코大師講[15]가 있다. 미야모토는 (1)에 채집경
제 이래의 주술적 행사로 생각되는 것이 많은 데 비해 (2)에는 관력
에 준거한 행사가 많고, (3)에는 관력을 그다지 중시하지 않는 연중
행사가 많다는 가설을 제시하였다(宮本 1983:84-102).

모두 다 앞으로 검증해야 할 가설이지만, 미야모토가 시사하는
바와 같이 연중행사의 한계선이 각각의 행사에 따라 상당히 다른
것은 행사를 담당하는 사람들의 이주와 깊이 관련되어 있기 때문일
것이다. 그렇다 하더라도 연중행사의 다양성에서 그것을 담당해온
에트노스로서의 민족의 이질성을 추론하는 것은 불가능에 가깝다.

---

8 정월에 문 앞에 장식하는 나무로서, 긴 막대기에 시메나와注連縄(금줄)를 두르고
도미, 방어, 다시마, 무 등 정월에 먹는 음식을 달아 둔다. 이 나무는 몇 년씩 사용
하지만 가장이 죽으면 교체한다.
9 정월에 집 앞에 세우는 대나무 작대기.
10 정월에 집 앞에 세운 소나무에 붙이는, 볏짚으로 만든 작은 나선형 그릇.
11 음력 10월의 첫째 해일亥日을 말한다. 이날 해시亥時에 떡을 먹으면 만병이 사라진
다고 한다.
12 농가에서 정월 대보름 새벽에 논밭에 해를 끼치는 새나 짐승을 쫓는 행사.
13 12월 8일과 2월 8일에 요괴가 찾아온다고 하여 외출을 삼가고 조용히 지내며 요괴
의 침입을 막는 날이다. 바람신을 막는 행사도 치른다. 특히 간토 지방에서는 사용
하던 바늘이나 침을 두부나 곤약에 꽂아 편히 쉬게 하고 하천에 떠내려 보내는 행
사인 바늘 공양을 한다.
14 미야기 현 등 도호쿠 지역에서 음력 11월 15일에 떡과 식물성 기름을 사용한 요리
를 신단에 바치고 기름 수확을 축하하는 행사.
15 11월 23일 저녁부터 24일까지 열리는 민속행사. 집집마다 팥죽과 경단을 먹는다.
지방에 따라 지자대사, 홍법대사, 원삼대사에게 제사를 지내기도 한다.

미야모토의 언설 중에서 흥미로운 점은, 연중행사 외에 그가 하나의 사회에서 다른 사회로 이행되기 어려운 사회조직에 주목하고 있다는 것이다. 미야모토는 『동일본과 서일본』에 수록된 「상민의 생활」에서 동일본/서일본의 물질문화에 이로리いろり[16]/가마도カマド[17]나 쇼이코背負子[18]/덴빈보天秤棒,[19] 하카마ハカマ[20]/훈도시フンドシ[21], 후로風呂[22]/유湯[23]라는 차이가 있음을 지적한 것 외에, 다음과 같은 점들을 이야기하였다.

사회조직 중에서 연령등급제는 긴키近畿를 중심으로 한 서일본에서 볼 수 있고, 인쿄분케隱居分家[24]나 말자상속제末子相續制가 서일본의 어민사회에 많이 나타나는 데 비해 장자상속제는 도호쿠·호쿠리쿠北陸[25]에 주로 분포해 있다. 따라서 "원래 동과 서는 다른 사회, 가족구조를 지녔으리라 추정"(宮本 1981:85-86)된다는 것이다. 그

---

16 일본의 가옥에서 실내 바닥의 일부를 사각으로 잘라 내어 불을 피울 수 있도록 한 장소. 囲爐裏라고도 쓴다.

17 竈. 곡물이나 식료품 등을 가열 조리할 때에 불을 에워싸는 조리시설.

18 짐을 묶어서 등에 지고 운반하는 데 쓰이는 도구. 지게와 유사하다.

19 양 끝에 물건을 매달아서 어깨에 메고 운반하는 막대기. 저울과 같이 평형을 유지하기 좋도록 만들어졌다.

20 袴. 일본옷의 겉에 입는 주름 잡힌 하의.

21 下帶. 남성의 음부를 가리는 폭이 좁고 긴 천.

22 온욕을 하기 위해 욕실을 증기로 가득 채운 설비.

23 따뜻하게 데운 물. 입욕을 목적으로 한다.

24 인쿄隱居란 생존 중인 호주가 가장권과 재산을 가독상속인에게 양도하는 것을 말한다. 인쿄를 하면 자신이 살던 본채를 상속자에게 물려준 후 다른 자식들을 데리고 분가해야 한다. 이 관습과 분가할 때 지은 집을 인쿄분케라고 한다. 일인상속제가 관행인 일본의 관습이다.

25 혼슈 중앙부에 위치한 주부 지방 중 동해에 면한 지역을 가리킨다. 니가타新潟 현, 도야마富山 현, 이시카와石川 현, 후쿠이福井 현이 이 지방에 속한다.

래서 미야모토는 동일본의 '당薰'[26]과 서일본의 '결중結衆'[27] 등을 언급하고 동일본과 서일본 사회조직의 차이에 주목한다(宮本 1981:84-88). 이것은 오카 마사오가 제창한 동족제/연령등급제라는 두 개 유형을 시야에 둔 언설인데, 미야모토는 동서일본의 사회구조를 오카처럼 서로 이질적이라고는 언급하지 않았다. 이는 미야모토가 민속문화의 등질성이라는 가정을 전제로 하여 사회조직 문제를 생각하기 때문이다.

민속문화는 등질적인가 이질적인가

민속문화의 다양성을 둘러싼 해석은 민속문화를 등질성이라는 가정을 전제로 하여 파악할 것인가 또는 이질성이라는 가정을 전제로 하여 파악할 것인가에 따라 상당히 달라진다. 사회학자 아루가 기자에몬의 촌락유형론 등은 등질성이라는 가정을 전제로 하여 민속문화의 다양성을 지적한 시도일 것이다.

아루가 기자에몬이 일본의 촌락을 '취락적 이에 연합'이라 부르고, 그것을 '이에의 계보관계에 근거한 생활상 상하관계가 기준인 동족단'과 '평등대등한 생활관계인 구미'라는 두 가지 유형으로 나누었음은 전술하였다. 아루가는 그중에서 구미를 '무라구미村組'라

---

26 가마쿠라 시대 후기~남북조시대에 중소무사들이 지역적으로 결합해 조직한 연합체를 말한다. 현재는 동향同鄕 사람들의 집단을 가리킨다.
27 특별한 목적을 가지고 결성된 사람들을 의미한다.

고도 부르고, 동족단과 무라구미가 서로 전환하는 관계에 있다고 보았다. 동족단이 개발한 촌락에서 동족단이 느슨해져 무라구미가 생활 기능상 중요한 역할을 하게 되면 무라구미가 동족단이 본디 가지고 있던 생활 기능의 일부를 분담하여 발전시키게 되고, 마찬가지로 동격의 '이에'가 모여 개발된 촌락에서는 처음에 무라구미가 생겨나더라도 시간이 경과하면서 그 내부에 동족단이 발생한다(有賀 1971:46-47)는 것이다.

아루가는 일본 사회에서 상하주종관계에 기초한 동족단과 평등한 관계에 뿌리를 둔 무라구미를 각각 **동일한 체제 안의 전환 가능한 하위체제**subsystem로서 파악한 것이다. 동족단과 무라구미를 민속문화의 이질성이라는 가정을 전제로 하여 파악하면, 각각은 에트노스로서의 민족의 민속문화의 차이를 반영하고, **다른 체제 안의 전환 불가능한 하위체제**가 될 것이다. 오카 마사오의 동족제(사회)/연령등급제(사회)나 가모 마사오의 동북일본형/서남일본형이라는 유형은 민속문화의 이질성이라는 가정을 전제로 하여 구축된 것이다.

우에노 가즈오上野和男의 일본 사회 지역성론은 오카와 가모의 관점과 방법을 계승한 시도이다. 우에노는 자신의 지역성론이 '일본 사회를 동질적인 사회로 파악하지 않고 몇 가지 이질적인 사회구조의 집합으로 이해'하는 입장으로서, '일원적 단일적 이해'(동질론)에 반하여 '다원적 유형적 이해'(이질론)라는 관점에서 일본 사회를 이해하려는 연구(上野 1986:23)라고 하였다. 요컨대 우에노의 지역성론은 오카나 가모와 마찬가지로 민속문화의 이질성이라는 가정을 전제한다.

이러한 전제하에 우에노는 가족 구성, 인쿄제隱居制,[28] 조명계승법祖名繼承法, 친족조직, 오야붕코붕親分子分[29] 관계, 미야자宮座[30] 등을 예로 들면서 다음과 같이 설명한다.

동북일본의 가족 규모가 전통적으로 크고 서남일본의 가족 규모가 전통적으로 작은 지역차는 일본에서 가족의 지역적 이질성이 높고 강하다는 것을 보여줌과 동시에 일본 촌락사회 구조 원리의 지역적 이질성을 강하게 시사한다. 또한 인쿄제는 북쪽으로 후쿠시마 현을 한계선으로 하여 주로 서남일본에 널리 분포하고, 조명계승법은 부계 선조의 이름을 계승하는 부계형이 시가 현에서, 부방·모방 쌍방의 선조 이름을 계승하는 쌍계형이 나가사키 현에서 나타난다.

친족조직은 세 가지 형으로 나누어져, 출계집단으로만 구성되는 유형은 도호쿠 지방의 동족형 촌락에서 현저하게 나타나고, 출계집단과 신루이親類[31]가 병존하는 유형은 전국적으로 널리 분포하고, 신루이만으로 구성되는 유형은 서남일본의 촌락에서 비교적 많이 보인다. 오야붕코붕 관계는 집중적 구조와 확산적 구조로 나뉘고, 전자는 동족제 촌락에 대응하여 이바라키茨城, 야마나시山梨,

---

28 인쿄제에 대해서는 제3장 각주 24번을 참조.
29 의사 친족제도. 실제로 부모자식 관계가 아닌 사람들이 부모자식의 연을 맺은 경우에 부모 역할을 하는 사람을 오야붕, 자식 역할을 하는 사람을 코붕이라 한다.
30 미야자에 대해서는 제2장 각주 23번을 참조.
31 가족을 제외한 혈족과 인척의 총칭이다. 친척.

노토能登, 와카사若狹, 시마네島根, 쓰시마對馬 등에서 볼 수 있지만, 후자는 서남일본의 연령등급제 촌락이나 세대계층제 촌락에 대응하여 시모키타下北, 야마나시, 노토, 쓰시마 등에 분포해 있다. 미야자는 오미近江·야마토大和를 중심으로 한 긴키 지방에서 볼 수 있다(上野 1986:30-41).

우에노는 사회조직 안에서도 변이폭이 큰 요소를 추출하여 그 분포에 따라 민속문화의 지역차를 보여 주고 그 지역차에 따라 민속문화의 이질성이라는 가정의 개연성을 입증하려고 했던 것인데, 이러한 조작으로 현대 일본 사회의 이질성이 입증될 만큼 이 나라의 민속문화 구조가 간단하지는 않을 것이다. 이것을 입증하려면 일본 열도 전체를 시야에 넣어 보다 면밀하고 보다 체계적으로 사회조직을 검토해야 할 것이다.

그러한 의미에서 우에노의 논고가 발표되기 2년 전에 공간된 영문 보고서 『Regional Differences in Japanese Rural Culture: Results of a Questionnaire』(Nagashima and Tomoeda 1984)는 통계적 방법에 기초한 민속문화의 지역차에 대한 연구로서 주목할 만한 가치가 있다.

이 보고서는 도쿄 대학의 지역성공동연구회가 실시한 질문표조사의 결과를 통계적 방법으로 간결하게 정리한 것이다. 서문에 따르면, 전국의 오아자大字[32] 84,760곳 중 3,849곳을 추출하여 지도상

---

32 일본의 말단 행정 구획의 하나. 정촌町村 아래 행정구역으로 고아자小字를 포함한 비교적 넓은 지역을 말한다. 기본적으로 1889년에 공포된 시제·정촌제를 시행할

에서 거듭 검토하여 도시화하고 있다고 판정된 1,293곳을 배제하고 2,573곳의 표본을 얻었다. 1962년 4월, 이 오아자가 포함된 시정촌의 교육위원회에 질문표를 보내어 조사대상인 오아자에 사는 노인 남성으로서 지역 사정에 정통한 사람들에게 회답을 구하였고, 같은 해 9월에 1,113건의 회답이 들어와 그 자료를 기초로 통계 처리를 하였다고 한다(Nagashima and Tomoeda 1984:3-4).

편자 중 한 명인 나가시마는 이 보고서에 게재한 「Regional Differences in Japanese Culture: A Statistical Study」에서 질문 조사표로 얻은 데이터를 사용하여 밀도 분포도를 제작하여 다음과 같은 지역유형(A1·A2·A3·B·C)과 그 특징을 설명하였다(Nagashima 1984:205-211).

동일본 대 서일본(A1)	
동일본	마키マキ[33]라는 말, 아네분케姉分家,[34] 고사쿠분케小作分家.[35] 부방父方 친족이 모방母方친족보다 상석. 비혈연분가의 존재. 근세 성립 촌락.
동일본 동부	아네가토쿠分姉督[36] 상속. 혼케분케本家分家[37] 집단을 나타내는 에도시ㅡ도ㅡ시.[38] 말자末子 또는 선정選定상속.[39]
서일본	부방친족과 모방친족의 위아래 구별이 없음. 요메누스미嫁盗み.[40] 쓰키모노노憑き物[41]와 사회적으로 차별받는 이에스지家筋[42]의 결합.

때 종전의 촌락명을 남겨 오아자로 정했으며, 시제·정촌제 시행 후에 분리·통합 되어 신설된 곳도 많다.

33 본가와 분가의 관계로 맺어진 집단, 동족, 일가.

34 집안의 장녀를 분가로 독립시키는 것.

35 소작인을 분가로 독립시키는 것.

36 일본의 상속관행 중 하나로서, 첫째가 여자인 경우 남편을 얻어 가독을 상속하는 것을 가리킨다.

동일본+서북일본 대 서남일본(A2)	
동일본 + 서북일본	혼케와 분케, 혼케와 마고분케孫分家,[43] 분케와 분케, 혈연분가와 비혈 연분가의 서열. 단독상속. 차남·삼남의 이촌離村. 무라村의 대표자· 단가 소다이檀家総代[44] 선출의 세습성.
서남일본	혼케분케 간의 평등관계. 혼케분케 집단을 잇토イット가라 부름. 차남 삼남 분케가 흔히 나타남. 분케의 경제적 독립. 분할상속. 촌민들이 선거하여 무라의 대표자·단가 소다이를 선출함.

서북일본 대 동남일본+서일본(A3)	
동북일본	혼케분케 관계의 영속성. 호코닌奉公人[45] 분케. 이성異姓 분가.

중앙일본+북우라니혼北裏日本 대 서일본+동우라니혼東裏日本(B)	
중앙일본+ 서북일본	인쿄隱居 또는 부모의 은퇴가 적음. 결혼피로연에 신부만 출석. 아내 의 친정에서 초산. 쓰키모노 신앙의 결여.

---

37 일본의 도조쿠同族 집단을 형성하는 단위. 분케는 혼케로부터 전폭적인 경제적 지
   원을 받아 분케로 독립한다. 혼케와 분케는 혈연관계보다는 경제적 주종관계가 더
   강조되므로 혈연자가 아니더라도 분케가 될 수 있다.
38 분케들의 집단을 가리키는 말이다.
39 장남이나 장녀를 후계자로 정하지 않고 특별히 선정하여 상속하는 제도. 특히 도
   시의 상가商家에서 많이 나타난다.
40 부모가 결혼을 반대하는데 여성이 결혼하고 싶을 때 남성과 합의하여 납치 형태로
   도망가는 것. 마을 밖으로 도망가지는 않으며, 요메누스미 후에 부모에게 승낙을
   받고 결혼생활을 시작한다.
41 사람에게 씌어 재앙을 불러오는 악령 또는 마귀.
42 일가의 혈통 또는 가계를 가리킨다.
43 분가에서 다시 분가한 곳.
44 단가는 특정 사원이 그 집의 장례식과 공양을 독점적으로 집행하는 것을 조건으로
   그 사원에 시주하는 집이나 사람을 가리킨다. 에도 시대에 선포된 기독교 금지령
   에 따라 모든 사람은 단가로서 절에 등록하였다. 소다이는 단가 대표를 가리킨다.
45 타인의 집에 고용되어 가사나 가업에 종사하는 사람을 가리킨다.

오모테니혼表日本 대 우라니혼裏日本(C)[46]	
오모테니혼에 밀집	경지 면적 중 수전의 비율이 낮음. 생전 계승. 별동別棟 인쿄. 인쿄와 계승자의 분리.
이바라키 현 서쪽 오모테니혼에 밀집	아버지의 분케. 차남·삼남을 데리고 나가는 인쿄. 비혈연분케의 결여. 의제擬制的 친자의 주술적 관계. 두 개 구미 이상의 연령집단.
우라니혼에 밀집	경지 면적 중 수전의 비율이 높음. 모방친족이 부방친족보다 지위가 높음. 와카모노구미若者組[47]로만 조직된 연령집단.

이상이 나가시마가 밀도 분포도에 따라 분석한 지역유형과 그 특징에 대한 설명이다. 이 외에 동일본 일부와 시코쿠·규슈 일부의 관련구분(D), 교외와 원격농촌 간의 구분(E)을 다루었는데, 이 논고가 발표되기 20년 전에 나가시마는 이 보고서의 일본어판에 해당하는 「일본문화의 지역적 차이(二)―촌락사회에 관한 통계적 연구―」 (1964)에서 다음과 같은 가설을 제시하였다.

일본 촌락사회에서 메이지 이후 문화의 지역적 차이는 특수한 항목을 제외하면 질적 차이가 아니라 양적 차이가 아닌가? 바꾸어 말하면, 지역적 차이의 본질은 이질적인 것들의 대립이 아니라 동질적인 것의

---

46 오모테니혼은 메이지 시대에 등장한 용어로서 일본 국토에서 태평양 쪽에 면한 지역을 가리킨다. 우라니혼은 이와 쌍을 이루는 말로서 일본 국토 중 동해에 면한 지역을 가리킨다. 메이지 유신 이후 서구를 향한 일본의 시선을 보여 주는 전형적인 용어이다.

47 중세 이래 일본 향촌에서 촌락별로 조직된 청년 집단. 혼인·제례 때 봉사하거나 야경, 소방, 재해 구호 등의 일을 주로 담당하였으며 와카모노야도에서 공동취식을 하며 지냈다. 와카모노若者는 청년을 의미한다.

정도 차이라는 것이다. 따라서 자연환경의 차이나 종족적 기원의 상이함에 기초한 문화영역이라는 개념은 일본 내부를 구분하는 데에는 타당하지 않다. 이것은 점 분포도를 중첩하는 것만으로는 지역을 구분하는 작업이 불가능에 가깝다는 사실에 대응한다. 지역적 차이가 존재하더라도 그것은 경계에 의해 표상되는 것이 아니라 문화요소가 애매하게 확산된 특정 지역을 둘러싼 초점 개념이라고 보아도 무방하다. (長島 1964:89-90)

그리고 나가시마는 앞으로의 과제로 두 가지를 든다. 하나는 지역적 차이라는 현상이 나타나는 원인을 해명하는 것으로, 일본민족의 기원론에 얼마만큼 공헌할 것인가 또는 일본문화사 전체에서 지역적 차이의 의미는 무엇인가라는 문제이다. 또 하나는 이러한 연구를 통해 무엇을 알 수 있는가, 촌락연구로 일본문화 전체를 얼마나 파악할 수 있으며, 그 한계는 어디까지인가라는 의문이다. 이에 답하기 위하여 나가시마는 이론체계가 형성되어야 한다고 결론짓는다(長島 1964:103).

나가시마의 가설에는 주목해야 할 점이 두 가지 있다. 하나는 나가시마가 민속문화의 이질성이라는 가정을 전제로 한 민속문화의 해석에 의문을 던지고, 민속문화의 지역적 차이가 이질적인 것의 대립이 아니라 등질적인 것의 정도 차이가 아니냐고 말했다는 점이다. 민속문화의 다양성에 관한 연구 대부분이 여태까지 민속문화의 이질성이라는 가정을 전제한다는 점을 생각하면 나가시마의 가설은 재고할 가치가 있다.

또 하나는 나가시마가 몇 개의 에트노스로서의 민족과 그 문화의 장기 지속을 전제로 한 '문화영역'이라는 개념에 의문을 던지고, 지역적 차이를 경계로 표시하기가 어렵다고 지적했다는 점이다. 이 제언은 나가시마가 여러 가지 밀도 분포도를 검토한 후 나온 것이니만큼 문화영역론자에게 민속문화의 다양성을 재해석할 것을 촉구하고 있다고 할 수 있다.

문화영역론자인 오바야시 다료도 이 보고서에 기고한 「Pre-requisites to the Determination of Culture Area in Japan」(일본 문화영역 결정의 필요조건)이라는 글에서 나가시마의 사회조직 지역 구분과 도조 미사오東條操의 방언 구분(東條 編 1954), 스기모토 히사쓰구杉本尙次의 민가 구분(杉本 1977)을 비교하여 다음과 같이 말하였다.

(1) 사회조직의 지역 구분은 방언 구분이나 민가 구분과 일치하지 않는다.

(2) 방언 구분과 민가 구분은 상당히 일치하지만 사회조직 구분은 방언 구분보다 민가 구분에 조금 더 가깝다.

(3) 동일본/서일본이라는 구분은 세 구분에 공통적으로 존재하지만 그 경계는 각기 다르다.

(4) 동해(일본해)[48] 측/태평양 측이라는 구분도 어느 정도 인정되지만 사회조직·방언·민가의 경계가 동일본에서는 상당히 일치하는 데 비해

---

48 원서에는 '일본해'라 되어 있으나 '동해'로 번역하였다.

서일본에서는 일치하지 않는다.

(5) 전체적으로 세 개의 구분선은 중첩되지 않는다.

오바야시는 두 개의 결론을 내놓는다. 첫째, 일본의 문화영역은 생태학적·문화적으로 등질적인 지역 내의 미시적 영역으로 설정된다. 둘째, 민가 형식같이 자연환경의 영향을 받기 쉽고 전파되기 쉬운 물질문화 요소는 문화영역을 설정하는 지표로서 적당하지만, 사회조직에 관한 항목은 그것만으로는 문화영역을 설정하기가 어려우므로 물질문화를 지표로 삼아 문화영역을 설정할 때 보조 자료 정도로만 취급해야 할 것이다(Obayashi 1984:214-215).

이 논고는 후에 가필·개정되어 「보론 생태학·역사·사회조직 —문화영역 설정에 있어서—」(1984, 1985)라는 제목으로 『동과 서, 바다와 산—일본의 문화영역—』(1990)에 수록되었는데, 오바야시는 현재의 문화영역이 과거의 문화복합을 검출하는 데 기초가 된다고 확신했던 것 같다. 그는 문화영역이라는 개념을 설정함으로써 오카의 장대한 가설에서 결락된 부분을 메꿀 수 있다고 생각했던 듯하다.

그 후에도 오바야시는 문화영역 문제를 정력적으로 연구하여 영문 보고서에 기고한 지 2년 후에 「일본의 문화영역」(1986)을 발표하였고, 생태학적 영역을 실마리로 삼아 동일본/서일본, 북일본/남일본의 민속문화 문제를 검토하였다. 오바야시는 동일본과 서일본의 상이함은 동일본의 낙엽광엽수림대와 서일본의 조엽수림대라는 생태학적 영역의 상이함에 기인하며, 이 같은 동서일본의 대립은 조몬 시대(전기 또는 후기)까지 거슬러 올라간다고 하였다. 그렇다고 해서 오바야시가 생태결정론자는 아니었다. 동일본과 서일본의 생태학적 환경과 민속문화 특징 사이의 관계에 대하여 의문을 던졌기 때문이다.

이러한 점에 유의하면서 오바야시는 하나의 가설을 세워 동일본/서일본이라는 문화영역이 정착하게 된 이유를 설명하려고 하였다. 그 가설이란 '문화영역은 한 번 성립하면 계속해서 고정화하는 경향이 있다'는 것이다. 이 가설을 전제로 하여 오바야시는 다음과 같은 새로운 추론을 도출해 낸다. 조몬 시대에 생태학적 영역의 상이함에 대응하여 성립된 동서 두 개의 문화영역이 틀로서 계속 유지되어 왔고, 그 후의 역사시대에 동과 서라는 2대 중심으로 병립하여 강화되었다(大林 1990:27-28)는 것이다.

또한 오바야시는 북일본/남일본의 민가와 사회조직을 검토하여 두 개의 문화영역이 생태학적 영역과 대응한다고 말한 것 외에, 앞서의 가설을 약간 수정하여 '문화영역은 한 번 성립하면 틀로서 지속되지만 내용은 변한다'는 가설을 세워 두 개의 문화영역에 다양한 신구 요소가 존재한다고 주장하였고, 북일본의 엄격한 동족 통제가 조몬 시대까지 거슬러 올라간다고는 상상하기 어렵다고 하였다(大林 1990:36-41). 이것은 생태학적 영역과 대응하여 문화영역이 성립한다고 해서 그 문화영역 내에 반드시 그 민속문화가 고정되지는 않는다는 주장인데, 타당한 견해로 보인다. 문제가 되는 점은 문화영역 내에서 민속문화의 역사과정을 어떻게 파악할 것인가이다. 오바야시는 마지막으로 남은 문제로서 전파와 이주라는 역사과정을 들고, 전파와 이주 과정을 문화영역 형성의 역사적 요인으로서 빼놓을 수 없고, 고대와 근대의 중간 시기의 민속문화 분포를 어떻게 밝힐 것인가라는 문제를 제기하였다 (大林 1990:60-61).

전술한 바와 같이 오바야시는 오카의 일본민족문화형성론의 약점 중 하나가 "현대 민속의 특징을 과거의 종족문화복합 요소가 잔류한 것으로 간주하는 경우, 중간 시기의 존재에 대하여 또는 경우에 따라 변화 과정에 대한 연구가 매우 불충분"하다는 것이며, 이는 "종래의 민족학적 입장에 있는 일본민족문화기원론의 공통된 약점이다."(大林 1979:428)라고 지적한 바 있다. 오바야시의 「사회조직의 지역유형」(1996)은 이렇게 '중간 시기'의 민속문화를 시야에 넣은 그의 마지막 노작이다.

그 논고에서 오바야시는 일본의 문화영역이 오랜 역사의 소산일 뿐만 아니라 현재까지 지속하고 있다고 전제하고, 도호쿠 지역, 호쿠리쿠 지역, 서일본 해안지역, 긴키 지역, 이즈 제도 남부와 아마미라는 다섯 문화영역을 설정하고 각각에 다섯 사회유형(I~V)을 대응하여 다음과 같은 역사과정을 상정하였다. 여기에서 오바야시가 굳이 문화영역을 설정하기 어렵다고 생각했던 사회조직을 거론한 것은 방언이나 민가보다도 사회조직이 역사과정을 밝히기에 편리했기 때문일 것이다(大林 1996:13-37).

사회유형 I (동족조직형)	도호쿠 지방과 간토 지방 북부에 분포하고, 식민 개척이나 촌락 건설, 개개 동족의 창설은 고대나 중세뿐 아니라 근세에도 이루어졌다.
사회유형 II (의사 친자관계)	호쿠리쿠와 주부 내륙 서부에 분포하고, 중세나 근세 초기 무사들의 습속이 농민에게 영향을 끼쳐 성립되었다.
사회유형 III (연령등급제)	주로 서일본 해안에 분포하고, 와카모노구미若者組나 와카모노야도若者宿,[49] 쓰마도이콘妻問い婚[50]이라는 세 요소는 매우 오래되어 민족이 형성된 고대까지 거슬러 올라간다. 인쿄 제도는 중세 말인 15~16세기에 무사들 사이에서 시작되어 근세에 들어서자 조닌町人에게도 확산되었다.
사회유형 IV (미야자 조직)	주로 천 년에 걸쳐 일본의 문화적·정치적·경제적 중심이던 긴키 지방에 분포하고, 중세 또는 중세 이전으로 거슬러 올라간다.
사회유형 V (느슨한 구조)	이즈 제도 남부와 아마미 제도에 분포한다.

이상이 오바야시가 지적한 다섯 가지 사회유형의 역사과정의 요지이다. 사회유형 I과 사회유형 II의 역사과정에 대한 설명은 무라카미 야스스케村上泰亮와 구몬 슌페이公文俊平, 사토 세이자부로佐藤誠三郎가 미국의 문화인류학자 마셜 살린스Marshall Sahlins와 엘먼 서비스Elman Service가 제창한 다계적 발전사관을 실마리로 삼아 선사시대부터 근대에 이르는 일본의 역사를 '우지氏 사회'와 '이에家 사회'라는 두 사이클의 교대라고 파악한 『문명으로서의 이에』(村上 외 1979)를 참고하였으리라 추정되는데, 모두 가설이므로 앞으로 증명해 나가야 할 것이다.

---

49 와카모노야도에 대해서는 제1장 각주 11번을 참조.
50 쓰마도이콘에 대해서는 제2장 각주 8번을 참조.

오바야시는 이 논고의 마지막인 「고찰」에서 미야모토 쓰네이치 (1981)와 아미노 요시히코網野善彦(1982)의 가설에 이끌려 다음과 같이 이야기한다. 무사는 일본의 사회유형 형성에 지극히 큰 역할을 하였다. 무사와 함께 동족의 원형이 나타났고 그들에 의해 도호쿠에 많은 동족촌락이 창설되었지만, 무사는 호쿠리쿠의 의제적 친자관계의 발달 배경이 되기도 하였다. 사회유형 Ⅰ은 고대 말기 간토의 무사사회에서 시작되었으나, 그 후 간토는 이 유형의 중심이 아닌 주변적 위치를 차지하게 되었다. 사회유형 Ⅲ은 고대부터 서일본의 해안 지역에 분포하였던 듯하다. 사회유형 Ⅳ는 무사 지배자가 결여되거나 미력해졌을 때 비로소 발달할 수 있었다(大林 1996:33-34).

이와 같이 오바야시가 문화영역을 사회유형에 대응하여 그 역사과정을 추정한 것은 그가 공간적 변이에서 시간적 변이로 중심을 옮겼음을 나타낸다. 아마도 오바야시는 공간적 변이의 분석만으로는 민속문화의 '중간 시기'를 메꿀 수 없다고 생각했던 것 같다. 그 점은 차치하더라도, 오바야시의 시도는 에트노스로서의 민족의 이질성이라는 가정을 전제로 한 오카 마사오의 일본민족문화형성론을 발전적으로 계승하였다고 보아도 좋을 것이다. 오카와 오바야시가 세상을 떠난 지금, 역사민족학적인 민속문화 역사과정에 대한 연구는 큰 전환기를 맞이하고 있다. 현재 두 역사민족학자의 연구를 계승하는 움직임이 없기 때문이다.

아카사카 노리오가 주장한 역사민속학적인 '여러 개의 일본'론은 오카와 오바야시의 역사민족학적 연구를 이어받은 것처럼 보이지만, 전술한 바와 같이 '몇 가지 방법론 문제'를 껴안고 있음은 부정할 수 없다. 이와 같은 상황을 생각하면, 오카나 아카사카가 엄격하게 비판한 에트노스로서의 민족의 등질성을 관점으로 채택한 야나기타 구니오의 역사과정론의 뼈대를 재검토하는 것도 반드시 헛수고는 아닐 것이다.

민속문화의 역사과정

과정으로서의 역사

1941년 1월부터 9월에 걸쳐 야나기타 구니오는 『후진코론婦人公論』 제26권 제1호부터 제9호에 연재한 문답 형식의 「여성생활사 1」에서 '민속학은 보통 사람들의 일상생활이 근세에 어떻게 변천했는지를 밝히는 학문입니까'라는 '물음'에 다음과 같이 답하였다.

〔민속학은〕 근세의 생활 변천에만 한정되지는 않지만, 그것도 포함하며, 또한 오늘날의 것도 〔민속학에서는〕 중요한 부분을 차지합니다. 저의 목표는 널리 전대인들의 생활을 알고, 그것이 어떻게 변천하여 오늘날의 상태가 되었는가를 밝히는 데 있습니다만, 그중에서 일상생활이 알기 쉽고 또 흥미로우며 한편으로는 최근 들어 가장 급격히 변하고 또

모두가 생각해야 할 문제가 된 까닭에, 일상생활부터 연구하도록 연구자들을 이끌어가야겠다고 생각하고 있습니다. …… '근세의 변천'을 위주로 할 이유는 없으므로 가능하다면 2,600년 전부 또는 그 이전까지도 거슬러 가서 알고 싶습니다만, 다만 우리의 방법이 현재의 사실을 기초로 한 것인 까닭에 그 기초를 충분히 다지지 않는다면 쉽게 중세 이전으로 올라갈 수 없습니다. 이 점이 고대사나 고고학의 방식과 다릅니다. (柳田 2003a:368)

이 물음은 문맥상 야나기타가 설정한 것으로 추정되므로 그 답은 당시 그가 민속문화의 소급 가능성을 어떻게 생각했는지를 알수 있는 하나의 기준이 될 것이다. 패전 직후 야나기타가 오리쿠치 시노부折口信夫와 나눈 대담에서 다선적 시간 개념에 기초하여 민속문화의 역사적 연속성에 대해 이야기했다는 것은 전술하였다. 그때 야나기타가 민속문화에는 장기 지속으로서의 제도나 관습이 있는가 하면 중단기 지속으로서의 제도나 관습도 있다고 상정하였다고 지적하였다. 그리고 사자가 가는 영산에 대한 신앙을 야나기타가 장기 지속을 표상하는 민속문화의 하나로 간주한 것에 대해서도 언급하였다. 여기에 인용한 야나기타의 문장을 이러한 맥락에서 독해하면, 야나기타는 '현전現前하는 사실'로서의 민속문화를 실마리로 하여 역사를 재구성한다면 근세에서 중세로 거슬러 올라갈수 있다고 생각했던 것 같다.

민속학을 새로운 역사학이라고 생각한 야나기타는 일국민속학

의 이론적 틀을 공고히 한『민간전승론』(1934)를 출간한 이듬해에
「국사와 민속학」(1935)을 발표하였다. 이 글에서 그는 새로운 역사
학으로서의 민속학의 역할로 여태까지 기존 문헌사학이 무시해 왔
던 유사 이외의 '무역사구역無歷史区域'의 개척과 문헌자료 이외의
'사료' 발굴을 들었다(柳田 1998j:90). 당시는 일국민속학 운동이 막
시동을 걸던 무렵이었으므로 야나기타는 새로운 역사학으로서의
민속학의 목표로 우선 민속문화의 중단기 지속을 잠정적으로 시야
에 넣었던 것은 아닐까?

그런데 야나기타는 민속문화의 역사과정을 어떻게 파악하려고
했던 것일까? 방대한 저작에서 단편적으로만 설명되었지만, 야나
기타는 민속문화에 깃든 세 개의 원리를 시야에 넣어 그 역사과정
을 파악하려고 했던 듯하다.

첫 번째는 민속문화의 **가변성**이라는 원리이다. 야나기타는『민
간전승론』에 다음과 같이 썼다.

『만요슈万葉集』에 나타난 일본인의 모습을 일본인의 본디 모습이라
고 결론 짓는 것은 경솔한 자세이며, 나라 시대까지 오는 동안 일본 문
화에 큰 변화가 있었음은 분명하다. 물론 그 후에도 몇 단계를 거쳐 변
화했음에 틀림없다. 오늘날 항간에 나타나는 일본인의 특성론처럼 움
직임 없이 항상 고정된 것으로 보는 시각은 오류이다. 불변하는 것이
있다고 하더라도 무사도같이 하나의, 그것도 그 일면만을 보고 말하는
것에 지나지 않는다. 에도 시대 300년 동안에도 불변일정한 것은 하나

도 없었다. 게이초慶長-겐나元和 무렵[51]과 그 후를 비교해 보면 세상은 크게 변하였다. 하나를 가지고 유추하여 간단히 논증하는 것은 난폭한 방법이라고 해야 할 것이다. (柳田 1998d:41)

이 문장에서 민속문화에 대한 야나기타의 유연한 자세를 볼 수 있다. 야나기타에게 민속문화는 결코 고정된 것이 아니며, 끊임없이 변화하는 것이다. 한편 야나기타에게 민속문화의 변화는 기존 습속의 변천임과 동시에 새로운 습속의 창출을 의미하였다.

두 번째는 이러한 민속문화의 **창출성**이라는 원리이다. 야나기타는 『민간전승론』에서 "어느 시대의 습속이든 그것을 가로로 잘라서 단면을 보면 변천과 **신성**新成[52]이 그 안에 잡거해 있고 또한 계속 존속하는 유습이 있다는 것을 알게 된다. 이 사실은 기존 역사학의 편년사적 태도에 변혁을 요구한다고 할 수 있다."(柳田 1998d:41)라고 하였다.

'신성'이란 새롭게 생성하는 것이다. 이것을 최근의 문화인류학 용어로 바꿔 읽으면 '창출' 또는 '구축'이 될 것이다. 민속문화에는 신구의 습속이 중첩되어 있으며, 전대부터 존속해온 습속이 있는가 하면 새롭게 창출되고 구축된 습속도 있다는 것이 이 문장의 주지일 것이다. 구체적으로 이야기하면, 근대의 민속문화에는 근세부터 존속해온 습속도 있고, 근대가 되어 새롭게 창출된 습속도 있

---

51 1596~1624년.
52 야나기타가 만든 용어로, 새롭게 생겨남을 의미한다.

다는 뜻이 될까? 뒤에 서술할 공통문화로서의 신전결혼 등은 이 나라가 근대를 맞아 창출된 민속문화이다. 야나기타는 민속문화를 다선적 시간 개념으로 파악하여, 거기에 전대부터 전해져온 습속의 변화와 새로운 습속의 창출이 병존하고 있다고 본 것이다. 이 점은 뒤에 서술할 문화창출론 또는 문화구축론을 둘러싼 담론으로서 주목할 가치가 있다.

세 번째는 민속문화의 **연속성**이라는 원리이다. 『향토생활의 연구법』(1935)에 수록된 「향토 연구란 무엇인가」에서 야나기타는 '에트노스로서의 민족'과 일본어는 서로 불가분의 관계로, "한 번도 중단되지 않고 연면히 전해져 왔다는 증거라면 얼마든지 들 수 있다. 어떤 단어이든, 무엇 하나 이 나라에 살았던 사람들의 생활 흔적이 남아 있지 않은 것이 없다."라고 하면서 다음과 같이 지적한다.

더 구체적으로 의식주 자료와 용법, 연중행사에서 예의범절 등, 그리고 향토무용 공연에 이르기까지, 지금 보는 사람들의 행위는 새롭지만 그 기저에 **이전부터 존재해온 형**型이 있다는 사실은 마치 밥은 몇 번을 지어도 똑같은 형태의 밥이고, 사립蓑笠은 매년 새로 만들더라도 이전의 사립과 동일한 형태인 것과 같다. 어째서 그런 식으로 전해지느냐고 묻는다면 누구라도 오래전부터 이대로였기 때문이라고 하는 것 외에 달리 대답할 수 없을 것이다. 즉 문화는 계속 이어지기 때문에 현재의 문화에 전대의 생활이 포함되어 있는 것이다. 문자로 써져 남은 것과 비교해 사료로서의 가치가 얼마나 다를까? (柳田 1998e:205)

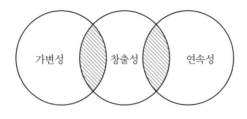

〈그림 1〉 민속문화의 구조

　이 내용은 어딘가 구조주의 인류학자 레비스트로스가 지적한 이른바 미개사회의 '무의식의 구조'에 대한 설명과 유사하다. 야나기타는 민속문화의 근저에 '이전부터 존재해온 형型'이 지속되고 있다고 상정하고, 그 형에 의해 현재의 민속문화에 '전대의 생활'이 지속되고 있다고 생각한 듯하다. 야나기타가 말하는 형은 구조라고 불러도 무방할 듯한데, 그 후에 발표된 「역사교육 이야기」(1939)에서 야나기타는 형이 "근본적인 큰 법칙"이라고 바꾸어 말하고, 끊임없이 변하는 생활에서 "영원히 변하지 않는 것 또는 용이하게는 변하려고 하지 않는 것"이라고 규정하였다(柳田 1998l:177).

　민속문화의 가변성과 창출성, 연속성이라는 원리는 모두 야나기타의 언설을 개념화한 것이다. 야나기타는 역사과정으로서의 민속문화의 가변성과 창출성, 연속성을 인정하고, 이것을 다선적 시간 개념으로 조작하고 새로운 역사학으로서의 민속학을 구축하려고 한 것은 아닐까? (그림 1 참조)

　민속문화에서 가변성과 창출성, 연속성은 어떻게 얽혀 있는가,

그 메커니즘에 대해 야나기타가 아무것도 언급하지 않은 데에는 두 가지 이유가 있다. 하나는 그의 관심이 민속문화의 역사과정을 기술하는 데 있었지 그것을 분석하는 데 있지 않았다는 것이다. 또 하나는 그의 당면 과제가 **개개 민속문화**에 한정되었을 뿐, 그것을 전체적으로 파악하는 데 이르지 않았다는 것이다. 이것은 야나기타의 민속문화 역사과정론의 한계라고 할 수 있다.

근년에 이 나라의 일부 민속학자들 사이에서 독일 민속학자 한스 모저Hans Moser가 제창한 포클로리스무스Folklorismus라는 개념이 주목받고 있다. 이 개념을 채택하여 일본에서 탈근대적 상황에 처한 민속문화에 대한 연구가 이루어지고 있는데, 여기에서는 포클로리스무스가 민속문화의 가변성이나 창출성, 연속성을 전제로 한 '조작된 민속문화'를 기술하는 개념에 불과하다는 점을 지적해 두자. 이 문제에 대해서는 다시 검토하겠다.

그런데 민속문화를 '사료'로 간주하고 그 역사과정을 재구성하려고 한 야나기타의 시도가 기존 문헌사학의 비판을 받은 것은 당연할지도 모르겠다. 이에나가 사부로家永三郎의 『현대사학 비판』(1953)에 수록된 「야나기타 사학론」은 문헌사학계에서 최초로, 게다가 본격적인 일국민속학 비판이었다. 이에나가는 이 책을 야나기타에게 증정했던 것 같다. 세이조 대학 민속학연구소의 야나기타 문고에 『현대사학 비판』이 수장되어 있고 그 표지 안쪽에 다음과 같이 기록되어 있기 때문이다.

謹呈

야나기타 구니오 선생

무례한 대죄를 진심으로

사과드립니다.

이 저작의 중간과 끝의 여백란에 야나기타가 붉은 잉크로 소감을 기록하였으므로 이것을 참고하면서 이에나가의 야나기타 사학 비판과 그에 대한 야나기타의 반비판을 몇 가지 들어 야나기타가 민속문화의 역사과정을 어떻게 파악하려고 했는가를 검토해 보자.

이 논고에서 이에나가는 야나기타가 민간전승(민속문화)의 사료적 가치를 발견한 것을 평가하고, "민간전승을 새로운 사료로 추가하고 최대한 활용하려고 한 야나기타 사학의 제안은 역사학 방법론으로서 획기적이다", "야나기타 사학은 기존 역사학이 간과해온 막대한 새로운 사실을 발견하였을 뿐 아니라, 기존 역사학이 개척한 분야와 이 신개척 분야의 양적 비율을 대비함으로써 오랫동안 기존 역사학이 구성해온 역사상의 수정을 요구하였다"(家永 1953:87-93)라고 하면서 다음과 같이 비판하였다.

첫째, 문헌을 주요 사료로 삼는 기존 역사학이 역사학의 중심적 위치를 차지하고 있기 때문에 "민속자료를 주요 사료로 삼는 역사학"(야나기타 사학)은 "그 보충자에 머무르고 있다."(家永 1953:103-104)라는 것이다. 이것은 야나기타의 일국민속학에 대하여 많은 역사학자들이 품고 있는 공통된 인식일 것이다. 지금도 많은 역사학자들이 민속학을 광의의 역사학의 한 부문에 불과하다고 생각하고 있지는 않을까?

둘째, 야나기타 사학에는 '민속자료의 사료적 기능의 한계'에 기초한 '방법론적 한계'가 있다는 것이다. 민간전승은 어디까지나 현재의 사물이지 과거의 사물은 아니지만 역사학의 대상은 어디까지나 과거의 사물이며, 사료는 '현존하는 과거 생활의 흔적', 문헌은 '과거의 시간과 위치를 지정하는 실연대實年代의 징표'이지만 민속자료(민간전승)는 그 자신의 힘으로 '역사학의 본질적 범주'인 '실연대'를 지시할 수 없다(家永 1953:104-105)는 것이다.

야나기타가 민속문화의 가변성이나 창출성, 연속성을 실마리로 하여 재구성을 시도한 역사과정은 이에나가가 지적한 바와 같이 '실연대'가 아니다. 그것은 '상대연대'를 시사하는 데 머물고 있다. 야나기타도 이 점을 숙지하였음에 틀림없다. 이 사실을 인정한 후에 야나기타는 후술하는 바와 같이 민속문화의 '잔류'에 착안하여 이것을 재해석하여 '무의식의 전승'에 기초해 민속문화의 역사과정을 추구했던 것인데, 그에 대하여 이에나가는 아무것도 언급하지 않았다.

이러한 이에나가의 비판을 야나기타는 어떻게 받아들였을까? 야나기타가 붉은 잉크로 여백란에 기록한 내용의 일부를 들어 이 점을 검토해 보자. 이에나가는 야나기타 사학에는 '대상의 한계'가 있다고 지적하고, "역사학이란 현재를 정점으로 하는 인간생활의 전 발전계열을 대상으로 삼으며, 그중에서 가장 중요한 것은 현재와 직접 관계가 있는 근대사회의 산업혁명으로 야기된 여러 사상들이다. 그러한 역사학의 최대 관심사를 대상 범위에서 제외해야 하는 역사학은 역사학으로서의 사명에 제대로 응답할 수 없다."(家永 1953:107)라고 하였다.

야나기타는 이 부분의 여백에 붉은 잉크로 "이것은 강변強辯"이라고 기록하였다. 야나기타의 일국민속학이 기존 문헌사학에 대한 안티테제로서 구축되고, 근대화로 인해 소멸해 가고 있던 민속문화의 재발견과 재인식에 있었음은 새삼 말할 필요가 없다. 야나기타는 민속문화를 전대 문화의 '잔류'로 간주하고, 이에 따라 '평민의 역사' 또는 '상민 대중의 역사'를 밝힐 수 있다고 확신하였으므로 근대화를 중시한 이에나가의 언설을 그대로 용인하지 않고 '강변'이라고 일축하였을 것이다.

또한 이에나가는 야나기타의 상민 개념을 들어 "역사를 발전시키는 힘은 이러한 사람들로부터 나온 것이 아니었다"(家永 1953:108), "사회를 '뿌리째 개혁'한 산업혁명이 결코 이러한 사람들에 의해 야기되지 않았다는 것만으로도 '상민'의 역사상 지위를 과대시하는 것은 명백히 부당하다"(家永 1953:109)라고 하면서 다음과 같이 지적하였다.

야나기타 사학에서 말하는 이른바 '상민'이나 상민의 역사는 대부분의 국민의 역사라는 관점을 취하고, 그런 까닭에 일견 상민의 역사가 일본 역사의 근간을 이루는 듯한 착각을 일으키지만, 실은 상민의 역사란 국민의 생활사에서 역사적 발전의 가장 본질적인 요소 몇 가지를 사상捨象하여 인위적으로 구성한 추상적 개념일 뿐이라는 점을 우리는 간과하면 안 된다. (家永 1953:110)

이 문장은 상민을 기본 개념으로 설정한 야나기타의 일국민속학에 가한 상당히 혹독한 비판이다. 이에나가가 야나기타에게 보낸 저서의 속표지에 "무례한 대죄를 진심으로 사과드립니다."라고 기록한 것은 이러한 비판을 의식해서였을까? 이 비판에 대해 야나기타는 여백란에 붉은 잉크로 "히라이즈미의 이야기와 비슷하다."라고만 기록하였다. 히라이즈미는 전전·전시 중에 황국사관을 제창한 역사학자 히라이즈미 기요시平泉澄일 것이다. 야나기타의 소감도 상당히 매서운 반비판이다.

이에나가는 야나기타 사학이 원리적 한계를 어느 정도 극복한 것은 "시인 야나기타의 직관적 상상력"과 "기존 역사학적 학식의 암묵적 뒷받침"이 엄존하기 때문이라고 하고, "야나기타 사학을 과학이라고 볼 수도 있겠지만 실제로는 야나기타라는 한 천재의 개인적 솜씨에 지나지 않는다."(家永 1953:112-113)라고 하고, "역사학은 단순히 과거 사실의 평면적 인식이 아니라 장래의 실천적 의지를 기축으로 과거를 파악하는 것이라는 입체적 인식이다. 역사학의 생명은 한편으로는 실증성에 있음과 동시에 다른 한편으로는 실천적 의지의 여하, 바꾸어 말하면 사상적 기초의 여하에 달려 있다."(家永 1953:114)라고 언급하였다. 야나기타는 책의 여백에 붉은 글씨로 "입장 차이가 매우 크다. 이것은 구 교육자의 태도"라고 비판하였다.

야나기타는 글 마지막의 여백란에 다음과 같은 일련의 소감을 붉은 잉크로 기록하였다. 모두 이에나가의 언설에 대한 반비판이라고 하겠다. 여기에 옮겨 참고하고자 한다.

> 여하튼 이것은 위험한 세계동화설, 일본을 알려고 하지 않는다는 결점
>
> 판단은 가능한 한 국민이 하도록 해야 할 것(그리하여 역사학자도 국민의 하나라는 점을 생각해야 하지만)
>
> 역사학이라고 정해 버리는 것은 무법이다, 이제부터 생각 없이 서양문화의 뒤를 좇는 것은 위험하다, 소위 식민지화이다.
>
> 생각한 만큼 심한 욕은 아니다.
>
> 지금의 생각을 고정할 마음이 없으면서도, 어찌 되었든 무엇이 올바른 것인가를 전혀 설명하지 않는다. 사물 뒤에 숨어서 사람을 보려고 하지 않는 경향이 있다.
>
> 또한 국민적 감정이 학문적 측면에 나타나는 것을 비난하는 것은 부당하다.

마지막으로, 이에나가가 야나기타의 반근대적 언설을 비판하고 "역사의 진보가 반드시 전통의 전개를 따를 뿐만 아니라 전통의 부정이 진보에 소중한 계기가 될 수 있다는 것, 바꾸어 말하면 역사는 연속될 뿐만 아니라 비연속적인 발전과정이라는 것, 특히 해외문

화 섭취와 의식적인 반역으로 인한 전통의 단절이 역사가 진보하는 데 빼놓을 수 없는 도약판이라는 것"(家永 1953:125-126)이라고 말한 점에 주목하자.

이 문장은 민속문화의 가변성이나 창출성, 연속성을 실마리로 하여 과거의 재구성을 의도하고, 다선적 시간 개념에 기초하여 민속문화의 역사과정을 추구한 야나기타의 일국민속학에 대한 중요한 제언이라고 생각되는데, 이에 대해 야나기타는 "역사의 진보"에 붉은 선을 긋고 여백란에 "그것은 무엇인가"라고 기록하였을 뿐이다.

야나기타 구니오의 '무의식의 전승'

야나기타의 관심은 끊임없이 변화하는 민속문화에서 과거의 민속문화를 어떻게 재구성할 것인가였는데, 과거부터 현재에 이르는 민속문화의 역사과정을 밝히기 위하여 야나기타는 '잔류殘留'라는 개념에 주목하였다. 잔류survivals가 19세기 후반부터 20세기 전반에 걸친 진화주의 인류학의 기본 개념이라는 것은 여기에서 새삼 말할 필요가 없을 것이다. 진화주의 인류학은 이른바 미개문화를 인류 역사의 낮은 단계에 위치 짓고, 그것이 잔류하였다고 간주함으로써 인류문화사의 재구성을 시도하였다.

진화주의 인류학자 에드워드 타일러Edward Tylor는 『원시문화─신화·철학·종교·언어·습속의 발전론─』(전 2권, 1871)에서 잔류를 "여러 가지 수단이나 관습, 사고방식 등이 관습의 힘에 의해 원래의 사회 상태에서 새로운 사회 상태로 옮겨 가는 것으로, 새로운 문화로 진화하기 이전의 문화 상태의 예증"이라고 규정하고, 잔류 연구가 인류의 역사적 발전 여정을 좇아가는 데 유효하다고 주장하였다(Tylor 1913:16-17). 앤드루 랭Andrew Lang도 『관습과 신화』에서 민속학은 문명화된 생활 속에 남은 오래된 관념의 잔존을 발견하는 학문이라고 하였다(Lang 1910:12).

세이조 대학 민속학연구소의 야나기타 문고에는 여기에서 언급한 타일러와 랭의 저서가 소장되어 있다. 타일러의 『원시문화』 제2권의 말미에 "다이쇼 7년(1918) 4월 11일 독료讀了, 야나기타 구니오"라고 기록되어 있고, 랭의 『관습과 신화』 말미에는 "다이쇼 4년 (1915) 3월 27일 료了, 큰 배 안에서, 야나기타 구니오"'라고 기록되어 있다. 야나기타는 「민속학 이야기(1인 좌담)」(1941)에서 랭의 잔류 개념에 대해 자세히 기술하였다(柳田 2003b:421-422).

잔류 개념에 대하여 야나기타가 가장 큰 영향을 받은 이는 영국의 민속학자 G. 로런스 곰G. Laurence Gomme이다. 야나기타 문고에 곰의 『Ethnology in Folklore』(1892)와 『Folklore as a Historical Science』(1908)가 수장되어 있고, 각각의 말미에 "다이쇼 2년 12월 11일 저녁, 다이쇼 9년 6월 30일 아침 재료再了", "다이쇼 4년 4월 11일 쇼켄昭憲 황태후 1주기 제사 다이쇼 7년 6월 21일 재독再讀 완료"라고 쓰여 있는 것으로 보아 야나기타는 이 두 권을 두 번씩 읽었다(伊藤 2002:57).

야나기타가 정독한 곰의 민속학 이론은 타일러의 잔류 개념을 문명사회에 적용한 이론이다. 곰은 역사와 포클로어의 상호보완성에 주목하여 포클로어를 문명사회 역사연구의 보조자료라고 자리매김하였다(Gomme 1908:4-8). 그리고 관습이나 신앙이 잔류한 것은 각각의 발전이 멈춰 있기 때문으로 모두 세대를 넘어 단편적으로 존속하고 있지만 "포클로어에는 문화의 한 단계에서 보다 높은 단계로의 발전이 없다", "포클로어의 단편을 조사할 때 유의해야 할 중요한 사실은 포클로어의 발전이 저해되고 있다는 점이다."라고 하였으며, 과학으로서의 민속학은 이러한 잔류의 존재를 적절하게 설명할 필요가 있다고 역설하였다(Gomme 1892:7-11).

야나기타도 곰과 동일하게 잔류 개념에 기초하여 민속문화의 역사과정 구축을 도모하였다. 일본 사회에서는 메이지 이후 근대화 과정에서 구미사회로부터 새로운 제도나 지식이 도입된 결과 민간에 전승된 포클로어가 서서히 소멸해 가고 있었지만, 야나기타는 『민간전승론』(1934)에서 근대화가 철저하게 이루어진 유럽 국가들과 달리 이 나라는 얼마든지 "간단한 증거"가 있다고 하며 "우리 사이에서는 하루하루 생활 자체가 눈앞에서 과거를 이야기해 주고 있다. 이것을 남겨진 것 또는 잔류survival라고 이름짓겠다. 또한 지속vestiges이라고 부르는 것에는 너무나도 많은 옛날의 모습이 남아 우리를 둘러싸고 있고 우리 안에도 깃들어 있다. 이것을 의식하지 않고 살아간다는 것이 오히려 교양 있는 사람에게는 불가능한 상태이다"(柳田 1998d:31)라고 하였다.

그렇다면 야나기타가 잔류라 이름 붙인 '눈앞에서 과거를 이야기'하는 민속문화란 도대체 어떤 것일까? 야나기타는 「혼례의 기원」(1947)에서 이러한 것들을 이야기한 바 있다. 관습에는 두 가지 종류가 있다. 하나는 당사자들이 취지를 거의 알고 있는 관습이다. 이것은 진귀하여 외부에서 온 사람들이 주의하여 나중에 설명을 듣고 의미를 알 수 있는, 민족지에 기록된 관습이다. 또 하나는 기습진속奇習珍俗[53]이라고도 불리는 것으로, "왜 그러한 행위를 해야 하는지 관계되는 사람들에게도 잘 설명할 수가 없으나 어떤 기회가 있으면 금방 알아차릴 수 있는 옛부터 전해져온 관습"을 가리킨다(柳田 1999b:607).

이러한 설명 불가능한 관습을 야나기타는 '잔류'라고 불렀고, 그것을 '무의식의 전승'이라고 재해석한 것이다. 야나기타는 무의식의 전승이라는 개념을 「하늘의 호박」(1941)에서는 "지금까지 생각해본 적이 없는 옛 풍속, 누구도 남기려고 기도하지 않았던 '일본인다움'"(柳田 1998h:588)이라 하였고, 「향토연구와 향토교육」(1944)에서는 "우리 동포가 우연히 또는 무의식적으로 옛날부터 전해준 말이나 버릇에는 많이 사라진 사실의 흔적이 아직도 남아 있을 수 있다. 특히 무의식의 전승에는 적어도 거짓은 없다."(柳田 1998k:156)라고 해설하였다.

야나기타의 무의식의 전승은 우리의 기억을 훨씬 뛰어넘어 민속문화의 배후에 '숨겨진 의미'를 말하는 듯하다. 예를 들면 요코쿠謠

---

53 기이한 풍습과 진귀한 풍속이라는 의미이다.

曲[54] '우타우라歌占'[55]의 노能의 춤舞에 백발의 주인공이 등장하는데, 야나기타는 물의 신(水神)을 백발의 모습으로 상상한 이유를 노인 또는 백발인 젊은 사람을 선정하여 무격巫覡의 임무를 맡기는 풍습이 오랫동안 계속되었기 때문이라고 추정한다. 그리고 우타우라의 노래가 우연히 이것을 설명하고 있다면 이를 무의식의 전승이라 할 수 있을 것이라고 하였다(柳田 1998b:212).

오카야마 부근에 전해져 오는 하나사키 할아버지花咲爺 민화에서는 노부부가 방안에서 길러 마당으로 나가고 싶어 하는 개 친코로링チンコロリン을 '괭이를 갖고 싶어 하는 친코로링', '할아버지와 할머니가 말려도 갖고 싶어 하는 친코로링'이라고 한다. 야나기타에 따르면 여기에도 전대의 소중한 취향이 잔존해 있다고 한다. 그중하나는 노부부가 개를 자식처럼 사랑으로 길렀다는 것이다. 개의 모습은 모모타로의 복숭아같이 "본디는 임시 형체로 현실은 부모 자식 사이"라는 것이다. 또 하나는 개가 말을 할 줄 안다는 것이다. 이것은 시공을 초월해 아동의 호기심을 자극하는 힘을 가지고 있기 때문에 매우 오래되었음에도 불구하고 잔류했다는 것이다. 그리고 야나기타는 "이 두 가지 무의식의 전승이 없었다면, 오늘날의 동화가 그림Grimm 형제에게 물들어 있듯이 하나사키 할아버지 이야기도 그러했으리라고 여겨진다."(柳田 1998f:308)라고 결론 지었다.

---

54 일본 전통예능의 하나인 노가쿠能樂의 시가, 문장이나 대본. 또는 그것에 가락을 붙여 노래하는 것.
55 무녀 또는 박수무당이 신의 뜻을 단가短歌로 고하는 것. 또는 그 노래의 길흉 판단.

나가노 현 기타아즈미北安曇의 마을에는 사람과 늑대가 교섭한 이야기가 전해져 온다. 어떤 사람이 늑대가 석굴에 새끼를 낳자 하인에게 우부야시나이産養い[56]로 세키한赤飯[57]을 가져다주게 하였다. 하인은 세키한을 주면서 늑대 어미에게 새끼를 한 마리 주지 않겠느냐고 말하고 돌아왔다. 이튿날 아침 문 앞에 나가니 늑대 새끼가 한 마리 있었다. 하지만 새끼를 먹을 수도 없었으므로 늑대 소굴에 돌려주었다. 야나기타는 이 이야기를 받아들인 청중의 심리에 지금까지 돌아보지 않았던 심연에 존재하는 무언가가 있다고 하며 늑대의 소굴을 "오래된 무의식 전승에서 배양된 일종의 깊은 산속 영지靈地"라고 추정하였다(柳田 1998c:483).

야나기타가 무의식의 전승에 주목하게 된 때는 1940년대경인데, 만년에도 그는 무의식 전승의 중요성을 반복해서 언급하였다. 야나기타는 『해상의 길』(1961)에 수록된 「해상의 길」(1952)에 아마미 제도 최남단 요론지마与論島 출신자의 이야기를 듣고 이렇게 썼다. 폭풍이 몰아친 다음 날 이른 아침에 꼭 한 번 해변에 나가보지 않고는 견딜 수 없는 마음이 어느 섬에나 한결같이 남아 있는데, 이것이 무의식 전승의 예라는 것이다(柳田 1997b:391). 또한 같은 책에 수록된 「쥐의 정토鼠の浄土」(1960)에서도 현존하고 있다면 "매우 어렴풋한 조각난 기억으로 전해지고, 오히려 잊어버렸다고 해도 좋을 만

---

56 출산 후 3일, 5일, 7일, 9일째 밤에 친척들이 산모나 아기의 의복, 음식물 등을 선물하며 축하연을 여는 것.
57 찹쌀에 콩이나 강두를 10~20퍼센트 정도 섞어 찐 밥. 주로 의례용 음식으로 사용된다.

큼 구석구석에 존재하는 무의식 전승"을 실마리로 하여 "지금까지 별로 신경 쓰지 않던 것들을 문제시하는 집념이 필요"하다고 하였다(柳田 1997c:521).

이와 같은 무의식의 전승을 더듬어 찾아내는 작업은 레비스트로스의 '무의식의 구조'를 분석하는 것과 마찬가지로 용이하지 않을 것이다. 풍부한 학식과 뛰어난 상상력이 필요하기 때문이다. 그 점을 야나기타도 틀림없이 숙지했겠지만, 무의식의 전승을 추구하는 것은 야나기타가 긴 세월에 걸쳐 구축해온 일국민속학에서 스스로 부과한 중대한 문제였다.

야나기타가 전개한 민속문화의 역사과정론은 오카 마사오나 오바야시 다료의 일본민족문화형성론과 비교하면 체계성이 결핍되어 있다. 개개 민속문화의 실증적 연구는 면밀하게 이루어졌지만 그것을 종합하여 체계화한 연구가 거의 없기 때문이다. 이것은 야나기타가 시스템(논리체계)보다도 실증성이나 가설의 구축에 관심이 있었기 때문일 것이다. 그래서 민속문화의 역사과정론은 미완인 채로 끝났지만, 그가 시사한 민속문화의 가변성과 창출성, 연속성이라는 세 가지 원리는 앞으로 민속문화 역사과정 연구의 키워드가 될 것이다.

제4장 근대 일본과 창조된 민속문화

역사과정으로서의 전승과 전통

일국민속학의 전승 개념

일본어의 '전통'과 '전승'은 전해짐을 의미하는 라틴어의 트라디티오traditio에서 파생된 영어의 트래디션tradition이나 프랑스어의 트라디시옹tradition의 번역어라고 한다. 전통과 전승 모두 과거에서 현재로 전달되어 계승됨을 의미하는 말인데도 두 번역어의 어감이 어딘지 다른 것은 그 수용방식 때문이 아닐까?

전통이라는 번역어가 만들어진 때는 메이지 연간이라고 한다(桑原 1957:294). 그 시기는 서구화 사조의 유입에 대항하여 내셔널리즘이 대두된 1880년대 말(메이지 20년대)경이 아닐까? 도쿠토미 소호

德富蘇峰가 잡지 『고쿠민노토모国民の友』를 창간한 때가 1887(메이지 20)년이고, 이듬해에 시가 시게타카志賀重昴, 미야케 세쓰레이三宅雪嶺, 이노우에 엔료井上円了 등이 논진을 구성한 잡지 『니혼진日本人』이 창간되었고, 2년 후에 구가 가쓰난陸羯南이 주도하여 신문 『니혼日本』을 창간하였다.

종족이나 인종, 민족이라는 말이 많이 사용된 때도 이 무렵이다. 시가 시게타카는 내셔널리티nationality를 '국수国粹'라 번역하고 "야마토 민족 사이에 천고 만고 적부터 유전되어 오거나 순화醇化되어 오거나, 마침내 당대에 이르기까지 보존된 것"이라고 해석하고 '국수보존'을 주장하였다(志賀 1977:7-10). 구가 가쓰난은 내셔널리티를 '국민주의'라 번역하고 "한 나라의 고유한 성격과 매우 밀접한 관계를 가진 문화에 이바지하는 것"이라고 파악하였다(陸 1968:397-400). 전통이라는 번역어와 그 개념도 메이지 20년대의 내셔널리즘 사조 안에서 생겨난 것은 아닐까?

한편 전승이라는 번역어와 그 개념은 전통과는 별도의 역사 사회적 맥락에서 생겨났다. 전승을 학술용어로 채택하고 민속학의 키워드로 만든 사람은 이 나라의 일국민속학을 창시한 야나기타 구니오이다. 야나기타는 일국민속학의 이론적 기초를 굳힌 『민간전승론』(1934)에서 프랑스의 민속학자 폴 세비요Paul Sébillot가 민속학의 키워드로 삼은 트라디시옹 포퓰레르traditions populaires에 주목하여 트라디시옹을 '전승', 포퓰레르를 '민간의'라고 번역하여 트라디시옹 포퓰레르를 '민간전승'이라고 하였다. 그리고 민간전승을 학회명(민간전승회)과 기관지명(『민간전승』)에도 채택했는데, 이 같은 일련의 시도에는 나름의 이유가 있었다. 야나기타는 『민간전승론』에서 트라디시옹의 번역어를 '전승'이라고 한 이유에 대하여 다음과 같이 말하였다. 조금 길지만 인용해 보자.

> 나 개인이 제안한 바에 지나지 않지만, 다행히도 민간전승론이라는 명칭은 아직 오해하는 사람이 생길 만큼 널리 퍼지지는 않은 말이다. 하지만 나는 거리낌 없이 공적으로 그 의미를 한정할 수 있다고 믿고 있다. 제안자의 본의를 고백한다면, 유럽 대륙의 역사가 오래된 몇몇 나라에서 '르 트라디시옹 포퓰레르Les Traditions Populaires'라고 부르는 일단의 지식을 그 실체와 큰 차이가 없도록 '민간전승'이라 명명하여 편의를 도모하고자 한다. 더 나아가 민간전승이 현재 '르 트라디시옹 포퓰레르'와 거의 동의어로 해석되는 영국의 이른바 Folk-Lore와 같은 의미로 인정받기를 바란다. 트라디시옹이라는 말은 본국에서도 정치적으로 여러 가지 연상되는 바가 있어서 곤란한 상황인데, 오늘날 일본에서 사용하는 '전통'이라는 번역어를 생각해 보면 그 상황을 짐작할 수 있다. 그래서 포퓰레르라는 형용사가 매우 중요해지는데, 우리는 그것을 '민간'이라고 표현할 수밖에 없다. 대신에 'Traditions'을 새로운 느낌의 전승이라는 단어로 번역하여, 실제와 관계가 매우 깊고 치밀한 '전통'이라는 단어를 대치하였다. 즉 『민간전승론』은 이미 세상에 널리 알려진 포클로어와 내용을 같이하는 민간전승을 가벼이 볼 수 없는 까닭을 설명하는 글이다. (柳田 1998d:17)

야나기타가 프랑스어의 트라디시옹의 번역어로 '전승'을 선택한 것은 앞의 인용문에서 "트라디시옹이라는 말은 본국에서도 정치적으로 여러 가지 연상되는 바가 있어서 곤란한 상황인데, 오늘날 일본에서 사용하는 '전통'이라는 번역어를 생각해 보면 그 상황을 짐작할 수 있다."라고 하였듯이, 유럽의 tradition이나 일본의 전통이라는 단어에 이데올로기가 엉켜 있음을 감지했기 때문이다. 그래서 야나기타는 전통과 같은 내용을 의미하면서 보다 중립적인 개념인 전승을 선택하여 '실제와 관계가 매우 깊고 치밀한 전통'을 회피하였을 것이다. 야나기타의 선택은 그의 비범한 정치감각에 기인한 바가 크다. 일본에서는 그 후 울트라내셔널리즘이 풍미하였는데, 야나기타의 일국민속학은 여러 가지 제약을 받으면서도 편협한 민족국가(국민국가) 이데올로기와 거리를 둘 수 있었다.

그렇다고 해서 야나기타가 전통 문제를 완전히 무시하지는 않았다. 그는 1941년 6월부터 10월까지 도쿄 제국대학에서 행한 특별교양강좌 내용을 정리한 『일본의 마쓰리』(1942)에서 당시의 전통주의를 시야에 두고 간접적으로 전통론을 비판하였다. 이 책에서 야나기타는 '일본의 마쓰리'가 "중요하고 흥미로운 사회사실이기는 하지만", 강의의 진정한 목적은 제군들과 함께 "서로 공통된 문제인 일본의 전통을 생각해 보고 구체화하기 위하여 마쓰리 이야기를 하는 것이다."(柳田 1998g:362)라고 하면서 다음과 같이 전통론을 비판하였다.

오늘날 우리가 듣는 많은 전통론은 과연 무엇이 확실한 전통인지를 보여 주지 않을 뿐 아니라, 전통이 이렇게 전해지는 것이라는 경로 등을 설명하지 않는다. 과거에는 전통을 안전하게 지속시키는 조직이 정비되어 있었지만, 〔지금은 이 조직이〕 점차 이완되고 무너져 불안해지고 있는 것은 아닌지 생각하지도 않는다. 다만 있을 것 같다, 있는 것이 당연하다고 생각할 뿐이다. 그러한 일시적인 원리만으로는 도저히 우리가 살아갈 수 없다. 더 구체적으로 생각해볼 방법이 있어야 한다고 생각한다. (柳田 1998g:369)

이 말은 당시 '전통보지傳統保持'를 강조하던 전통주의자에 대한 고언일 것이다. 야나기타는『일본의 마쓰리』에서 '제장祭場의 표시', '금기와 정진精進', '신행神幸[1]과 신태神態[2]', '공물供物과 신주神主', '참예參詣와 참배參拜' 등의 문제를 거론하고 해설함으로써 이 나라의 전통이라는 것을 실증적으로 밝혀 보려고 하였다. 패전 직후에 공간된『선조 이야기』(1946)에서 야나기타는 다시금 전통 문제를 거론하며, 전통을 "몸에 익혀 실행에 옮기고, 작용하고 제시하며, 배우게 하고 익히게 하여 다음 대에 전하려는 것"이라고 해석하였다 (柳田 1998m:27).

야나기타가『일본의 마쓰리』를 출간한 해에 무타이 리사쿠務台理

---

1 제례를 올리거나 신사를 옮길 때 신체神体(신령이 머문다고 생각되는 예배 대상물)를 안치되었던 신사에서 다른 곳으로 모시는 것.
2 신의 표정과 태도, 즉 신의 반응을 의미한다.

作는 『이와나미강좌 윤리학』에 「전통」(1941)을 기고하였다. 이 글에서 무타이는 전승과 전통의 상이함에 대해 언급하고 이렇게 이야기하였다. 전승이 상대적으로 더 사상事象으로 보이는 데 비해 전통은 상대적으로 더 고도의 민족정신에 바탕을 두며, 항상 전통이 발생한 원초적 체험에 관계됨과 동시에 신선한 현재의 체험 또는 현대의 의식과 관계되는 것으로서, 전통에서는 "전통적 정신 자체의 자기해석"이 이루어진다고 하였다(務台, 1941:6-7).

이처럼 무타이의 전통론에서 전통의 정신적 측면을 중시한 전통주의를 볼 수 있을 뿐만 아니라, 그가 「전통」을 발표한 전해 1월에 황국사관을 제창한 역사학자 히라이즈미 기요시平泉澄도 『전통』(1940)을 출간하고 전통주의에 기초한 전통론을 공표하였다. 아마도 야나기타는 이렇게 당시 전통주의의 풍조를 피부로 느끼면서 '일본의 마쓰리'라는 강의를 했던 것은 아닐까?

유럽 언어에서 전통이라는 개념은 18세기부터 19세기에 걸쳐 유럽 사회에서 형성되었다고 한다. 당시의 전통은 옛날이야기나 신화, 전설, 농민의 생활관습, 축제 등을 말하는 것으로, 읽고 쓰는 능력이 없는 사람들이 키워온 문화를 가리켰다(Shils 1981:18). 야나기타가 tradition의 번역어로 채택한 전승은 이러한 민속문화의 전달과 계승이었는데, 유럽 언어로도 일본어로도 전통이라는 말에는 이데올로기가 얽혀 있다.

맥스 라딘Max Radin은 전통에는 전해지는 요소의 가치판단이 들어가 있다고 하고, 전통을 관습과 제도와 비교하여 다음과 같이 이야기하였다. 관습은 어떤 지역 또는 어떤 사람들 사이에서 당연하게 여겨지는 행위의 양식이다. 관습은 세대를 넘어 전해지지만 소극적으로 이어질 뿐이다. 게다가 전통처럼 가치가 강조되지 않는다. 제도도 전대부터 전해지지만 그 지속이 소망될 때 전통적인 것이 된다. 라딘은 전통은 관습처럼 관찰되는 사실이 아니라 가치판단을 나타내는 관념이며, 전통의 유지란 가치판단의 주장이라고 역설하였다(Radin 1937:63). 구와하라 다케오桑原武夫는 라딘의 해석을 받아들여 '가치판단'을 명제화할 수 있는 이념으로 바꿔 읽고, 전통을 무의식적으로 전해지는 관습과 명제화할 수 있는 이념의 중간에 자리 매겼다. 그리고 유럽 언어의 전통이 이념을 강조하는 데 비해 일본어의 전통은 관습을 강조한다고 하면서 패전 후 일본의 전통론을 언급하고 전통의 창조성을 설명하였다(桑原 1957:295-300). 교토학파의 제2세대 철학자 고사카 마사아키高坂正顕도 전통과 관습을 대비하여 양자가 전달 방법 면에서 다르다고 지적하고, 전통이 '비연속의 연속에서 전달되는' 데 비해 관습은 '연속적으로 전달되며' 전통이 '부정否定을 매개'로 하는 데 비해 관습에는 '부정의 매개'가 없다고 말하였다(高坂 1964:72-74).

이러한 일련의 전통론에 비해 전승에 대해서는 일본의 민속학에서도 야나기타의 『민간전승론』 이후 활발하게 논의되어 왔다고 하기는 힘들다. 야나기타의 일국민속학을 계승한 역사민속학자 와카모리 다로和歌森太郎나 민속학자 히라야마 가즈히코平山和彦의 논고가 눈에 띄는 정도이다. 1991년 일본민속학회 연차대회에서 심포지엄 '전승의 인식'이 개최되었으나 전승 문제가 총체적으로 논의되지는 않았다. 와카모리 다로는 「민속학의 역사철학」(1948)에서 전승에 대해 다음과 같이 이야기하였다. 전승이란 "어떤 것에서 다른 어떤 것으로 인도되어 전해지는"' 것으로, 그 특질은 "적어도 3세대 이상에 걸친 수직적 전달"이라고 하면서, 전승의 속성으로서 사람들의 행동을 구속하는 규범성을 들었다(和歌森 1981b:10-13). 문화인류학자 가와다 준조川田順造는 이러한 속성 외에 전승의 무의식성과 비선택성을 들었는데(川田 1993:18), 전승의 속성을 둘러싼 문제는 앞으로 재검토될 필요가 있다.

덧붙여서, 와카모리는 「민속학의 역사철학」에서 전통과 전승을 비교하여 이렇게 이야기하였다. 전통이 "비연속의 연속적인, 민족 전체에게 고도의 문화가치를 표상하는 부면"과 관계있는 데 비하여 전승은 그 표출방식이 "부분적 지역공동사회적"이고 "평범한 일상적 사상이나 영위로서 나타나며", 전통은 "단절되면서도 잇달아 재생되고" "부정을 매개로 하여 명백히 나타나지만" 전승에는 "부정의 매개"가 없다(和歌森 1981b:17-18)고 하였다. 전통이 "민족 전체에게 고도의 문화가치를 표상하는 부면"과 관계있다고 한 와카모리의 말은 앞에서 논술한 무타이 리사쿠의 언설을 채택한 것으로 생각된다. 또한 전통은 '비연속의 연속적'인 것으로 '부정을 매개'로 하여 드러나지만, 전승에는 '부정의 매개'가 없다고 이야기한 것은 전술한 고사카 마사아키의 언설을 답습한 것으로 생각된다.

히라야마 가즈히코는 와카모리의 언설을 받아들여 전승을 구두

전승과 동작 또는 행위所作 전승으로 이분하고, 전승을 "상위 세대가 하위 세대에게 구두 또는 행위로써 어떤 사항을 전달하고 하위 세대가 계승하는 행위"라고 규정하였다(平山 1992:32). 그리고 전승과 관습을 비교하여, 반복성이 양자의 중요한 속성이지만 전승이라는 행위는 관습과 달리 '시간의 구속성'이 결락되어도 성립한다고 하였다(平山 1992:48-50).

두 민속학자의 전승론에서 주목하고 싶은 점은 와카모리가 전승의 시간적 규준을 상정하고 전승을 "적어도 3세대 이상에 걸친 수직적 전달"이라고 규정한 것이다. 미국의 사회학자 에드워드 실스 Edward Shils도 전통이라고 인정받으려면 "적어도 3세대는 이어져야 한다."(Shils 1981:15)라고 하고, 객관적으로 보여줄 수 있는 전통의 시간적 규준을 3세대라 하였다.

세대generation란 부모의 뒤를 이어서 다시 자식에게 물려줄 때까지의 평균 기간으로 약 30년 또는 3분의 1세기에 해당하므로 와카모리와 실스는 전승이나 전통의 지속 기간을 100년 전후로 판단하였을 것이다. 그 근거는 명시되지 않았지만, 두 사람이 전승이나 전통의 소급 가능성을 3세대라고 규정한 것을 페르낭 브로델 Fernand Braudel의 역사과정 분석틀에서 보면, 그들은 전승이나 전통의 중기 지속을 시야에 두었다고 볼 수 있다.

영국의 역사학자 에릭 홉스봄Eric Hobsbawm이 "'전통'이란 오랜 세월을 거쳤다고 생각되고 그렇게 일컬어지는 것인데, 실제로는 극히 최근에 성립했거나 날조된 것도 종종 있다."(ホブズボウム

1992:9)라고 하였듯이, 전통이나 전승의 객관적인 시간적 규준을 설정하기란 용이하지 않다. 전술한 기층문화론 등은 민속문화의 장기 지속이라는 가정을 전제로 하여 논의가 구성되는데, 민속문화 중에 근대에 들어 창출된 전승이 있다는 것도 부정할 수 없는 사실이다.

민속학자 시노하라 도루篠原徹의 전승론 등은 브로델이 말한 역사과정의 분석틀에서 보면 전승의 단기 지속을 중시한 언설이다. 시노하라는 전승을 세 가지 층으로 나눈다. A층은 이야기만 전해질 뿐 실태를 알 수 없는 전승, B층은 현재 사람들의 전 세대가 실제로 행하였고 현재 사람들도 보거나 행한 전승, C층은 현재 사람들이 행하고 있는 전승이다. 그는 A층 시대 전승의 총체와 B층·C층 전승의 총체는 내용과 양이 같지 않고 전승은 그 시대나 지역에서 창출되고 소멸한다고 하면서, 민속학은 현재 안의 전승이라는 문화를 다루는 학문영역으로서 역사학과 결별해야 한다고 주장하였다(篠原 1994:113-115).

그다음에 시노하라는 A층을 기억에 있는 민속(듣고 쓰기), C층을 관찰 가능한 민속이라 바꿔 읽고, '민속학적 현재'를 약 50년으로 상정한다. 그리고 민속학을 "연구자의 시대적 위치로부터 약 50년 전까지를 포함하는 폭 안에서의 전승적 문화와 그것을 담당하는 인간의 연구"라고 규정하고, 자신에게 '전대'란 1945년 이전이지만 야나기타 구니오에게는 근세였고 야나기타는 이러한 의식을 지닌 최후의 연구자일 것이라고 결론 지었다(篠原 1996:381).

야나기타에게 전대가 근세였다는 주장은 부적절해 보인다. 전대에서 근세가 중시되었다는 점은 부정할 수 없지만, 이에 대해 야나기타가 문답 형식의 「여성생활사 1」(1941)에서 설명하고 고유신앙론에서도 언급한 바와 같이 그는 근세 외에 중세와 고대도 염두에 두었기 때문이다.

'만들어진 전통'의 재고

역사는 현재에 재구성된 과거라고 하는데, 전통과 전승도 단순히 과거에서 현재로 전달되고 계승된 것은 아니다. 둘 다 현재에 선택되고 또한 해석된 것이기 때문이다. 역사도 전통도 전승도 그러한 의미에서 현재와의 관계에 따라 표상된다.

에릭 홉스봄과 테렌스 레인저Terence Ranger가 엮은 『만들어진 전통The Invention of Tradition』이 발표된 때는 1983년이다. 이 책의 「서론—전통은 만들어진다—」에서 홉스봄은 다음과 같이 이야기한다.

'만들어진 전통'이란 실제로 만들어지고 구축되고 형식적으로 제도화된 전통이다. 1932년부터 시작된 영국 왕실의 크리스마스 방송이 여기에 해당한다. 또한 쉽게 추적할 수는 없지만 날짜를 특정할 수 있을 정도로 단기간—아마도 수년간—에 생겨나 급속도로 확립된 전통도 만들어진 전통에 포함된다. 영국 축구 컵 파이널의 관례 형식과 발전이 그 예이다.

따라서 홉스봄은 전통을 "통상 현재와 잠재를 불문하고 용인된

규칙에 따라 통괄되는 일련의 관습이자, 반복해서 어떤 특정 행위의 가치나 규범을 가르치려고 하고, 필연적으로 과거부터 이어진 연속성을 암시하는 일련의 의례적 또는 상징적 특질"이라고 규정하였다. 그리고 전통과 관습을 구별하여 전통의 대상과 특징은 항상성이며, 관습이란 "판사가 행하는 것", 만들어진 전통은 "판사의 가발이나 법복 등 격식을 갖춘 장식물, 그리고 직무상 동작과 관련된 의례적 행위"라고 하였다. 또한 만들어진 전통과 인습 또는 일상적 관례를 구별하여, 전통의 창출이란 "과거를 참조하는 것이 특징인 형식화와 의례화 과정"이라고 규정하였다(ホブズボウム 1992:10-13).

이상이 홉스봄의 만들어진 전통(전통의 창출)의 요지인데, 몇 가지 주목할 만한 점이 있다.

첫째, 홉스봄의 만들어진 전통은 수요 또는 공급 측에 대규모로 급격한 변화가 있는 경우에 일어나는 것으로서, 이러한 변화는 과거 200년 동안 매우 두드러졌고, 새로운 전통의 출현이 이 시기에 집중되었다는 점이다. 이것은 새로운 상황에 대해 과거의 전통을 적용하는 모습은 이른바 전통사회에서도 볼 수 있지만, 전통의 창출은 급속한 사회변동을 수반하는 근대사회에 한정된다는 의미일 것이다(Smith 1993:11). 홉스봄이 레인저와 엮은 책에 수록된 논고들은 모두 다 이렇게 사회변동기인 19세기 말부터 20세기 초의 서유럽이나 인도, 아프리카 등에서 일어난 전통의 창출을 다루고 있다.

둘째, 홉스봄은 본디 전통의 강도나 적응력과 전통의 창출을 혼동하면 안 된다고 하고, 옛날 방식이 살아 있는 곳에서는 전통이 부활하거나 만들어질 필요가 없으며 전통은 과거 방식이 더 이상 통용되지 않거나 부적절해져서가 아니라 의도적으로 사용되지 않거나 부적합해져서 창출된다고 생각한다는 점이다. 홉스봄은 만들어진 전통을 본래의 전통과 구별하는 듯한데, 이러한 전통 파악 방식에 대하여 여러 가지 비판이 제기되었다. 예를 들어 전통은 모두 만들어진 것이고 본래의 전통이 아니다(Calhoun 1997:34), '창출'이라는 말은 어떤 전통은 창조되고 다른 전통은 창조되지 않았음을 함의하는데 창조되지 않은 전통이라는 것은 상상할 수 없다(Kapferer 1988:211), 명백히 창출된 요소와 기존 요소의 재발견 또는 재생, 재구축의 혼란을 풀기란 거의 불가능하다(Smith 1993:14) 등이 있다.

셋째, 홉스봄이 전통의 창출을 비교적 새로운 역사상의 혁신이라고 생각하여, 그것이 내셔널리즘이나 민족국가, 네이션의 상징 등과 같이 네이션 및 네이션에 결부된 현상과 깊이 관련된다고 파악한다는 점이다. 이것은 홉스봄이 근대사회의 정치적 맥락에서 전통의 창출을 파악하였음을 시사한다.

홉스봄의 전통창출론에 대하여 역사학자 니노미야 히로유키二宮宏之가 전통의 창출과 날조는 아무런 대가나 보상이 없는 공간에서는 결코 일어나지 않으며, 날조된 전통을 전통으로 받아들이는 집합 표상이 받침 접시로 존재해야 하며, 전통의 날조는 결코 권력의 강제만으로는 성립하지 않는다고 한 점도 주목할 만하다. 니노미야는 이 나라 근대천황제의 의례장치가 집합 표상이나 기층문화의 장기 지속이 바탕을 이룸으로써 비로소 수용되었다고 썼다(二宮 1995:350).

홉스봄의 전통창출론은 역사학뿐 아니라 인간과학 전체에 큰 영향을 미쳤다. 문화인류학자 아오키 다모쓰靑木保는 일역판『만들어진 전통』(1992)의「해설」에서 전통과 문화의 관계에 대해 이렇게 이야기한다. 전통이라는 말은 역사학에서 상용되는 일반적인 용어이겠지만 인류학에서는 그만큼 일반적이지는 않다. 전통에는 불가피하게 시간에 대한 의식이 포함되어 있는데 문화라는 말은 현재적이고 공시적이다. 역사가가 전통이라고 보는 것을 문화인류학자는 문화라고 파악하는데, 전통이 어떤 의도를 가지고 의식적으로 만들어지는 데 비하여 문화는 의도적으로 만들어지지 않는다. 그러나 전통과 문화는 중첩되는 부분이 많은 개념이라는 것도 사실이다(靑木 1992:472~475).

아오키는 전통과 마찬가지로 문화도 '만들어진다'고 했는데, 이것이 그다지 새로운 지견은 아니다. 아오키가「해설」을 발표하기 십수 년 전에 미국의 문화인류학자 로이 와그너Roy Wagner가『문화의 창출The Invention of Culture』(1975)에서 문화란 인류학자가 현지조사를 통해 타자를 이해하기 위하여 만들어낸 것이라고 했기 때문이다(Wagner 1975:8, 35). 민속학자 고마쓰 가즈히코小松和彦도 최근 '민속'은 객관적 존재가 아니라 민속학자가 창출한 "주관적 산물"이라고 역설했는데(小松 2000:16), 이 언설도 사반세기 전에 발표된 와그너의 문화창출론의 민속학 버전이다.

그런데 여기에서 거론하는 문제는 이러한 것이 아니다. 아오키가 '인류학에서는 그만큼 일반적이지는 않다'라고 한 전통의 문제를 홉스봄과 레인저가 엮은 『만들어진 전통』이 간행된 이듬해(1984)에 이미 미국의 문화인류학자 리처드 핸들러Richard Handler와 조슬린 린너킨Jocelyn Linnekin이 검토하였다. 두 학자는 캐나다와 하와이의 민족귀속의식을 분석하는 과정에서 종래의 전통 해석에 의문을 품고 이렇게 이야기하였다.

전통은 상식적으로는 전 세대로부터 이어받은 습관이나 신앙의 총체를 의미하는데, 이 해석은 이론적으로도 경험적으로도 부적당하다. 본질적으로 확실하게 묶인 전통이란 있을 수 없고, 전통을 현재의 해석으로부터 분리할 수도 없다. 전통은 과거로부터 건네진 것도 그 집합도 아니다. 전통은 현재에 상징적으로 재창출된 것이다.

현재와 과거의 관계도 비연속적인 동시에 연속적이다. 현재에 표상되는 전통이 이전의 표상에 대해 언급하고 고려한다는 점에서 현재와 과거는 연속하지만, 현재와 과거의 연속성은 현재에 구축되고 있다. 연속성은 구축된다는 점에서 비연속성을 포함하고 있다. 과거와 관련짓는 것이나 과거를 고려하는 것, 과거를 해석하는 것은 자신이 현재에 몸을 두고 재구축되는 대상으로부터 거리를 두고 있음을 의미한다.

이와 같이 전통과 과거의 관계는 상징적으로 중개되는 것으로, 거기에는 연속과 비연속의 요소가 공존한다. 그리하여 전통은 분

명히 구획된 실체가 아니다. 전통은 현재와 과거를 관련지으면서 현재에 의미를 부여하는 해석의 과정이자, 끊이지 않고 새로운 창조를 동반하는 과정이다(Handler and Linnekin 1984:273-276, 286-287; ハンドラー・リネキン 1996:125-131, 150-151).

이상이 핸들러와 린너킨이 역설한 전통론의 요지이다. 두 사람이 '본질적으로 확실하게 묶인 전통이란 있을 수 없다' 또는 '전통은 분명히 구획된 실체가 아니다'라고 말하는 것은 사회학자 실스의 전통론을 비판한 언설이다. 실스의 전통론이 변화가 없는 '본질적 요소'의 존재를 전제로 하여 구축되었기 때문이다(Shils 1981:13-14). 실스의 언설이 본질주의적 전통론이라면 핸들러와 린너킨의 전통론은 구축주의적 전통론일까?

최근 인간과학의 문화론이나 민족론 분야에서 본질주의/구축주의라는 입장은 이론적 쟁점 중 하나이다. 본질주의는 특정 문화를 구성하는 본질적인 요소는 시대를 넘어 불변하고, 각 문화단위는 서로 명확하게 구분된다는 입장이다. 이에 대해 구축주의는 본질주의와는 반대로 특정 문화를 구성하는 여러 요소들은 모두 사람들에 의해 역사적·사회적으로 구축되어온 것으로, 불변적이고 보편적인 핵(본질)이라는 것은 없으며 어느 시대에든 문화는 이종혼종적인 동시에 유동적이고, 문화 간의 경계는 그만큼 엄격하지 않다고 보는 입장이다. 바꾸어 말하면, 본질주의자는 문화 단위 안의 비본질적 요소를 엄격하게 배제하려는 데 비해 구축주의자는 문화란 끊임없이 구축되고 개변·변용되고 때로는 의식적으로 조작된다고 생각한다(大塚 2000:12).

핸들러와 린너킨은 구축주의적 입장에서 전통을 재해석하였는데, 문화인류학자 오쓰카 가즈오大塚和夫가 이야기하듯이, 구축주의와 본질주의는 어느 한쪽을 선택해야 하는 배타적인 파악방식이아니라 양자를 의식적으로 나누어 사용하면서 활용해야 하는 개념일 것이다. 사람들에 의해 창출된 문화나 민족은 일단 구축되면 그역사적·사회적 조건에서 본질주의적인 현실로 나타나 그들의 사상이나 행동을 외부에서 구속할 가능성을 품고 있기 때문이다(大塚 2000:12-13).

1980년대 이후 역사인류학이라는 분야가 제창된 이래 문화인류학자들 사이에서 문화의 역사과정에 대한 관심이 높아지고 있다. 핸들러와 린너킨의 구축주의적 전통론은 이러한 사조를 반영한 것이라 할 수 있다. 그리고 린너킨은 그 전해에 발표한 구축주의적 전통론에서 전통이 유동적이고 세대별로 재구축된다(Linnekin 1983:242)고 하였다.

일본의 민속학자들은 핸들러와 린너킨의 구축주의적 언설을 어떻게 받아들였을까? 두 사람의 논고는 이미 이와타케 미카코岩竹美加子가 번역했지만(岩竹 編訳 1996) 지금은 민속학자들의 주의를 끌지 못하는 것 같다. 이 자리에서 나는 핸들러와 린너킨이 다룬 전통을 '전승'으로 바꿔 읽으면 구축주의적 전통론이 일본 민속문화의 역사과정을 이해하는 데 유력한 실마리가 된다는 것을 지적하고 싶다. 전통도 전승도 현재에 해석되고 창출된 역사과정이기 때문이다.

솔직히 말하면 와카모리의 전승론도 히라야마의 전승론도 이론적으로나 경험적으로나 잘 다듬어진 것이라고 하기 힘들다. 민속학의 키워드인 전승 문제가 충분히 검토되지 않은 것은 이 학문의 장래에 결코 바람직한 일은 아닐 것이다. 이와 관련하여 교토학파의 계보를 잇는 철학자 미키 기요시三木清가 「전통론」(1967)에서 핸들러와 린너킨의 구축주의적 전통론과 매우 유사한 전통 해석을 시도하였으므로 그 일부를 여기에서 참고하고자 한다. 미키는 다음과 같이 이야기하였다.

전통이란 전하고 전해지는 것을 의미하는데, 전한다는 것은 과거의 것을 현재화하는 행위이다. 이 행위는 현재에 일어나지만 현재의 행위는 미래와의 관계를 포함하고, 행위로써 과거의 전통은 현재와 미래에 결부된다. 또한 전통은 연속적이지만 그 안에는 비연속성도 있다. 전통이 연속적이라고 생각하는 전통주의는 어째서 행위가 가능하고 따라서 창조도 가능한가를 설명할 수 없다. 전통은 우리가 만드는 것이다. 창조 없이 전통은 없다. 전통 그 자체가 창조에 속해 있다. 전통도 과거에 창조된 것이었다. (三木 1985:307-313)

미키의 언설은 전통을 '과거의 현재화'로 간주하고, 전통의 '연속성과 비연속성'을 인정하고 전통의 '창출성'을 착안하였다는 점에서 핸들러와 린너킨의 구축주의적 전통론에 선행한다고 할 수 있다. 근년에 발표된 미국 문화인류학자의 전통론보다도 앞서서 이러한 해석을 해낸 미키의 전통론은 재평가되어야 할 것이다.

이와 관련하여 젊은 세대의 '자문화 연구 인류학자'에게 작은 제안을 하고 싶다. 앞에서도 기술한 바 있지만, 한 나라의 '민속' 연구가 한 나라 내의 '민속'연구에 의해 완결된다는, 이른바 '일국완결형—国完決型'의 협소한 틀에서 탈피해 보면 어떨까(伊藤 2002:137)? 그리고 국내외를 불문하고 인접 학문의 연구성과를 적극적으로 섭취하여 야나기타의 일국민속학 이래 이 학문의 약점이라 여겨지는 이론적 장비를 강화하도록 노력하고, 일본의 민속문화를 총체적으로 다시 파악하려고 노력해 보면 어떨까?

공통문화의 창출

국민축제일의 제도화

영국의 사회인류학자 어니스트 겔너Ernest Gellner의 근대주의적 네이션론(ゲルナー 2000)의 맥락에서 보면 민족국가(국민국가)는 정치적 단위로서의 국가와 문화적 단위로서의 '네이션으로서의 민족'의 일치를 이념으로 삼는 국가 형태이다. 18세기 후반 이후 서유럽 국가들은 '1민족 1언어 1국가'를 이념으로 세운 민족국가 형성을 향하여 시동을 걸었다. 그 과정에서 정치적 단위로서의 국가와 문화적 단위로서의 네이션으로서의 민족이 같은 의미로 이해되게 되었다. 유

럽 모델을 따른 민족국가 형성을 지향한 일본도 예외가 아니었다.

메이지 유신(1868) 이후 당시 아시아의 후진국이던 일본도 민족국가 형성을 목표로 시동을 걸었다. 메이지 정부의 정치 엘리트들은 근대적 국가체제의 정비와 국민경제의 확립을 목표로 부국강병, 식산홍업이라는 슬로건을 내걸고 구미 선진국의 정치와 법률, 경제, 문화 등의 제도를 적극적으로 도입하고, 네이션으로서의 민족의 기초를 확고히 하기 위하여 등질적이고 획일적인 '공통문화'를 창출하고자 노력하였다.

겔너의 네이션론에 따르면 국가란 문화의 보호자이며, 문화는 국가의 상징주의를 합법화하는 존재이다(Gellner 1994:44). 겔너는 네이션으로서의 민족의 속성으로 동일문화의 공유와 공속성公屬性의 인지를 들고(ゲルナー 2000:12), 그 문화를 '고급문화high culture'라고 부르고 다음과 같이 이야기하였다. 동일한 문화를 공유하더라도 인간의 역사는 문화적 차이로 가득 차 있는데, 문화적 경계가 분명한 경우도 있고 흐릿한 경우도 있다. 네이션이 형성된 근대산업사회에서는 '표준화된 읽고 쓰는 능력과 교육이 기초를 이루는 의사소통 체계'가 보급·확립되어 있는데, 이 의사소통 체계를 고급문화라고 부를 수 있다(ゲルナー 2000:92-93)는 것이다. 역사사회학자 앤서니 D. 스미스Anthony D. Smith가 네이션의 속성 중 하나라고 한 '공유된 대중교육 시스템'은 겔너가 말한 고급문화의 기초에 해당한다.

근대에 형성된 민족국가는 이와 같은 동일문화의 공유를 조건으로 한 정치사회이다. 등질문화의 공유야말로 근대국가가 바라는 것이기 때문이다(Taylor 1998:193). 메이지 정부의 정치 엘리트도 이러한 정치사회를 구축하기 위하여 '에트노스로서의 민족'이 전승해온 각지의 다양한 민속문화와는 별도로 새로운 공통문화를 창출하기 위하여 노력하였다. '공통어'(국어)의 창출과 신사 제도를 개혁하여 창출한 국가신도가 그 예이다. 메이지 유신 초기에 전국의 신사와 신직神職은 정부의 통제를 받게 되었는데, 1871(메이지 4)년에 신사는 모두 국가의 종사宗祀라는 다조칸太政官의 통첩이 하달되어 사격社格제도가 확립되었다. 그로 인해 전국의 신사는 관폐사官幣社(대·중·소·별격別格), 국폐사國幣社(대·중·소), 부현사府県社, 향사鄕社, 촌사村社, 무격사無格社로 서열화되고, 천황가의 신화적 선조에게 제사하는 이세 신궁伊勢神宮을 정점으로 한 신사의 위계구조가 구축되었다(伊藤 1982:5-6).

1868년부터 1927년에 걸쳐 창출된 패전 전의 국민축제일이라는 제도도 정치 엘리트가 신화나 의례, 상징 등을 교묘하게 조작하여 공통문화의 틀로 창출한 것이었다. 1868년에 천장절(덴초세쓰)天長節, 1870년에 원시제(겐시사이)元始祭가 행해졌는데, 1873년에 종래의 고셋쿠五節句³ 행사가 폐지되고, 메이지 정부는 원시제와 신년연회, 고메이천황제孝明天皇祭, 기원절(기겐세쓰)紀元節, 간나메사이神

---

3 절구節句란 일본 역법의 하나로서, 전통적인 연중행사를 행하는 계절의 경계가 되는 날을 가리킨다. 에도시대에 막부가 그중 다섯 개의 절구를 공적 행사·축일로 정하였는데, 진지쓰人日(1월 7일), 조시上巳(3월 3일), 단고端午(5월 5일), 시치세키七夕(7월 7일), 조요重陽(9월 9일)이다.

嘗祭,[4] 천장절, 니이나메사이新嘗祭[5] 등을 축제일로 정하고 1878년에 춘계황령제春季皇靈祭를 더하였다. 1927년에는 메이지 천황을 섬기는 메이지세쓰明治節가 더해졌다.

천장절은 천황 탄생을 축하하는 제전으로서 9월 22일에 행해지다가 1873년에 11월 3일로 바뀌었다. 이날 육군 관병식觀兵式, 배하拜賀 의식, 참하參賀 의식, 연회 의식 등이 행해지며, 패전 후 천황탄생일로 개칭되었다. 원시제는 1월 3일에 거행되며, 황위의 원시와 유래를 축하하고 국가와 국민의 번영을 기원하는 궁중 제사이다. 신년 연회는 1월 5일에 거행되며, 천황이 황족과 정부 고관, 외국 대사 등을 초청하여 행하는 궁중 축연이다. 기원절은 2월 11일에 초대 천황으로 여겨지는 진무神武 천황 즉위를 축하하는 의식으로서 패전 후 건국기념일로 개칭되었다. 간나메사이와 니이나메사이는 궁중이나 전국의 신사에서 행해진 햇곡식 수확에 감사하는 제사이다. 봄과 가을에 열리는 황령제는 춘분과 추분에 천황가의 선조에게 제사하는 궁중 제사이다.

메이지 정부는 이 축제일들을 휴일로 정하고, 궁중에서 천황이 제사하는 것과 병행하여 전국의 신사에서 제사를 올리게 하였다. 그리고 관청이나 학교에서도 같은 제전을 집행하게 하고 모든 국민에게 국가적 제전에 참가할 것을 의무화하였다. 이러한 조치는

---

4 궁중 제사의 하나로서 오곡 풍양의 감사제에 해당한다. 궁중과 이세 신궁에서 의식을 치르며, 그해에 처음 수확한 벼이삭을 아마테라스 신에게 바친다.

5 일종의 수확제이다. 11월 23일에 천황이 오곡의 신곡을 천신지기天神地祇에게 바치고 자신도 오곡을 시식하며 그해의 수확에 감사한다.

1945년 패전할 때까지 계속되었다. 국민축제일이 제도화된 결과, 어떤 지방에서는 일부 연중행사가 폐지되었다. 야마나시 현에서는 개력改曆과 동시에 '지금부터 가도마쓰門松[6]를 깎아 걸어 두거나 세쓰분節分[7]에 귀신 쫓기 등은 일절 폐지한다. 단, 시메나와는 내걸어도 상관이 없다.'라는 현령이 공포되었다고 한다. 가도마쓰는 산림 황폐를 이유로 폐지된 듯하다. 도소신道祖神[8]이 우부스나가미産土神의 경내로 옮겨지고 마쓰리가 중지된 곳도 많았다고 한다(大藤 1954:387).

국민축제일에 국기가 걸리게 된 것은 1873년 11월 3일의 천장절부터라고 하는데, 국민축제일을 받아들인 사람들의 반응은 동일하지 않았다. 1915(다이쇼 4)년 10월, 하야시 와카키林若樹라는 사람이 서화골동 애호가들의 동인지 『슈코카이시集古会志』 갑인甲寅 1에 기고한 「개력의 영향」이라는 수필에서 다음과 같이 이야기하였다.

메이지 5년 12월 3일에 태양력을 적용하여 이날이 메이지 6년 1월 1일이 되자 고셋쿠가 폐지되고 진무천황제와 천장절 등이 축일이 되었는데, 갑자기 정월이 오고 고셋쿠가 폐지되어 새로운 축

---

6 정월에 집 문 앞에 세워 두는 한 쌍의 장식물로서 소나무와 대나무로 만든다. 그해의 신(도시가미年神)을 맞이하기 위한 신령스러운 나무라는 의미를 지니고 있다.
7 원래 각 계절이 시작되는 날(입춘, 입하, 입추, 입동)의 전날을 가리켰으며, 계절을 나눈다는 의미를 지니었다. 에도시대 이후부터는 입춘 전날을 가리키게 되었다. 이날 '복은 들어오고 귀신은 나가라福は內, 鬼は外'고 외치면서 콩을 뿌린 후 나이만큼 그 콩을 먹어 액땜을 한다.
8 길가의 신이다. 촌락의 경계나 촌락의 중심, 촌내와 촌외의 경계나 십자로, 세 갈래 길 등에 주로 비석이나 석상 형태로 모셔진다.

일이 생겨나고 열두 때가 24시간으로 바뀌자 "일반 인민들은 뭐가 뭔지 도무지 알 수 없게 되었다"고 한다. 이렇게 말한 다음 하야시는 개력 2년 후인 1875년에 오가와 다메지小川爲治가 출간한 『개화문답開化問答』에 등장하는 '규헤이旧平'라는 인물의 이야기를 다음과 같이 소개한다.

개력 이래 고셋쿠, 본 등의 중요한 행사일을 없애고 천장절, 기원절 등 영문도 알 수 없는 날들을 축하하고 있다. 4월 8일은 석가탄신일, 오본お盆인 16일은 지옥의 가마솥 뚜껑을 여는 날이라는 것은 강아지를 쫓아다니는 아이들도 알고 있지만, 기원절이나 천장절의 유래는 규헤이같이 소고기 전골[9]을 먹는 노인네조차도 모른다. 이렇게 세상 사람들 마음에도 없는 날을 축하하라고 하며, 정부가 강제로 붉은 구슬(赤丸)을 파는 간판[10]과 같은 깃발이나 등초롱을 내걸게 하는 것 또한 들어보지 못한 논리이다. 세상 사람들이 축하하는 마음도 없는 날을 강제로 축하하게 하는 것은 너무도 무리한 일이라고 생각한다. (林 1915:2).

하야시가 인용한 오가와 다메지의 말은 새롭게 설정된 국민축제일에 대한 당시 사람들의 위화감을 솔직하게 전해 주어서 흥미로운데, 반대로 정부가 '정해준' 축일을 고분고분 받아들이는 사람도

---

9 여기에서 굳이 소고기 전골(牛鍋)을 예로 든 것은 서양음식에 대하여 전통음식을 강조하려는 의도로 추측된다.
10 일장기, 즉 히노마루日の丸를 의미한다.

있었다. 메이지 말기 교토 시내의 모습을 전한 화가 구보타 베이센 久保田米僊은 회고담에서 다음과 같이 이야기하였다.

이것도 처음에 발포된 때가 메이지 원년이고 올해로 꼭 30주년이 되었습니다만, 그 무렵에는 아직 국기를 대문 앞에 거는 풍습이 없었고, 후시미 전쟁[11]에 이은 상하의 소동[12] 후 10월에 천도가 이루어져 교토가 갑자기 쓸쓸해졌습니다만, 그러한 여파가 남아 있던 곳에 새롭게 천장절을 축하하라는 명령이 내려오자, 처음 있는 일이기도 하고 특히 마쓰리를 좋아하는 교토 사람들이었기 때문에 천장절을 매우 왕성하게 축하하였습니다. 그래도 오늘날과 똑같은 배하拜賀 의식은 아니었습니다. 시중에서는 일반적으로 장사를 쉬고 기온祇園이나 다른 마쓰리 때처럼 비장병풍秘藏屏風[13]으로 가게 앞을 장식하고, 동네마다 높은 장대에 매단 등롱을 내걸고 그 끝에 야마마마山鉾[14]도 세워 서로 친척과 친지를 초대하는 정도에 불과하였지만 당시에는 가장 엄숙한 방법이었으므로, 메이지 시대에 또 하나의 마쓰리가 생겨났다며 정말로 축하할 일이라고 하여 우리도 진심으로 축하했습니다. (大藤 1954:385-386)

---

11 도바·후시미 전투. 메이지 유신 당시 1868년 1월 3일 바쿠후幕府 타도파와 바쿠후
　지지파가 교토 부근의 도바·후시미에서 벌인 전쟁.
12 메이지 유신 당시에 일어난 바쿠후 내부와 각 번들 간의 대립과 타협 등을 가리킨다.
13 각자가 자기 집에 소중하게 간직한 병풍이라는 의미이다.
14 도시 제례 때 쓰이는 다시山車(수레) 중 하나. 대臺 위에 산 모양을 만들고 창이나
　칼을 꽂은 화려한 수레를 말한다.

메이지 국가가 제도화한 국민축제일은 패전 후 개폐와 추가, 개칭이 거듭되어 간탄元旦(1월 1일), 성인의 날(1월 두 번째 월요일), 건국기념일(2월 11일), 춘분(3월 20일경), 쇼와의 날(4월 29일), 헌법기념일(5월 3일), 녹색의 날みどりの日(5월 4일), 어린이날(5월 5일), 바다의 날(7월 세 번째 월요일), 경로의 날(9월 세 번째 월요일), 추분(9월 23일경), 체육의 날(10월 두 번째 월요일), 문화의 날(11월 3일), 근로감사의 날(11월 23일), 천황탄생일(12월 23일)로 정해져 현재에 이르고 있다.

미국의 근현대사학자 다카시 후지타니Takashi Fujitani는 국민축제일이나 1872년부터 1885년에 걸쳐 이루어진 천황의 각지 순행 등에 주목하여, 이처럼 국가가 주도한 제도를 "체제의 포클로어 folklore of regime"(Fujitani 1993) 또는 "국가의 포클로어"(フジタニ 1994)라 부르고 민중의 "전통적 포클로어"와 대비하였다.

후지타니가 말한 체제의 포클로어 또는 국가의 포클로어란 여러 가지 의례나 상징, 풍습, 신념, 관행으로 이루어지는, 국가에 의해 길러지고 동질화된 공식문화official culture이다. 이는 민중의 전통적 포클로어(일상문화)와는 이질적인 문화이다. 민중의 전통적 포클로어는 "지역화·다양화하고, 이질적이고 단편적이며 통일되지 않은" 포클로어이지만 체제 또는 국가의 포클로어는 국가에 의해 날조된 "등질적, 전체포괄적"인 포클로어이다(Fujitani 1993:101; フジタニ 1994:29).

이와 같이 후지타니는 메이지 국가가 창출한 체제 또는 국가의 포클로어와 민중의 전통적 포클로어를 대립시켜 어느 나라에서나 민족국가를 형성하려고 한 지배 엘리트는 국가의 공식문화를 창출해 왔다고 결론 지었다. 후지타니는 국가(권력)/민중, 지배/피지배라는 대립 개념에 기초하여 포클로어를 '공식문화'(포클로어)/'일상문화'(포클로어)로 파악하는데, 이것을 이 책의 맥락에서 다시 파악한다면 후지타니가 말한 국가의 포클로어는 '네이션으로서의 민족'의 형성과정에서 창출된 공통문화이고, 민중의 전통적 포클로어는 '에트노스로서의 민족'이 전승해온 다양한 민속문화가 될 것이다.

문화장치로서의 일요휴일제

일요휴일제 제도도 국민축제일과 마찬가지로 메이지 정부가 민족국가 형성의 일환으로 1876년 3월에 창출한 공통문화의 틀이다. 이에 대해 이시이 겐도石井研堂의 『메이지 사물 기원明治事物起源』(1908)에 다음과 같은 기사가 실려 있다.

메이지 5년 5월부터 병학군의兵学軍医의 2료寮[15]에서 일요일을 휴가일로 정한 것은 고용된 외국인들이 1·6일이 휴가일이어서 생기는 불편을 겪지 않도록 한 조치이다. 이후 1876(메이지 9)년 3월 11일에 이르러 '종전에 1·6일에 휴가였던 것을 오는 4월부터 일요일로 바꾸고 토요일에는 정오 12시부터 쉰다는 취지'를 하달하였다. 이로써 일요일은 일반

---

15 병학료兵学寮와 군의학료軍医学寮를 말한다. 병학료는 육군사관학교의 전신이며, 군의학료는 군의학교의 전신이다.

적인 휴일이 되었다.

일요일(선데이) 외에는 전혀 만날 수 없다면 참기 힘들지도 모르겠다
(햐쿠슈百首[16])(石井 1908:337-338).

일요휴일제는 일본에 체재하던 외국인과 관계되어 일부에서는
1876년 이전부터 도입되었다. 1868년에 요코하마 운상소運上所[17]
에서는 '서양의 일요일 및 크리스마스'에 휴업하였다. 또한 당시 정
부기관에서 일하던 공무원의 휴일이 1·6일이었기 때문에 이시이
도 말한 바와 같이 고용외국인 교사의 편의를 고려하여 병학료와
군의학료에서 1872년에 일요일을 휴일로 정한 것 같다. 이러한 경
위를 거쳐 메이지 정부는 1876년 3월 12일에 "종전에 1·6일에 휴
가였던 것을 오는 4월부터 일요일로 바꾸고 이 취지를 전한다. 다
만 토요일은 정오 12시부터 휴가로 해야 할 것"(다조칸太政官 포고 27
호)이라고 하여 일요휴일제를 단행했던 것이다.

당시 정부기관에 고용된 다수의 외국인이 전도를 목적으로 온 기
독교 신자로서 일요예배 관습을 따랐기 때문에 계약서에 일요일
휴업 항목이 추가되었다. 그래서 메이지 정부는 외국인을 고용하
거나 외국인과 거래할 때의 편의를 고려하여 일요휴일제를 도입하
였다(森岡 1970:254-256).

---

16 5·7·5·7·7의 31자로 된 정형시인 와카和歌의 하나로서 100수首가 기본 단위이다.
17 에도시대 말기부터 메이지 시대에 걸쳐 각지의 개항장에서 수출입품 감독, 관세 징
　수 등을 다루던 관청. 현재의 세관에 해당한다.

기독교에 뿌리를 둔 구미사회에서는 일요일을 '안식일'이라 부르고 이날 신자는 생업을 쉬고 교회에 가서 예배에 참석해야 한다. 일요휴일제가 도입되어 1세기 이상의 세월이 흘렀지만, 구미사회와 문화체계가 다른 일본 사회에서는 이것을 어떻게 받아들였을까? 나중에 서술하겠지만 일요휴일제의 제도화 과정은 일본 사회에서 국경을 넘어 공유되는 '글로벌 문화'의 수용과정이기도 하였으므로 나의 '작은 경험'을 실마리로 하여 이 문제를 검토해 보겠다. 작은 경험이란 다음과 같다.

상당히 오래전의 일인데, 1966년부터 1968년까지 미국 동부의 보스턴 교외에 있는 캠브리지에서 2년 정도 지낸 적이 있다. 하버드 대학의 숙소에서 생활하던 기간에 인상에 남은 것은 대학원 학생들이 위크데이와 위크엔드를 보내는 방식이 일본 학생들과 상당히 다르다는 것이었다. 위크데이에 시내 중심가를 오고가는 학생들로 활기가 넘치지만 위크엔드에는 무척 한산하다. 어느 정도 시일이 지나 알게 되었는데, 위크데이에는 도서관이나 자택에서 밤늦게까지 지내다가 위크엔드를 맞으면 뿔뿔이 흩어져 편안히 쉬는 생활이 지극히 당연한 관습적 행동 패턴이었다. 학생들은 수강 과목에 따라 상당한 양의 서적을 읽어야 하고, 일정 수준의 평가를 획득하지 못하면 장학금 지급이 중단되기 때문에 자연히 면학에 힘쓰게 된다. 그러한 이유로 대학 캠퍼스는 경쟁원리에 뿌리를 둔 미국 사회의 축소판이나 다름없으며, 학생들의 평소 생활은 매우 힘든 나날이었다. 일반 시민의 생활도 예외가 아니었다. 당시 미국

사회에서는 교회를 떠나는 신자들이 급증하여 종교사회학자들 사이에서 세속화론이 활발하게 논의되고 있었는데, 이 도시에서는 일요일에 모든 가게가 휴업하여 쥐 죽은 듯 조용하였다. 경건한 신자가 아니더라도 주민들의 생활에 위크데이에는 일에 집중하고 위크엔드에는 일에서 해방되어 쉰다는 관습적 행동 패턴이 있는 것처럼 보였다(伊藤 1992:82-83).

미국의 문화인류학자 에드워드 홀Edward Hall의 시간론에 따르면 시간관념은 단선적monochronic 시간과 복선적polychronic 시간으로 나뉘는데, 전자는 유럽이나 미국에서, 후자는 라틴아메리카나 중동에서 인정받는다고 한다. 홀은 단선적 시간체계가 스케줄화나 분단화分斷化, 즉응성卽應性을 중시하는 데 비해 복선적 시간체계는 몇 가지 사항이 동시에 일어나는 것이 특징이라고 하고, 두 시간체계에 속한 사람들의 시간관념을 다음과 같이 분석하였다. 단선적 시간체계를 가진 사람에게 시간이란 직선적이고 분단화되어 자의적으로 부과된 시간이다. 이 시간체계에 의한 스케줄화는 생활을 규제하는 분류체계로 이용된다. 이에 비해 복선적 시간체계에 속한 사람은 계획을 미리 세우려고 하기보다는 사람들과의 관계방식이나 일의 성취에 중점을 둔다. 이 시간은 띠나 선이 아니라 점 형태를 띠기 쉽다(ホール 1979:28-31).

홀의 시간 모델로 미국과 일본 양국 학생들의 관습적 행동 패턴을 해석하면 이러하지 않을까? 캠브리지의 학생들은 일정한 '스케줄화'에 따라 학교생활을 보내고, 일주일을 위크데이와 위크엔드로 '분단화'하고 있다는 점에서 단선적 시간체계를 따른다. 이에 비해 일본 학생들은 스케줄을 만들어 학교생활을 보낸다기보다 친구와의 '관계'나 '일(학업)의 성취'에 중점을 둔 복선적 시간체계를 따른다.

홀의 시간 모델을 따르면 이와 같이 해석할 수 있지만 이와 다른 해석도 가능하다. 우리는 보통 위크데이를 '평일', 위크엔드를 '주말'이라고 바꿔 부르는데, 영어와 일본어에는 미묘한 의미의 틈새가 있다. 평균적인 일본인의 감각으로는 평일도 주말도 일주일 안에 있는 '일련의 시간'으로 의식되기 쉽지만, 캠브리지 학생들의 관습적 행동에 한정해서 보면 그들은 위크데이와 위크엔드를 '이어짐 없는 시간'으로 의식하는 것 같다.

그래서 이런 가설을 세워 보았다. 일련의 시간이란 '단락이 없는 시간', 이어짐 없는 시간은 '단락이 있는 시간'이다. 전자는 '연속적 시간', 후자는 '비연속적 시간'이라고 치환된다. 우리는 평일과 주말을 단락이 없는 연속적 시간으로서 일원적으로 파악하지만 캠브리지의 학생들은 위크데이와 위크엔드를 단락이 있는 비연속적 시간으로서 이원적으로 파악한 것이다.

이원적 시간관념이 퍼진 사회에서는 일반적으로 위크데이와 위크엔드에 한정되지 않고 일하는 시간과 여가시간이 상대적으로 분명히 구별된다. 각각이 다른 범주의 시간으로 인식되기 때문에 혼동되는 일이 없다. 이러한 이원적 시간관념의 배후에는 유대—기독교 전통에 기초한 '성스러운 것'과 '속된 것'의 절대적 대립을 기축으로 하는 종교적 이원관이 가로놓여 있지 않을까?

일본 사회에서 워크데이와 위크엔드라는 외래어가 사용된 것은 최근의 일이라고 생각되는데, 일요휴일제가 제도화되기까지 일본 휴일의 대부분은 농업사회의 전통에 뿌리를 두었다. 휴일은 우지 가미의 제삿날, 정월, 오본, 셋쿠 등 이른바 비일상적인 경사스런 날에 한정되었다. '에트노스로서의 민족'이 창출하고 전승해온 민속문화는 '네이션으로서의 민족'이 형성된 근대 이후에도 이와 같이 많은 사람들의 생활에 뿌리내린 것이다.

이러한 사회에 일요휴일제가 도입된 지 1세기 이상의 세월이 새겨졌고, 현재 이 제도는 우리 생활에 완전히 정착한 것 같은데, 누군가 내게 이 제도를 키워온 이원적 시간관념이 충분히 침투되었는가라고 묻는다면 약간은 의심스럽다고 답하겠다. 평일과 주말, 위크데이와 위크엔드라는 두 가지 시간대는 우리 생활에서 지금도 질의 차이가 아니라 정도의 차이로 받아들여지는 경향이 있기 때문이다. 그 결과 주말은 평일의, 위크엔드는 위크데이의 연장된 시간대로 인식되고 양자의 단락이 애매해져 버렸다. 이 같은 사회에서는 여가 사상이 여간해서 뿌리내리지 못한다. 일하다가 휴식하려는 행동이 용인된다. 그래서 평일에도 적당히 휴식하고 주말에도 일한다는, 이원적 시간관념으로는 생각하기 힘든 라이프스타일이 창출된다.

일본 학생들의 생활도 예외는 아닐 것이다. 대학의 레저랜드화[18]

---

18 학생들에게 흥미를 불러일으키고자 즐겁게 노는 느낌을 주도록 수업 프로그램을 바꾼 것을 가리키는 사회용어이다. 이는 대학 강의의 질적 붕괴를 의미하기도 한다.

가 지적된 지 상당히 많은 시간이 흘렀지만, 사회 일반의 경향과 마찬가지로 캠퍼스 생활에도 이원적 시간관념이 침투하지 않은 듯하다. 학생들이 평일에 적당히 휴식하고 주말에 아르바이트를 열심히 하더라도 어떻게든 졸업할 수 있는 것이 현실이기 때문이다. 이러한 풍조는 이원적 시간관념이 뿌리내리기 힘든 일본의 문화체계와 깊이 관련되어 있지 않을까?

메이지 정부가 민족국가의 형성을 지향하여 도입한 일요휴일제는 국민축제일의 제도화와 마찬가지로 네이션으로서의 민족이 창출한 공통문화의 틀 가운데 하나이다. 일요휴일제는 일본의 새로운 제도로 받아들여졌지만 그 과정에서 일요휴일제를 키워온 구미 사회의 문화체계까지 수용하는 일은 없었다. 이것은 국가 주도로 창출된 네이션으로서의 민족의 공통문화가 지닌 한계를 상징적으로 보여 준다.

신전결혼의 창출

메이지 초기부터 말기에 걸친 민족국가(국민국가) 형성과정에서는 국가 주도로 창출된 공통어나 국가신도, 국민축제일의 제도화나 일요휴일제 외에 '네이션으로서의 민족'에 의해 창출된 공통문화가 확인된다. 이른바 신전결혼神前結婚이라 불리는 민속문화가 그중 하나이다.

신전결혼은 후지타니가 말한 '체제의 포클로어'나 '국가의 포클로어'도, 민중의 '전통적 포클로어'도 아니다. 그렇다고 해서 '에트노스로서의 민족'이 전승해온 민속문화와도 다르다. 민족국가의 형성과정에서 네이션으로서의 민족 안에서 창출된 공통문화이다. 이 새로운 민속문화는 다이쇼 시대, 쇼와 시대를 거쳐 사람들에게 서서히 받아들여져 현재는 완전히 정착하였다.

신전결혼의 기원에는 여러 가지 설이 있다. 하나는 인연의 신을 모시는 신사인 이즈모타이샤出雲大社의 전 궁사宮司[19]이자 이즈모타이샤교를 창설한 초대 관장管長[20] 센게 다카토미千家尊福가 메이지 20년대에 창시했다는 설이다(梅棹 1990a:303). 이 설에 따르면 신전결혼은 1887(메이지 20)~1896(메이지 29)년에 만들어진 셈이다. 또 하나는 1900(메이지 33)년에 다이쇼 천황의 성혼을 기념하여 도쿄 대신궁(구 히비야 대신궁)에서 시작되었다는 설이다. 또 다른 설은 다이쇼 천황이 즉위할 때 그것을 따라 도쿄 대신궁이 시작한 것이 민간 신전결혼의 시초라는 설이다.

어느 설을 보더라도 신전결혼이 19세기 말 이래 민족국가 형성과정에서 창출된 민속문화라는 점은 틀림없다. 사회심리학자 이노우에 다다시井上忠司는 다이쇼 천황 성혼 이듬해에 도쿄 대신궁이 정부의 허가를 얻어 널리 세간의 바람에 응한 것에 주목하여 도쿄 신궁을 공인된 신전결혼식장의 원조로 보고 있다. 그는 이후 도쿄와 교토에서 행해진 신전결혼의 모습을 다음과 같이 이야기하였다

19 신사의 제사를 담당하는 신관.
20 신도나 불교 계통의 종교 단체에서 한 종파를 관리하는 우두머리.

(井上 1986:34-36).

1908(메이지 41)년 말 도쿄에서는 신전결혼이 꽤 보급되어 도쿄 대신궁 외에 간다묘진神田明神, 히에日枝 신사, 이즈모타이샤 지사支社 등에서도 왕성하게 행해졌는데, 당시 신문에 다음과 같은 기사가 나올 정도였다.

종래에 중류 집안 이상의 혼례는 자택이 좁아서 요릿집에서 식과 연회를 겸하여 치르는 경우가 많았다. 그런데 최근에는 신사에서 예식만 집행하여 혼례의 신성함을 지키려고 한다. 예를 들어 히비야 태신궁太神宮을 비롯하여 간다묘진, 히에 신사, 아자부마치의 이즈모타이샤 지사, 그 외 신사 등에서 신전결혼을 집행하는 자가 점점 더 많아지고 있다. …… 〔메이지〕 34년 개시 이래 대신궁의 도리모치타마이시とりもちたまいし[21]는 이미 2천 쌍에 이르고, 갈수록 증가하는 추세이다. 올해에는 3월 이래 500쌍이나 되었고, 오늘 이후 연내에 결혼식을 올리겠다고 50쌍이나 신청하였다. 또한 매년 혼례가 많은 때는 3~4월과 10~11월 두 달이다. (『도쿄아사히신문』 메이지 41년 12월 11일)

이 기사에 주목한 이노우에는 신전결혼이 다이쇼 시대에 대도시의 중류층 이상인 사람들 사이에 보급되어 1920(다이쇼 9)년에 다이쇼 연간 결혼율의 정점을 기록했다고 하였다. 그리고 교토에서는

---

21 도리모치는 알선, 매개, 중개 등을 의미하고 타마이시는 둥근 조약돌을 의미한다. 여기에서는 신궁 안의 다마이시玉石 앞에서 결혼한 사람을 가리킨다.

신전결혼이 1921(다이쇼 10)년 전후부터 왕성해졌다고 지적하고, 그 모습을 다음과 같이 전하였다. 당시 교토에서는 신전결혼이 헤이안 신궁을 비롯하여 야사카八坂 신사 등에서 행해졌는데, 헤이안 신궁에서 치러진 예식 숫자는 계속해서 증가하였다. 1918(다이쇼 7)년에 91건, 이듬해 1919년에 141건, 1920년에 195건, 1921년에 214건, 1922년에 248건으로 점증하였다. 월별로는 5월과 11월에 많고 그다음이 4월이어서 '결혼 시즌'이 정착되었음을 알 수 있다.

당초 신전결혼은 극히 소수의 도회지 상층 사람들 사이에서 행해졌을 뿐이다. 다이쇼에서 쇼와 시대로 넘어오면서 도회지 중간층 사람들에게 서서히 보급되었지만 아직까지는 대도회지의 풍속에 머물고 농촌에서는 적었다. 신전결혼이 농촌에 침투하여 전국적으로 유행한 이유는 패전 후 신사가 국가의 관리에서 벗어나 자활의 길을 찾아야 했기 때문일 것이다. 신전결혼이 특히 왕성해진 것은 패전 후인 1960년대 고도성장 이후의 일이다.

오늘날 관혼상제의 산업화가 급속히 진전된 결과 '결혼 산업'이 크게 융성해졌다. 도시의 대규모 신사나 호텔 등에서는 의상 대여부터 식장, 피로연, 신혼여행 계획에 이르기까지 모두 세트로 판매하고 있다. 민족국가 형성과정에서 만들어진 신전결혼이라는 민속문화는 일본 사회에 완전히 뿌리내렸다고 하여도 과언이 아니다.

사회인류학자 우메사오 다다오梅棹忠夫는 신전결혼을 과거에 일가친척을 앞에 두고 술잔을 교환하고 서약을 했던 결혼 형태가 변화한 것이라고 하고, 예전부터 내려온 결혼을 '인전결혼人前結婚'[22]이라고 불렀다. 그리고 이러한 변화의 요인을 전전·전후의 가족제도 변화에서 찾았다. 우메사오는 신전결혼이 가족제도의 해체가 진행된 도시에서 발달하고 가족제도가 많이 남아 있는 농촌에서는 늦게 발달했다고 하면서, 신전결혼이 식장을 이에家라는 사적 장소에서 신사라는 공공장소로 옮겼다는 점, 바이샤쿠닌媒酌人(중매인)의 지위가 약화되어 결혼에 중매인이 없어지고 있다는 점을 변화 양상으로 들었다(梅棹 1990a:301).

인전결혼이 에트노스로서의 민족에 의해 전해져온 다양성이 풍부한 혼인 형태라면 신전결혼은 민족국가 형성과정에서 네이션으로서의 민족 안에서 창출된 획일화된 결혼 형태일 것이다. 에트노스로서의 민족이 전승해온 민속문화가 네이션으로서의 민족이 형성되는 과정에 수반하여 변용되고 공통문화로서 재창출되었다고 볼 수 있을까? 야나기타 구니오가 패전 직후에 발표한 「혼례의 기원」(1947)에서 신전결혼을 결혼의 '새로운 방안'이라고 하는 데에서 멈춘 것은(柳田 1996b:622) 획일화된 신전결혼으로는 에트노스로서의 민족의 민속문화의 역사과정을 밝힐 수 없다고 생각했기 때문일 것이다. 그러나 새로운 결혼 형태인 신전결혼이 네이션으로서의 민족이 공통문화로서 창출한 민속문화의 하나임은 부정할 수 없는 사실이다.

---

22 신사에서 행하는 결혼식을 신전결혼이라고 부르는 데 착안하여 과거에 해오던 결혼식은 사람들 앞에서 행한다고 하여 인전결혼이라 이름 붙였다.

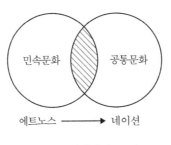

에트노스 ━━━━▶ 네이션

〈그림 2〉 뒤얽힌 신구문화

에트노스로서의 민족의 민속문화의 특징이 **다양성**이라면 네이션으로서의 민족이 공통문화로서 창출한 민속문화의 특징은 **균일성**(一樣性) 또는 **획일성**이다(그림 2 참조). 일본의 민속문화는 네이션으로서의 민족이 형성된 근대를 경계로 하여 강제적으로 다양성에서 균일성으로 대폭 변용되었다. 메이지 초기에 제도화된 관제 국민축제일이나 일요휴일제는 이러한 공통문화를 창출하는 데 필요한 틀이었다.

유럽 국가들을 모델로 한 민족국가가 일본에 형성된 지 1세기가 지나고 1945년 패전 이후 10여 년이 흐른 1950년대 후반부터 일본 사회는 큰 전환기를 맞이하였다. 이른바 고도경제성장과 그에 따른 사회와 문화의 급격한 변화가 그것이다. 그 결과 에트노스로서의 민족의 다양성이 풍부한 민속문화는 야나기타가 예측한 것처럼 급속하게 쇠미하고 소멸해 갔지만, 다른 한편으로는 뒤에 서술할 도시축제나 의도적으로 설정된 교환 등과 같이 에트노스로서의 민족의 민속문화가 공통문화로 재창출되고, 또한 국경을 넘어 공유된 글로벌한 문화가 수용되어 각지에서 행해지게 되었다. 일부 민속학자가 포클로리즘folklorism이라는 개념에 착안하여 새롭게 창출된 민속문화에 강한 관심을 보이고 있는 것은 이러한 현상이 에트노스로서의 민족의 민속문화와 다른 범주의 것이라고 생각하기 때문일 것이다.

제5장 대중소비사회의 민속문화

민속문화의 재해석

조작된 민속문화: 포클로리즘/페이클로어

현대사회는 대중소비사회 또는 정보화사회라고 일컬어진다. 상품으로서의 물건이 대량으로 생산·유통·소비되고, 매스미디어 등의 정보산업이나 대형 소매업이 발달한 결과 우리의 생활에 물건이나 돈, 정보 관련 스타일이 완전히 정착되었다. 이러한 사회의 문화는 상당히 착종錯綜되어 있으므로 그것을 설명하거나 해석하는 데 과거에 문화인류학자들이 만들어낸 문화 개념을 그대로 적용할 수는 없다. 현대사회의 문화는 이른바 미개사회와 같이 그 자체가 통합적이지도, 무의식적으로 전승되지도 않기 때문이다. 오히려 사람들에 의해 의식적으로 조작되고, 관광의 맥락에서 연출되고, 상품으로서 소비되고 있다고 보는 쪽이 적절하다.

이와 같은 현대사회의 문화를 파악하는 데 있어서 1980년대에 문화인류학자가 제시한 문화의 객체화objectification라는 개념이 매우 유효할 것이다. 미국의 문화인류학자 리처드 핸들러Richard Handler는 캐나다 동부 퀘벡 주의 내셔널리즘을 다룬 논고에서 문화의 객체화에 대하여 세 가지를 지적한 바 있다.

첫째, 객체화란 선택되는 것이다. 문화의 설명이나 이미지 구축은 필연적으로 다른 요소를 희생하여 어떤 요소를 선택하는 것을 의미한다. 둘째, 객체화된 문화를 구축하는 것은 선택된 요소를 새로운 맥락에 두는 것이다. 어떤 맥락 안의 여러 요소들 중 선택된 요소는 다른 맥락의 요소로 자리 잡게 되므로 과거와 별도의 존재가 된다. 즉 새로운 요소로서 재해석된다. 셋째, 새롭게 구축되고 맥락화된 대상물은 그것을 중시하는 사람들에게 새로운 의미로 받아들여진다(Handler 1984:62).

이와 같이 핸들러는 문화의 객체화의 선택성이나 재맥락화를 지적하여, 전통문화는 객체화되어 이데올로기에 뿌리내린 구축물이라고 결론 지었다. 핸들러에 따르면 문화의 객체화라는 개념은 타자기로 입력하여 시카고 대학 인류학과에서 발행된 버나드 콘 Bernard Cohn의 원고 「동남아시아의 국세조사国勢調査, 사회구조, 그리고 객체화The census, social structure and objectification in South Asia」(연대 미상)에서 착안하였다고 한다(Handler 1988:14).

문화인류학자 오타 요시노부太田好信도 핸들러와 오세아니아 연구자 조슬린 린너킨Jocelyn Linnekin, 니콜라스 토마스Nicholas Thomas 등의 인류학적 담론을 관광인류학의 맥락으로 옮겨 문화의 객체화를 '문화를 조작할 수 있는 대상으로서 새롭게 만들어 내는 것'이라 규정하고 문화의 객체화의 선택성이나 재맥락화에 주목했는데(太田 1993:391), 문화의 객체화라는 개념의 특징은 문화가 의식적으로 조작된다는 점에 있다. 일본의 일부 민속학자가 주목하고 있는 포클로리즘folklorism이라는 개념은 현대사회에서 민속문화의 의식적 조작을 전제하기 때문에 문화의 객체화의 하위범주sub-category에 속한다고 할 수 있다.

포클로리즘이란 독일 민속학자 한스 모저Hans Moser가 제시한 포클로리스무스Folklorismus의 영문 용어이다. 이것을 높이 평가한 고노 마코토河野眞에 따르면 포클로리즘은 "이차적 매개물second hand에 의한 민속문화의 계수繼受와 연출" 또는 "민속적인 문화 물상物象이 '본래 정착한 장소 이외의 곳에서 새로운 기능을 가지고 새로운 목적을 위해 행해지는 것'"(河野 2003:4)이라고 한다. 이 규정을 핸들러의 문화의 객체화의 맥락에 옮겨 놓으면 포클로리즘은 '이차적으로 창출된 민속문화'의 계승과 연출 또는 '본래의 맥락'과는 별도의 '새로운 맥락에서 재구축된 민속문화'가 될 것이다. 후자는 핸들러의 문화의 재맥락화라고 볼 수 있다.

고노는 현대사회의 민속문화를 총체적으로 파악하는 데에 모저의 포클로리즘이 유효하다고 보고 이렇게 이야기하였다. 모저는 민속현상의 다수가 시대의 추이 안에서 변동하는 것에 주목하여, "민속의 본래 형태에만 눈을 돌릴 것이 아니라 시대 추이라는 공통항, 특히 민속학의 지식이라는 형태에 응축된 시대사조 면에서 재검토하면 사태가 어떻게 보일 것인가라는 식으로 관점을 뒤집었다." 그리하여 눈부신 효과를 얻었다. 최근 100~150년 사이에 창출된 각지의 마쓰리나 행사들은 민속이나 전통행사의 범주에 넣기 어렵기 때문에 민속학이 자신있게 연구대상으로 삼을 수 없었지만 "민속지식의 환류還流에 초점을 맞춘다면 그것들을 단순한 관심거리가 아니라 연구대상으로" 삼을 수 있게 되고 "예로부터 전해온 관습임이 명백한 민속이나 전통행사와도 일련의 것으로 볼 수 있게" 된다(河野 2003:9-10)는 것이다.

그리하여 고노는 모저의 포클로리즘이 민속문화의 역동성을 파악하는 데 얼마나 유효한 개념인가를 지적한다. 그리고 자신의 언설을 보강하기 위하여 독일 민속학자 헤르만 바우징거Hermann Bausinger가 「포클로리즘 비판의 비판을 향하여」(1966)에서 포클로리즘을 "엄밀한 개념이 아니라 함의가 있는(간결하게 표현하는) 개념"이라고 하였다고 원어를 붙여 지적한다(河野 2003:16). '함의가 있는 개념'이라는 표현은 모저의 포클로리즘을 긍정적으로 평가하는 것처럼 보이지만, 바우징거가 포클로리즘을 반드시 긍정적으로 평가한 것 같지는 않다. 이 논고의 영어판의 결론에서 바우징거는 포클로리즘이라는 개념의 애매함에 대해 언급하면서, 이 애매함이 당초부터 많은 문제를 배태하였고 포클로리즘론을 의심스러운 것으로 만든다(Bausinger 1986:122)고 말하였기 때문이다. 야나기타 구니오가 일국민속학을 제창한 이래 일본 민속학이 만들어낸 개념은 분석 개념이든 기술 개념이든 반드시 풍부하지만은 않다. 고노가 독일 민속학의 포클로리즘에 관심을 가진 것은 그러한 의미에서 주목할 만한 가치가 있지만, 포클로리즘이라는 개념 자체가 여태까지 일본 민속학자들 사이에서 충분히 검토되어 왔다고 보기는 어렵다. 그러므로 고노나 바우징거 이외의 민속학자가 모저의 포클로리즘 개념을 어떻게 평가하였는지를 보는 것이 헛수고는 아닐 것이다.

미국의 민속학자 레지나 벤딕스Regina Bendix는 모저의 초기 포클로리즘 개념이 '포클로어/포클로리즘' 또는 '진짜/가짜'라는 수준 낮은 이항대립이었다고 말하고, 모저와 그 동료들이 포클로리즘을 '좋은 포클로리즘/나쁜 포클로리즘' 또는 '깨끗한 포클로리즘/더럽혀진 포클로리즘'으로 나눌 필요를 느꼈다고 지적하였다(Bendix 1989:136). 벤딕스는 모저의 초기 포클로리즘 개념이 민속문화의 '진짜/가짜'에 경도되어 있다고 보았는데, 모저의 포클로리즘에 대해 다음과 같은 흥미로운 이야기를 하였다. 앞으로 일본의 포클로리즘론을 위하여 세 가지 점을 뽑아서 참고하고 싶다.

첫째, 모저가 포클로리즘의 개념을 규정하지 않고 오로지 사례를 제시하는 데에만 노력했다는 점이다. 둘째, 모저가 신문잡지나 아마추어 민속학자folklorist들이 민속문화의 '역류' 또는 '환류'를 추진하였다고 지적했다는 점이다. 셋째, 모저가 관광산업이나 오락산업에 정착한 포클로리즘도 민속학의 주제가 된다고 생각하여 민속학자의 주의를 환기시켰다는 점이다(Bendix 1997:177-178).

모저가 포클로리즘의 개념 규정을 피하고 다른 데에 기대었다는 점은 일국민속학을 창시한 야나기타 구니오의 방법과 매우 닮았는데, 이것이 포클로리즘이라는 개념의 재규정에 박차를 가했음은 부정할 수 없는 사실이다. 일본의 포클로리즘 문제를 본격적으로 연구하고 있는 인문지리학 배경의 민속학자 야기 야스유키八木康幸는 고노가 제시한 포클로리즘의 개념을 재해석하여 이렇게 이야기한다. 포클로리즘은 "민속문화가 그것을 낳은 맥락에서 분리되어 이차적인 의미나 역할을 획득하거나 부여받은 것 같은 다양한 현상" 또는 "근본이 되는 물건이 없는 채 민속 같은 것이 꾸며지고 의사擬似 민속이 창출되는 현상"(八木 1994a:583)이라는 것이다. 전자가 고노가 보여준 포클로리즘의 개념 규정을 문화의 객체화라는 맥락으로 끌어들여 재해석한 것이라면, 후자는 그것을 문화의 진정성이라는 맥락에서 재해석한 것이라고 할 수 있다.

또한 야기는 포클로리즘을 "민속문화나 민속사상이 양의적兩義的 의미를 가지거나 본래의 장소와는 다른 곳에서 새로운 기능을 획득하는 현상"이라고 해석하는 한편, 이 개념을 "창출된 민속, 변형된 민속, 민속의 관광화·상품화 등의 많은 현상"이라고도 해석하였다(八木 1994b:486). 야기의 두 해석에서 미묘한 변화가 느껴지지만 '이차(의)적' 또는 '새로운 맥락'을 포클로리즘의 키워드로 삼고 있다는 점은 공통적이다. 흥미로운 점은, 그 후 야기가 포클로리즘에 대한 실증적 연구를 의욕적으로 해나가면서 포클로리즘을 "민속문화에 대해 확인, 보수, 수정, 취사, 개변, 응용, 복원, 모방, 날조 등의 광범위한 반응이 생기는 현상"(八木 1998:124)이라고 재해석한 것이다. 모저가 제창한 포클로리즘은 고노가 이 개념을 도입한 이래 조금씩 새롭게 해석되어 왔는데, 모두 다 독일과 일본의 현대사회에서 민속문화의 변용에 대한 해석이라는 점에는 변함이 없다.

그런데 포클로리즘에 대해 언급해 두고 싶은 것이 하나 더 있다. 그것은 모저가 포클로리즘을 '진짜/가짜'라는 이분법으로 파악한 것처럼 포클로리즘이 민속문화의 진정성authenticity이라는 개념과도 함께한다는 것이다. "진정한 민속"(八木 1994a:583) 같은 언설이 그 점을 시사한다. 일본의 민속학자가 포클로리즘을 '이차적으로 창출된 민속문화' 또는 '본래의 맥락'에서 분리된 '새로운 맥락에서 재구축된 민속문화'라고 규정한다면, 이는 '일차적 민속문화' 또는 '본래의 맥락에서 창출된 민속문화'가 명백한 전제로 성립되어 있음을 의미한다. 이것은 포클로리즘이라는 개념이 민속문화의 진정성과 불가분의 관계에 있을 뿐만 아니라 양자가 서로 얽혀 있다고 생각되기 때문이다.

진정성(진짜)이라는 생각은 그것과 대립하는 '가짜'의 존재를 암묵적으로 전제하지만, 박물관은 진정한 것을 전시하는 시설이기도 하다(Handler 1986:4; Bendix 1997:3). 그곳에서는 민족(민속)지 자료가 객체화되어 단편적으로 전시되지만, 문화인류학자(민족학자) 요시다 겐지吉田憲司는 '진정한 민족지 자료'의 기준에 대해 다음과 같이 이야기하였다.

진정한 민족지 자료의 가장 일반적인 기준은 당해 사회의 구성원의 손으로 당해 사회에서 생겨난 소재를 이용하여 당해 사회의 구성원이 사용하기 위하여 만들어지고 실제로 사용되는 것이어야 한다. 이 기준이 전제하는 것은 진정한 민족지 자료를 낳은 당해 사회가 그 자체만으로 완결되고 닫힌 변화가 없는 사회라는 사고방식이다. 그러므로 그 사회가 외부와 접촉한 흔적을 담고 있는 것은 모두 '전통'문화가 변용된 결과로서 그 '진정성'이 부정된다(吉田 1999:159-160)는 것이다.

요시다에 의하면 진정한 민족지 자료의 기준은 '완결되고 닫힌, 변화가 없는 사회'를 전제로 한다. 이 지적은 '일차적 민속문화'의 기준도, '본래 맥락의 민속문화'의 기준도 '완결되고 닫힌 변화가 없는 민속사회'를 명백한 전제로 삼고 있음을 시사한다. 이러한 전제는 민속문화의 구조적 안정성이라는 가정과 그것을 전제로 한 장기 지속을 용인하지 않는다면 성립하지 않을 것이다. 그러나 민속문화는 항상 변화한다. 결코 고정된 것이 아니다. 민속문화의 원리 중 하나가 가변성이라면 포클로리즘론자가 명백한 전제로 삼은 '일차적 민속문화'와 '본래 맥락의 민속문화'도 **어떤 특정 시기의 민속문화 변용과정의 한 장면**이 될 것이다.

벤딕스도 지적하듯이 민속문화의 진정성을 검토하는 데 중요한 것은 진정성이란 무엇인가가 아니다. 누가, 왜 진정성을 필요로 하는가, 진정성이라는 개념은 어떻게 사용되는가이다(Bendix 1997:21).

미국의 민속학자 리처드 M. 도슨Richard M. Dorson이 제시한 '포클로어(민속)/페이클로어(가짜 민속)'라는 대립 개념은 민속문화의 진정성을 실마리로 한 '가짜 민속fakelore'과 '사이비 민속학fakelore'으로서의 페이클로어 비판이었다. 도슨의 페이클로어 비판은 이미 야기가 소개하였으므로(八木 2003:22-24), 야기와는 다른 관점에서 검토해 보자.

페이클로어란 도슨이 1950년에 당시 베스트셀러였던 벤저민 A. 보트킨Benjamin A. Botkin이 엮은 『미국 포클로어의 보고Treasury of American Folklore』(1944) 등을 비판할 때 사용한 조어이다. 도슨은 미국의 민속학이 저널리스트나 작가 등에 의해 통속화되고 상업주의에 휩쓸리는 상황에 위기감을 느끼고, 현장에서 직접 수집하고 기록한 구두전승(포클로어)과 이것을 다시 고쳐 쓴 것(페이클로어)을 구별할 필요가 있다고 역설하였다(Dorson 1969:59-60, 1976:5).

도슨은 민속학의 통속화를 진척시킨 아마추어 민속학자나 대중영합가, 호사가를 '사이비 민속학자fakelorists'라고 부르고 이들을 정통학자적 민속학자acedemic folklorists와 준별하고(Dorson 1976:1), 미국 학계에서 민속학의 지위를 확보하려고 노력하였다. 도슨의 언설을 문화의 진정성이라는 맥락에서 다시 파악하면, 그는 진정성의 기준을 애매하게 놔둔 채 '진짜'의 규준을 '가짜'에 적용하여 판단 재료로 삼아버린 것이다(Bendix 1997:193-194).

미국의 민속학자 앨런 던디스Alan Dundes는 도슨의 페이클로어라는 개념의 유효성을 의심하고, 문화인류학자와 마찬가지로 포클로어의 의식적 조작은 그다지 특별한 일이 아니며, 복잡한 현대사회에서는 문화가 능동적으로 형성되었다고 하였다(Dundes 1966:233-235). 이는 경청할 만한데, 도슨의 언설에서는 '가짜 민속fakelore'을 비판함으로써 가짜 민속을 의욕적으로 조작하는 '사이비 민속학fakelore'을 비판한다는 그의 수사학을 읽을 수 있다.

도슨의 포클로어/페이클로어 대립 도식은 일본민속학과도 결코 무관하지 않다. 야나기타 구니오가 1930년대에 일국민속학의 뼈대를 굳히고 일국민속학 운동에 본격적으로 착수한 이래 일본민속학은 아카데미즘/아마추어리즘 또는 정통학자적 민속학자/아마추어 민속학자의 공존과 대립을 껴안고 지금까지 왔기 때문이다. 그것은 민족학(문화인류학)과 달리 민속학이라는 학문의 숙명이라고도 할 수 있는 것으로서, 이러한 공존과 대립을 어떻게 해결할 것인가는 젊은 세대의 민속학자와 민속지가에게 주어진 과제이다.

지금까지 1980년대 이후 일본의 일부 민속학자들이 착목해온 포클로리즘과 페이클로어의 문제를 검토해 보았다. 이 지점에서 포클로리즘이라는 개념이 1960년대에 제창되었다는 사실을 상기하고 싶다. 이 무렵 유럽 사회는 도시화에 수반한 농촌의 급격한 변모와 세속화 증대, 매스미디어 등 정보산업의 발달, 대중관광의 출현 등으로 눈부신 변화를 이루었다(Boissevain 1992:11). 포클로리즘은 이러한 사회변동의 과정에서 창출된 개념이 아닐까?

그런데 민속문화에는 전술한 바와 같이 가변성과 창출성, 연속성이라는 세 가지 원리가 잠재해 있다. 가변성이란 민속문화가 끊임없이 변화하는 성질, 창출성이란 민속문화가 새롭게 창출되고 구축되는 성질, 연속성이란 전대의 관습이 지속되는 성질이다. 이러한 원리를 염두에 두고 포클로리즘을 다시 파악하면, 포클로리즘은 민족국가가 형성된 이후, 근대 이후에 민속문화의 변용과정을 기술하기 위한 개념에 불과하다는 것을 알 수 있다. 포클로리즘의 개념 규정 중 일본의 일부 민속학자가 중시하고 있는 '이차적으로 창출된 민속문화' 또는 '새로운 맥락에서 재구축된 민속문화'는 고노나 야기의 정의를 따른다면 민족문화national culture 중 한 단위로서의 민속문화folk culture의 가변성과 연속성을 전제로 하여 창출성에 중점을 둔 개념이 아닐까?

고노나 야기가 가변성을 전제로 하여 논의를 세운 것은 모저의 포클로리즘에 공명한 이상 당연할지도 모르겠지만, 그들이 연속성을 전제로 한 것은 '이차적으로 창출된 민속문화' 또는 '새로운 맥락에서 재구축된 민속문화'와, 암묵적으로 전제한 '일차적 민속문화' 또는 '본래 맥락의 민속문화'와의 통시적 관계를 시야에 넣었기 때문일 것이다. 그러한 까닭에 그들의 포클로리즘론은 민속문화의 변용과정에 대한 하나의 해석에 불과하다.

당면 문제는, 포클로리즘이라는 개념이 현대 일본에 창출된 민속문화를 파악하는 데에 어느 정도 유효한가일 것이다. 이 점을 염두에 두고 그들이 포클로리즘이라 인정한 민속문화를 구체적으로 검토해 보겠다.

뒤얽힌 신구문화 : 민속문화와 공통문화

구미 사회와 마찬가지로 일본 사회도 1950년대 후반 이후 이른바 고도경제성장과 함께 급격한 변화를 거쳐 왔다. 인구가 도시에 집중되고 농촌의 과소화와 고령화로 인해 민속문화가 급속도로 쇠미하는 한편, 매스미디어 등의 정보산업이 고도로 발달하고 여러 가지 정보가 전국 각지에 보급되어 문화의 획일화, 균일화가 진행되고 있다.

근년에 일본 사회 각지에서 생겨난 도시의 마쓰리 등은 포스트모던 상황에서 '이차적으로 창출된 민속문화'의 하나일 것이다. 민속학자 아나미 도루阿南透는 패전 후 50년간 일본의 마쓰리에 대해 다음과 같이 이야기하였다.

1945(쇼와 20)년 패전 후 10년간은 마쓰리의 부흥기에 해당한다. 교토京都의 기온마쓰리祇園祭나 지다이마쓰리時代祭가 1947년과 1950년에, 오사카大阪의 텐진마쓰리天神祭가 1949년에, 도쿄東京의 간다마쓰리神田祭와 산노사이山王祭가 1952년에 되살아났다. 관광객 유치를 목적으로 한 가나자와金沢의 햐쿠만고쿠마쓰리百万石まつり는 1954년에, 고치高知의 요사코이마쓰리よさこい祭는 그 이듬해에 탄생하였다.

고도경제성장을 거쳐 1970년에 오사카 센리千里에서 개최된 만국박람회에서는 각지의 마쓰리가 '오마쓰리お祭り 광장'에 등장하였다. 이 박람회 전후로 지역의 전통에 집착하지 않는 새로운 마쓰리가 눈에 띄기 시작하여 도쿄의 다이긴자마쓰리大銀座まつり가 1968년에, 고베의 고베마쓰리神戶まつり가 1971년에 행해졌는데, 모두 행정 주도형 마쓰리이다.

1977(쇼와 52)년의 '3전종'(제3차 전국종합개발계획)에서 '인간 거주의 종합 환경 정비'가 기본 목표로 설정되자 대도시나 교외의 베드타운에서 다채로운 마쓰리가 탄생하였고, 우쓰노미야宇都宮의 후루사토미야마쓰리ふるさと宮まつり가 1976년에, 지바千葉의 지바 시민 페스티벌이 1977년에 개최되었다.

1987(쇼와 62)년의 '4전종'(제4차 전국종합개발계획)에서 '다극분산형 국토 형성'을 기본 목표로 삼자 '개성 풍부한 지역 만들기'의 구체적 시책으로서 이벤트 활용을 전면에 내세웠다. 이 시책을 받아들인 각지의 시정촌은 '지역 활성화'를 향해 시동을 걸게 되었다. 1988년에는 정부의 '후루사토ふるさと(故郷) 창생創生' 시책에 따라 전국 시정촌에 1억 엔이 교부되었고, 이듬해인 1989(헤이세이 1)년에는 39개 시가 시제市制 100주년을 맞이하여 지방 박람회를 잇달아 개최하였다.

1992(헤이세이 4)년에는 이른바 '오마쓰리 법'(지역 전통예능 등을 활용한 행사 실시에 대한 관광 및 특정 지역 상공업 진흥에 관한 법률)이 제정되어 마쓰리나 이벤트가 왕성하게 개최되었다. 이 시기에 마쓰리가 대단히 많이 창출되었다. 대규모 마쓰리로 오사카의 미도스지御堂筋 퍼레이드가 있으며, 소규모의 마쓰리도 잇달아 생겨났다. 넓은 의미에서 이 같은 종류의 이벤트가 1986년 3월부터 1987년 2월까지

1년간 3,104건에 달했고, 1988년 3월부터 1989년 3월까지 세 배가 증가하여 9,466건에 이르렀다(阿南 1997:68-71).

앞에서 아나미가 거명한 마쓰리 중에서 고치의 요사코이마쓰리와 고베의 고베마쓰리, 오사카의 미도스지 퍼레이드를 선택하여 근년에 도시에 창출된 포클로리즘의 예로서 마쓰리의 일반적인 모습을 살펴보자.

인문지리학을 배경으로 고치의 요사코이마쓰리를 오랜 기간에 걸쳐 관찰하고 있는 민속학자 우치다 다다요시內田忠賢에 따르면 이 마쓰리는 1954년에 고치 상공회의소의 '요사코이마쓰리 진흥회'가 중심이 되어 창출한 집단무용 퍼레이드라고 한다. 요사코이마쓰리는 매년 8월 상순 개최되다가 1995년부터 8월 9~12일까지 총 4일간 시내 중심가에서 개최되는데, 요사코이마쓰리진흥회가 뒷받침하고 많은 참가자들이 여러 모로 궁리하여 그 내용을 자주적으로 변경해 가면서 현재에 이르고 있다. 그 전승 모체는 무용수 부대라 불리는 집단인데 상점가나 조나이카이, 기업과 학교 외에 무용을 위해 일시적으로 조직된 동호회로 구성되며, 최근에는 이 동호회들을 중심으로 마쓰리가 구성되고 행해진다.

마쓰리의 내용도 당초에는 민요를 기조로 하여 창작된 세이초正調라 불리는 기본형의 무용이었는데, 매년 각 팀이 생각해낸 창작무용을 공연하는 쪽으로 변화하고 있다. 요사코이마쓰리가 TV로 방영되자 삼바 조나 록 조, 랩 조 등 새로운 유행을 도입하는 것이 주류가 되었다. 이 마쓰리를 흉내 낸 이벤트가 1991년에 삿포로에서 개최된 이래 이 같은 이벤트가 전국 70곳 이상에서 행해지고 있다고 한다(內田 1999:33-42).

고베마쓰리는 고베 시 산하 '고베시민제협회'가 주최하는 행정 주도형 마쓰리이다. 이 마쓰리는 1933년부터 시작된 '미나토마쓰리'와 1967년에 실시한 '고베 카니발'이 발전적으로 해체되어 '살기 좋은 도시 만들기에 대한 소원을 담아 1년에 한 번 시내 전역에 확산되는 즐거운 시민행사'를 지향하여 1971년에 탄생하였다. 당초 5월 세 번째 일요일과 그 전날 토요일 이틀간에 걸쳐 개최되었는데, 그 후 금요일을 더한 3일간으로 변경되어 고베시민제협회가 주최하는 의식이나 퍼레이드, 시와 구의 스포츠 대회나 사진 대회, 음악회, 미술전이 기획되었고, 동물원이나 수족관 같은 공공시설 무료개방 등의 협찬행사가 실시되었다.

이 마쓰리는 제1회 이래 상당히 변화하고 있다. 과거에는 첫째 날에 퀸 고베 페스티벌(구 중앙제전)을 열어 고베시민제협회 회장이 인사말을 하고 새로운 퀸 고베와 외국인 프린세스 고베를 선발하였다. 둘째 날에는 항구 퍼레이드를 열었는데, 신사의 제식祭式으로 항구의 번영과 해상 안전을 바라는 기원제를 지내고 고베시민제협회장이 칼을, 고베 시 관리들과 퀸 고베가 예물(幣帛)을 올린 후 꽃다발을 바다에 던지면 해상 퍼레이드가 실시되었다. 이와 병행하여 시와 구의 각종 행사가 일제히 개막해 3일째 정오부터 저녁에 걸쳐 고베마쓰리 최대의 이벤트인 메인 페스티벌(구 중앙퍼레이드)이 시작되었다. 이 퍼레이드에는 많은 단체들이 참가하였고, 구경하기 위해 모여든 관객이 상당수에 이르렀다고 한다(宇野 1980:44-57; 米山 1986:179-186).

1995년도의 고베마쓰리는 그해 1월에 발생한 한신·아와지 대지진으로 열리지 못하였다. 이듬해에 교토의 기온마쓰리(7월 17일)와 오사카의 텐진마쓰리(7월 25일)의 중간인 7월 20일(바다의 날) 전후로 일정이 변경되었는데, 경제계가 선두가 되어 세 가지 마쓰리에 '삼도 나쓰마쓰리三都夏祭'라는 이름을 붙이고 대캠페인을 벌였다. 항구 퍼레이드(7월 19일), 고베 삼바 페스티벌(7월 20~21일), 부흥KOBE 퍼레이드(7월 20일), 하나비花火 대회(7월 20일), 선셋 퍼레이드(7월 21일), 각 구의 마쓰리가 주요 행사로 열렸다(阿南 1997:92-95).

오사카의 미도스지 퍼레이드는 1984년에 창출된 새로운 마쓰리로서 당초 '아메리카무라アメリカ村 카니발'이라고도 불리고 있었다. 아메리카무라란 1970년대 후반 미나미南 지구 한쪽에 생겨난 젊은 층을 대상으로 한 미국 서해안풍 상점가이다. 이 거리의 공원에 야외무대가 설치된 것을 계기로 새로운 거리 만들기를 지향하여 '오사카21세기협회'와 '아메리카풍 스오마치도리周防町通り를 아름답게 만드는 모임'이 공동 주최하여 4월 27일부터 30일까지 아메리카무라 카니발이 개최되었다.

이 마쓰리가 탄생한 해 4월 27일에 열린 전야제에서는 저녁 무렵부터 포크 콘서트와 단편영화 상영이, 이튿날인 28일에는 아메리카무라의 유니크 타운 선언이 이루어졌다. '국제도시 오사카에 걸맞은 자유롭고 활력 있는 유니크 타운으로서 주민과 상점이 하나가 되어 도시 만들기에 매진한다'고 선언한 후에 미도스지에서 깃발을 든 여성을 선두로 오사카 시장과 미국 영사관 부영사, 지구 관계자들의 퍼레이드가 실시되었고, 딕시랜드 재즈Dixieland Jazz 팀과 삼바 팀이 참가하였다.

29일에는 정오부터 공원에 점치기와 수예, 스튜어디스 체험 코너가 설치되고 어린이 바자회와 콘서트, 미니 연극, 패션쇼, 가장대회 등이 실시되었다. 마지막 날인 30일에는 오후부터 인도네시아 발리 섬의 무용 공연과 레이저 쇼 등이 개최되었다. 마쓰리 기간 중에 아메리카무라에서는 상인들이 상품 판매 촉진에 나섰고 사진 대회와 프랑스 앤티크 인형전 등이 열렸다. 주최 측의 발표에 따르면 이 마쓰리는 지역정보지(미니코미ミニコミ) 등을 통해 전국적으로 알려졌고, 오사카 부 외에 도쿄와 나고야, 시코쿠, 규슈에서 약 10만 명의 젊은이가 참가하였다고 한다(伊藤 1995:161-162).

여기에서 든 세 도시의 마쓰리에는 몇 가지 공통점이 있다. 첫째, 사람들이 여가를 보내기 쉬운 일시와 모이기 쉬운 장소를 주최 측이 의식적으로 선정했다는 것이다. 요사코이마쓰리는 8월이라는 휴가의 계절과 고치 시 중심가를, 고베마쓰리는 일요일을 중심으로 한 주말과 시의 주요 도로main street를, 미도스지 퍼레이드는 미도리의 날이라는 국민축제일을 중심으로 한 날과 오사카의 중심가나 수입상품을 취급하는 상점가를 각각 의도적으로 활용하였다. 둘째, 고치 시 상공회의소나 고베시민제협회, 오사카21세기협회와 아메리카풍 스오마치도리를 아름답게 만드는 모임 등의 단체가 주최 또는 공동주최하여 '보여 주는 마쓰리'로서 교묘하게 연출되었다는 것이다. 셋째, 고베마쓰리의 삼바 페스티벌, 미도스지 퍼레이드의 포크 콘서트와 재즈 공연 등 국경을 넘어 공유되는 '글로벌 문화'가 포함되었다는 것이다.

또한 오사카의 미도스지 퍼레이드에서는 축제가 본래 안고 있는 '낭비'라는 속성이 잘 활용되어 여기에 참가하는 젊은이들의 소비를 촉구하는 상업주의가 짙게 보인다는 점이 주목된다. 1960년대 중반에 생겨나 '현대의 인연일'이라고 불리는 도쿄 바자회라는 마쓰리가 봄·가을 2회, 연휴 기간에 젊은이들이 모여드는 메이지 신궁 가이엔外苑에서 개최된 적이 있다. 이때에도 음악 연주나 춤으로 구성된 개회식과 구경꾼들을 끌어들이는 퍼레이드가 연출되었고, 의류를 중심으로 한 수십 개의 천막 노점상이 북적거렸다(末永 1978:204-210).

이러한 도시 마쓰리 외에도 근년에 들어 창출된 민속문화는 각지에서 볼 수 있다. '창작 다이코'라 불리는 와다이코和太鼓[1]가 그중 하나이다. 야기 야스유키는 이것을 광의의 포클로리즘이라 파악하고 다음과 같이 이야기하였다. 1992년 11월 현재, 와다이코 집단은 전국에 3,600개 정도가 있다. 압도적 다수를 차지한 것은 시정촌 단위로 마을 만들기나 지역문화 진흥 등을 목적으로 결성된 와다이코 집단으로, 나가사키 현 내에만도 새롭게 생겨난 60개 이상

---

1 일본 북의 총칭. 마쓰리나 가부키, 노, 신사 의례에 사용된다.

의 창작 다이코 집단이 있다. 와다이코 집단은 지역문화를 대표하는 향토예능 단체로서 지방자치단체의 지원을 받고 있는데, 이는 지역문화를 정촌 수준으로 수렴하는 재편과정이라고 할 수 있다(八木 1994a:583-601).

여기에서 야기는 창작 다이코를 '포클로리즘의 한 과정'이라고 파악함과 동시에 '페이클로어(가짜 민속)의 창출'로 보았는데, 그 해석은 재고할 필요가 있다. 민속문화는 끊임없이 변화하고 결코 고정된 것이 아니기 때문이다. '진정한 민속'이 존재하지 않는 것과 마찬가지로 '가짜 민속fakelore'도 존재하지 않는다고 해야 할 것이다.

또한 야기는 나가사키 현의 과소화過疎化와 고령화가 진행되는 고토렛토五島列島 후쿠에시마福江島의 민속문화를 예로 들어, 마치야쿠바町役場나 상공회, 농업협동조합, 어업협동조합 등이 중심이 되어 지역 진흥이나 지역사회를 활성화할 목적으로 기획·실시한 이벤트의 공연 종목에서 '지역에 뿌리내린 전통적인 것의 변용'과 '새로운 활동의 창조'를 보고자 하였다.

후쿠에시마의 이벤트는 여름휴가와 오본 휴가가 겹치는 8월 상순부터 중순에 개최되고, 세 부분으로 이루어진다. 하나는 이사리비마쓰리漁火まつり(해수욕장에서 열리는 각종 게임과 춤)와 샌드 크리에이터 콘테스트sand creator contest(해수욕장에서 모래 조형물 만들기와 물고기 잡기)이고, 또 하나는 지역의 '전통문화를 강하게 의식'하여 민속예능을 포함시킨 것으로서, 미이라쿠나쓰마쓰리三井楽夏祭り(시시코마마이獅子こま舞い와 오몬데オーモンデー)와 도미에마쓰리富江まつり(오네온데オネオ

ンデ와 나기나타なぎなた 춤)이다. 오몬데와 오네온데는 염불춤[2]으로서 전자는 국가와 현의 무형민속문화재, 후자는 그 지역의 무형민속문화재이다. 마지막 하나는 미이라쿠나쓰마쓰리의 경정(로코기櫓漕ぎ) 대회와 도미에마쓰리의 창작 다이코 공연이다(八木 1994b:487-494).

야기는 이러한 경정대회나 창작 다이코의 창출을 포클로리즘이라고 간주하고, 이것을 지역 만들기 이벤트의 특징으로 보았다. 아마도 그는 후쿠에시마에 '일차적 민속문화' 또는 '본래 맥락의 민속문화'가 병존하는 상황을 지적하고 싶었을 것이다.

야기는 지역 진흥이나 지역문화 활성화를 목적으로 한 지방 박람회에도 주목하였다. 예를 들어 1988년에 개최된 '기후주부ぎふ中部 미래박람회'에 참가한 약 420개 단체 중 상위를 차지한 연주 종목이 민요무용, 사자무, 와다이코, 밴드 연주, 다이코 춤, 합창의 순이라고 지적하면서 다음과 같이 분석하였다. 이 박람회에서는 잘 알려지지 않은 전통 민속예능이나 행사를 무대 공연에 적합하게 변형 또는 재편성하여 부활시키고 있으며, 새로운 예능이나 행사가 창출될 뿐만 아니라 지역 전통과의 결합을 지향하는데, 이것은 포클로리즘이라고 부르는 현상이나 다름없다(八木 1998:128, 142-143) 는 것이다.

야기는 민속문화의 변형이나 재편성, 부활을 포클로리즘이라고 보고 포클로리즘 개념의 정착화를 도모하였는데, 흥미로운 점은

---

2 무용수와 가수가 북과 징을 치며 염불하면서 추는 집단무용.

야기가 여태까지의 언설을 수정하여 '진정한 민속'과 '가짜 민속'이라는 이항 대립을 부정한 것이다. 야기는 이렇게 이야기하였다. 무대화된 모든 공연 종목에 진짜는 보이지 않고 가짜도 존재하지 않는다. 그것은 전통적으로 진정하다고 여겨진 것부터 전통을 좇아 새롭게 만들어진 것까지 광범위하게 연결되어 있다. 이 연속성을 만들어 내는 과정을 이해하려면 진짜와 가짜를 이항대립으로 파악하는 종래의 방식은 무력하다(八木 1998:143)는 것이다.

포클로리즘과 민속문화의 진정성(진짜)은 서로 뒤얽혀 있다. 야기는 포클로리즘으로부터 진정성을 떼어 내어 포클로리즘이라는 개념을 명쾌하게 만들었지만 문제가 해결되지는 않았다. 포클로리즘이라는 개념이 '일차적 민속문화' 또는 '본래 맥락의 민속문화'를 자명한 전제로 함과 동시에, 이것과 '이차적으로 창출된 민속문화' 또는 '새로운 맥락에서 재구축된 민속문화'의 관계가 반드시 명쾌하지는 않기 때문이다.

여기에서 포클로리즘은 1960년대 전반에 독일 민속학자가 제창한 개념이라는 점을 다시 상기하고 싶다. 이 시기의 유럽 사회는 전술한 바와 같이 큰 변동기를 통과하고 있었다. 이 개념이 일본 민속학자들에게 소개되고 도입된 시기는 그로부터 20년 후인 1980년대 포스트모던 상황이 한창인 때였다. 당시 일본 사회도 고도경제성장하에서 계속 변동하고 있었다. 이러한 변동과정에서 일본의 민속문화는 사회변동에 수반해 서서히 쇠미해지고 있었음은 말할 나위도 없다.

민족국가(국민국가)가 형성되던 메이지 시대 초기에 국민축제일과 일요휴일제가 제도화되고 일본의 공통문화의 틀이 만들어졌고, 메이지 중기에 인전결혼을 대신하여 신전결혼이라는 새로운 민속문화로서의 공통문화가 창출되었다는 것은 이미 지적하였다. 이렇게 근대사회에 창출된 공통문화의 특징은 획일성 또는 균일성이다. 그로부터 1세기 정도 지난 지금, 획일화되고 균일화된 공통문화는 국경을 넘어 공유되는 '글로벌 문화'와 함께 매스미디어 등을 매개로 하여 전국적으로 급속하게 보급되고 있다. 그에 호응하듯이 각지의 민속문화도 서서히 자율성을 상실해 가고 있다(그림 3 참조).

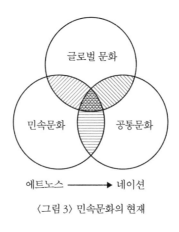

〈그림 3〉 민속문화의 현재

1987년에 '4전종(제4차 전국종합개발계획)'이 '다극분산형 국토 형성'을 기본 목표로 삼고 이벤트의 활용을 '개성 풍부한 지역 만들기'의 구체적 시책으로 삼은 결과, 지역사회 사람들은 공통문화나 글로벌 문화의 보급에 대항하여 자신들의 정체성을 키워준 고향에 뿌리내린 민속문화를 재인식하고 재평가하게 되었다. 각지의 시정촌이 이 시책을 받아들여 '지역 활성화'를 목표로 하여 움직이기 시작했기 때문이다.

그리하여 지방자치단체와 기타 공공기관이 주도하여 민속문화의 '담당자'를 끌어들이면서 여러 가지 마쓰리나 이벤트가 잇달아 만들어졌다. 그중에는 매스미디어에서 본 외부 민속문화 요소를 해당 민속문화에 집어넣은 것도 있다. 창작 다이코라 불리는 나가사키 현의 와다이코는 이렇게 수용된 민속문화 요소의 하나일 것이다.

이것은 많은 민속문화가 지방자치단체 같은 공공 '버팀목'에 의해 직접적 또는 간접적으로 '조작'·'재창출'·'재구축'되고 있음을 의미한다. 그 결과, 민속문화 안에 여러 가지 공통문화나 글로벌 문화의 요소가 담기게 되었다. 고베마쓰리나 미도스지 퍼레이드, 고토렛토 후쿠에시마의 이벤트 등은 외부로부터 공통문화나 글로벌 문화의 요소를 수용한 민속문화의 변용과정을 상징한다고 보아도 좋을 것이다.

이러한 포스트모던 상황에서 이루어지는 민속문화의 변용을 검토하려면 그 나름대로 민속문화의 변용과정을 분석하는 틀이 필요할 것이다. 40년 전에 제창된 포클로리즘이라는 개념만으로는 여러 가지 요소가 복잡하게 얽힌 현대사회의 민속문화 변용과정을 총체적으로 파악할 수 없기 때문이다. 그렇다면 민속문화 변용과정의 분석틀로서 에트노스-민속문화/네이션-공통문화라는 한

쌍의 대립 개념을 설정해 보면 어떨까?

근년에 획일화되고 균일화된 공통문화에는 개개 민속문화 요소를 포함한 것이 적지 않다. 시마네 현에서 창출된 신전결혼과 나가사키 현에서 창출된 창작 다이코도 그중 하나일 것이다. 이것은 민속문화의 기반이 근대 이전부터 존속한 '에트노스로서의 민족'에서 이것을 모체로 하여 근대 이후에 형성된 '네이션으로서의 민족'으로 치환되고 있음을 시사한다. 일본 민족문화national culture의 부분문화로서의 민속문화folk culture는 에트노스로서의 민족의 다양한 문화에서 네이션으로서의 민족의 균일화되고 획일화된 공통문화로 전환되고 있다고 볼 수 있다.

그렇다고 해서 민속문화와 공통문화가 서로 완전히 비연속적이지는 않다. 네이션이 에트노스에 기반을 두고 있듯이, 공통문화에는 근대 이후에 창출된 비연속적 문화 외에 근대 이전부터 존속해 온 민속문화와 연속된 부분도 있기 때문이다. 그러한 까닭에 일본의 민속문화와 공통문화는 근대 이후의 역사과정에서 서로 뒤얽혀 있다. 이러한 뒤얽힘을 어떻게 파악할 것인가는 야나기타 구니오 이후 '자문화 연구'에 종사하는 현지인류학자나 민속학자의 과제일 것이다.

공통문화의 재검토

도시축제의 세계

지금으로부터 10년 전에 나는 일본 사회에서 이루어지던 증여교환 (증답) 문제를 검토한 적이 있다(伊藤 1995). 증여교환이란 상품으로서 물건이 매매되는 경제교환과 달리 선물(오쿠리모노贈り物)로서 물건을 주고받는 사회적 상호작용이다. 그때 증여교환의 문화적 배경에 주목하여 대중소비사회의 도시축제와 의도된 교환을 검토하였다. 이 것을 실마리로 하여 1980년대 이후 왕성하게 이루어진 도시축제의 세계와 의도된 교환을 민속문화의 현재 문제로 재검토하고자 한다.

마쓰리의 본체를 '깃드는籠る' 것으로 규정하고, 마쓰리는 본래 "술과 음식으로 신을 모셔 오고자 말씀을 올리는 사이 일동이 그 앞에 대좌하는 것"이라고 한 이는 야나기타 구니오이다(柳田 1998g:418). 야나기타는 금기나 정진, 나오라이直会[3] 등의 엄숙한 분위기에서 행해지는 신과 인간의 교류를 마쓰리의 중심으로 삼는 한편, 제례를 마쓰리의 일종이라고 생각하고 이것을 "아름답고 화려하며 즐거움이 많은 것" 또는 "구경꾼들이 모여드는 마쓰리"라고 규정하였다(柳田 1998g:378).

야나기타에게 제례는 마쓰리의 하위 범주에 불과하지만, 근년의

---

3 음복. 신사에서 제사를 마친 후 제사 지낸 음식으로 베푸는 연회.

도시 마쓰리 연구는 주로 구경꾼이 모여드는 '보여 주는 마쓰리'로서의 제례에 집중되는 것 같다. 우치다 다다요시는 도시의 마쓰리를 '도시축제'라고 부르고, 이것을 근세 이전부터 현대까지 전해져 온 제례(교토의 기온마쓰리)와 근대에 창출된 박람회적 이벤트(교토의 지다이마쓰리), 패전 후 지역 활성화를 위하여 창출된 이벤트(고치의 요사코이마쓰리)로 분류하였다(內田 2000:131). 우치다의 마쓰리는 야나기타의 제례에 해당하는데, 우치다가 나눈 분류의 특징은 도시축제를 근대 이전과 근대 이후로 나누어 근대 이전의 도시축제를 '제례', 근대 이후의 도시축제를 '이벤트'로 본다는 것이다. 우치다에 따르면 고베마쓰리와 오사카의 미도스지 퍼레이드는 모두 이벤트라고 할 수 있다.

또한 우치다는 이벤트를 '신불神佛이 등장하지 않는 마쓰리'라고 설명하였는데, 민속학자 고마쓰 가즈히코도 우치다와 마찬가지로 마쓰리와 이벤트의 차이를 '신에게 올리는 제사 유무'에서 찾았으며, 이벤트에서 주최자가 의식하는 것은 '신'이 아니라 '손님'이라고 하였다(小松 1997:20-21). 고마쓰는 지역의 경제적 활성화를 목적으로 한 이벤트의 예로 교토후京都府 오에마치大江町의 귀신(鬼)을 사용한 행사를 들었다. 이 행사의 관계자들이 이리저리 궁리하여 현대풍의 다채로운 세계를 표상하는 양상이 흥미롭다. 이 이벤트의 관계자들은 미나모토노 요리미쓰源賴光가 슈텐도지酒呑童子[4] 일당을

4 오에야마 등지에 살았다고 전해지는 오니鬼의 두령이다. 술을 좋아하여 부하들에게 이 이름으로 불리었다고 한다.

퇴치했다는 전설의 무대가 이 지역의 오에야마계大江山系[5]라는 이 야기를 '문화자원'으로 활용하여 이벤트를 창출하였다.

고마쓰에 의하면 관계자들은 지혜를 짜내어 관광객을 유치하기 위하여 새로운 '문화'를 창출하기로 하였다고 한다. 조나이町內의 중요한 곳에 귀신의 상과 그림을 배치하고 전문가에게 오니가와라 鬼瓦 제작을 의뢰하였으며, '슈텐도지마쓰리'를 만들고 '귀신 박물관'을 건설하였으며 귀신 애호자를 전국에서 결집할 목적으로 '세계귀신학회'를 조직하였다고 한다. 또한 귀신을 구실삼아 '귀신주', '귀신 과자' 같은 관광객용 특산품도 만들었다(小松 1997:34-35).

종교학자 소노다 미노루薗田稔는 우치다와 고마쓰의 마쓰리와 이벤트의 규정을 보다 깊이 해석하여 마쓰리와 이벤트의 차이를 두 가지로 나누었다. 첫째, 마쓰리는 반복성을, 이벤트는 참신함을 특징으로 한다. 전자가 해마다 반복되는 것에 의의가 있는 데 비해 후자는 참신함에 가치가 있고, 신기하고 획기적인 기획이 항상 요구된다. 둘째, 마쓰리에는 세속사회의 규범을 역전하거나 돌파하는 요소가 있지만 이벤트에는 마쓰리 본래의 종교적 카오스를 허용하는 여지가 없다(薗田 1988:119-121).

마쓰리는 '비일상 세계'의 상징적 행위라고 일컬어진다. 그 양극에는 엄숙하고도 장중한 '초일상 세계'와 떠들썩하고 야비한 '반일

---

5 교토후京都府 단고丹後 반도에 위치한 오에야마는 요사노마치与謝野町, 후쿠지야마시福知山市, 미야즈 시宮津市에 걸친 연산連山이다. 산계山系란 서로 밀접하게 한 계통을 이룬 두 개 이상의 산맥을 말한다.

상 세계'가 있다. 전자는 '제의'로 표상되고 후자는 '축제'로 표상된다.

초일상 세계란 일상 세계의 질서나 규범을 넘어선 상징 세계를 말한다. 이 세계에서는 신과 인간의 소통이 엄숙한 분위기에서 일정한 형식에 기초하여 이루어진다. 야나기타가 말한 '깃듦'을 본체로 한 마쓰리는 초일상 세계가 표상되는 제의를 가리킨다. 시마네현島根県 야쓰타바 군八束郡 가시마마치鹿島町의 사타佐太 신사의 모노이미마쓰리物忌み祭り는 그러한 대표적인 제의이다. 모노이미마쓰리는 '오이미상ォイミサン'이라 불리며, 매년 11월 20일부터 약 일주일간 개최된다. 이전에는 11월 11일부터 17일까지를 우에이미上忌み, 18일부터 25일까지를 시모이미下忌み라고 정하고 2주간 개최하였다. 이 기간에는 마쓰리에 직접 종사하는 신관 외에 신사 근처에 사는 사람들도 매일 정숙한 생활을 보낼 것을 강요당하였다고 한다(伊藤 1984:68).

반일상 세계란 일상 세계의 질서가 부정되고 그 규범이 확산되는 상징 세계를 가리킨다. 이 세계에서는 떠들썩한 상황에서 에너지가 방출되고, 세속적 질서나 규범을 일탈하는 행위가 용인되며, 일상생활의 지위나 역할이 뒤집어지는 상징적 역전이 나타난다. 일본의 축제에는 하다카마쓰리裸祭り,[6] 오시아이마쓰리押し合い祭り,[7]

---

6 마쓰리에 참가하는 사람들이 태어날 때처럼 나체 또는 나체에 가까운 청정무구한 모습으로 행하는 마쓰리.
7 오곡풍양과 무병식재의 소원을 담아 젊은이들이 나체로 밀고 당기는 행위를 반복하는 마쓰리.

겐카마쓰리喧嘩祭り,[8] 아쿠타이마쓰리悪態祭り[9] 등이 있다. 오카야마 현岡山県 사이다이지 시西大寺市의 사이다이지 관음의 에요会陽는 하다카마쓰리라고 불린다. 매년 2월 중순(이전에는 1월 14일)에 훈도시下帯 하나만 걸친 벌거숭이 남자들이 원주院主가 던진 신목神木을 서로 차지하려고 몸싸움을 벌이는데, 서로 밀고 당기다가 부상자가 나오기도 한다. 효고 현兵庫県 히메지 시姫路市 시라하마마치白浜町 마쓰바라하치만구松原八幡宮의 아키마쓰리秋祭는 메가妻鹿의 겐카마쓰리로 알려져 있다. 이 마쓰리에서는 미코시神輿[10]를 서로 부딪혀 승부를 내는데 승부가 격렬할수록 신의 뜻에 맞는 것이라고 일컬어진다.

아쿠타이마쓰리 때는 일상 세계의 질서에서 일탈하는 행위가 용인되고, 마쓰리 날에 참예인이 욕을 주고받는다. 이하라 사이카쿠井原西鶴의 『세켄무네산요世間胸算用』(1692)에는 교토 기온 신사에서 오미소카大晦日[11]의 밤에 하는 '오케라마이리おけら詣'[12]에 남녀노소 참예인이 좌우로 갈라져 '너는 3일 안에 떡이 목에 걸려 도리베노

---

8 마쓰리 중에 수레나 미코시를 서로 부딪혀 가며 하는 마쓰리의 총칭. 싸우는 것처럼 보이기 때문에 겐카(싸움) 마쓰리라고 부른다.

9 수레에 탄 텐구(상상의 괴물)에게 온갖 욕을 하여 액막이를 하는 마쓰리.

10 마쓰리 때 신을 신사에서 옮겨 모실 때 쓰는 가마.

11 섣달 그믐날.

12 교토 기온의 야사카 신사에서 행해지는 연중행사. 참예인은 길조를 의미하는 새끼 줄에 오케라白朮(약초의 일종. 우리말로 삽주라고 한다.)를 태운 화톳불을 옮긴 후 불이 꺼지지 않도록 빙빙 돌리면서 집으로 가져온다. 이 불을 집에서 신을 모시는 사당인 가미다나神棚에 모시거나 조니雑煮(정월에 먹는 떡국)를 끓이는 불씨로 삼는다.

鳥部野[13]에 장사 지낼 것이다'라거나, '네 마누라는 정월 초하루에 미쳐서 네 아이를 우물에 빠뜨릴 것이다' 등등 서로 욕을 주고받는 모습이 그려져 있다. 과거에는 널리 행해진 것 같은데 지금은 완전히 쇠퇴하였다. 일상생활의 지위나 역할의 상징적 역전이라고 잘라 말할 수는 없지만, 일본의 민속문화 중에는 남성이 여장을 하는 행사가 있다. 미에 현三重県 시마 군志摩郡 다이오초大王町 후나고시船越에서는 오미소카의 마쓰리에 젊은이들이 자매의 꽃무늬 속옷을 입고 취한 채로 삼삼오오 모여 집집마다 방문하여 여자아이들에게 농을 걸면서 잡목과 짚을 얻은 후에 신사에서 가져온 불로 태워 풍어나 풍작을 기원한다고 보고되었다(伊藤 1984:68-72).

일본의 마쓰리에 표상되는 상징 세계는 제의에 표상되는 초일상 세계와 축제에 표상되는 반일상 세계가 양극단에 있는데, 대중소비사회라 불리는 현대사회에서는 고치의 요사코이마쓰리나 고베 마쓰리, 오사카의 미도스지 퍼레이드 등의 도시축제에 이러한 두 가지 상징 세계와 다른 '제3의 상징 세계'가 표상되었다. 이것은 마쓰리의 존재방식이 변화함과 동시에 비일상 세계의 다극화가 촉진되었기 때문일 것이다.

제3의 상징 세계는 일상 세계의 질서나 규범을 넘어선 초일상 세계가 아니다. 또한 세속적 질서가 부정되고 그 규범이 확산되고 일탈행위가 용인되는 반일상 세계도 아니다. 초일상 세계나 반일상

---

13 교토 시 기요미즈데라清水寺 남쪽의 들판. 일찍이 헤이안 시대 초기부터 교토 근교에 존재하였던 장송葬送 지역으로 유명하다.

세계같이 일상 세계와 대립되는 세계도 아니다. 미도스지 퍼레이드의 '아메리카무라 카니발'처럼 일상 세계를 엮어 넣어 세속성을 그대로 드러낸 상업주의를 용인하는 세계이다. 그러한 의미에서 이 세계는 일상 세계의 연장선상에 있으며, 일상 세계와 부즉불리의 관계에 있다고 할 수 있다.

나는 이러한 특징을 지닌 제3의 상징 세계와 그것을 표상하는 도시축제를 '탈일상 세계'와 '의사 축제擬似祝祭'라고 이름한 바 있다(伊藤 1995:163-164). 그것이 타당한지 어떤지는 차치하더라도, 계속 급격히 변화하는 현대사회에서 비일상 세계의 다극화가 촉진되고 있음은 부정할 수 없는 사실일 것이다. 초일상 세계와 반일상 세계로 양극화된 비일상 세계는 도시축제가 잇달아 창출되어 널리 보급됨에 따라 제3의 탈일상 세계를 창출하게 된 것이다. 이러한 상징 세계의 다극화 현상을 민속문화 변용과정의 분석틀로 파악한다면 어떻게 이야기할 수 있을까?

우선 탈일상 세계는 일본의 근대에 형성된 네이션으로서의 민족이 창출한 공통문화로서의 도시축제가 표상하는 상징 세계라고 볼 수 있다. 그렇다고 해서 이 세계가 근대 이전부터 전승되어온 에트노스로서의 민족의 민속문화와 전혀 관계가 없다고 잘라 말할 수는 없다. 고베마쓰리의 '항구 퍼레이드'에 신사 제식을 따른 항구 번영과 해상 안전 기원제가 포함되었듯이, 탈일상 세계를 표상하는 도시축제에도 에트노스로서의 민족이 전승해온 민속문화의 요소가 묻혀 있기 때문이다.

따라서 제3의 탈일상 세계에서도 공통문화와 민속문화의 뒤얽힘이 발견된다. 이러한 뒤엉킴은 앞으로 어떻게 변모해 갈까? 그것이 일본의 역사과정 안에서 에트노스로서의 민족과 네이션으로서의 민족이 뒤얽힌 문제임은 두말할 필요가 없다.

세태로 본 의도된 교환

의도된 교환이란 2월 14일 밸런타인데이와 한 달 후인 3월 14일 화이트데이에 선물을 주고받는 증여교환(증답)을 말한다. 이 교환은 새로운 도시축제와 마찬가지로 현대 대중소비사회를 상징하는 이벤트이다. 도시축제가 자치단체나 공공기관이라는 공공의 '버팀목'에 의해 창출되는 것과 마찬가지로, 의도된 교환도 민속문화의 '담지자'가 아닌 특정 기업에 의해 창출되고 있기 때문이다.

의도된 교환은 1970년대에 시작되었다고 한다. 1980년대에 들어서자 미디어가 주도하여 '봄의 풍물시風物詩'로 다루게 되었다. 성 밸런타인은 서력 269년경에 순교사한 로마의 사제이고, 밸런타인데이는 유럽에서 2월 14일에 개최되는 축제로서 이날 사랑하는 사람에게 선물을 주는 관습이 있었다고 전해진다.

우리와는 관계없는 축일인 밸런타인데이가 일본 사회에 선물을 주는 날로 받아들여진 것은 양과자 업계가 이 관습을 초콜릿 판매 전략에 이용하며 매출이 매년 상승하게 되었기 때문이라고 한다. 포클로리즘론의 맥락에서 보면 밸런타인데이의 '일차적 민속문화'

또는 '본래 맥락의 민속문화'는 유럽 민속문화의 요소가 될 것이다.

양과자 업계에서는 답례하는 날을 한 달 후인 3월 14일로 정해 화이트데이라 이름 붙이고, 여성에게 초콜릿을 선물받은 남성이 답례로 마시멜로 등의 하얀 과자를 선물하는 날로 선전했다고 한다(『아사히신문』 1983. 2. 12).

양과자 업계가 화이트데이라는 답례일을 만들어낸 것은 독창적이고 교묘한 판매 전략이다. 우리의 사회생활에 '의리'라 불리는 호혜성 규범이 깊이 뿌리내려 있고, 선물에는 반드시 답례가 수반되는 관습이 있다는 사실에 양과자 업계가 착안했기 때문이다.

일반적으로 호혜성은 교환의 동의어라고 생각되지만(サ リンズ 1984:233-235), 호혜성이 교환 그 자체는 아니다. 행위로서의 교환을 규정하는 교환 당사자 간의 권리와 의무에 기초한 상호관계이다. 이러한 호혜성 규범으로서의 의리는 두 가지 의미가 있다. 하나는 '의리가 있다', '의리를 갚다', '의리를 받다'와 같이 빚(부채)을 지고 그것을 갚는 것이다. 또 하나는 '의리가 굳다', '의리를 빠뜨리지 않는다', '의리를 다한다'와 같이 도덕적 의무와 그 수행이다(伊藤 1995:103-106).

선물 교환은 선물을 보내는 측이 답례를 기대하는 마음과, 선물을 받는 측이 답례의 의무를 다하려는 의리와 뗄 수 없을 정도로 깊게 결부되어 있다. 양과자 업계는 이러한 호혜성 규범에 착안하여 초콜릿의 판로를 확대하고자 화이트데이를 만들어 냈을 것이다. 이른바 '의리 초코'는 이 같은 맥락에서 생겨난 조어이다.

밸런타인데이와 화이트데이의 선물 교환은 1980년대부터 양과자 업계뿐 아니라 여러 업계를 끌어들였다. 양주 회사에서도 이날을 양주 판매 촉진의 기회로 이용하고 있다. 하트 모양 병이나 미니어처 병, 핼리 혜성을 본뜬 원추형 병 등, 젊은 여성의 기분을 흔드는 선물을 판매하기 시작하였다(『아사히신문』 1986. 1. 24).

백화점에서도 '밸런타인데이 판매 전쟁'을 적극적으로 추진하여 간사이關西 지방에서는 판매를 촉진하려고 신사까지 동원하였다고 한다. A백화점에서는 인연의 신으로 알려진 효고 현 다카사고 시高砂市의 오우시코生石 신사에 '출장'을 부탁하여 밸런타인데이부터 '미니 신사'를 매장에 특설하고, 3월 14일 화이트데이에 선착순으로 신청한 커플 열 쌍에게 '사랑을 굳히는 기도식'을 무료로 열어준 후 기도가 끝난 초콜릿을 작은 돌 모양의 패키지에 넣은 고이시小石(戀し)[14] 초콜릿을 판매하였다. B백화점에서는 교토 시의 인연의 신이라 일컬어지는 지슈地主 신사와 손잡고 액을 물리치는 '인연 털실'을 출시하고 1월 29일부터 2월 14일까지 머플러나 쿠션 같은 편직물을 만드는 일일 강습회를 개최하였다(『아사히신문』 1988. 1. 29).

밸런타인데이의 양과자 판매대상은 애완동물로까지 파급되었고, 여기에 화과자 업계와 일본주 업계, 맥주 업계도 뛰어들었다. 도쿄의 어느 백화점에서는 애완동물용품점에 밸런타인데이 코너가 신설되었고, 리본을 단 작은 상자에 초콜릿이나 비스킷, 쇠고기

───────────────

14 사랑한다는 뜻의 고이시戀し와 발음이 같다는 것을 이용하였다.

육포 등을 담아 애완동물을 위한 선물로 판매하였다. 연말에 애완동물용 오세치 요리를 판매한 요코하마의 어느 백화점에서는 밸런타인데이에 맞춰 신제품 개·고양이용 컵라면을 '완멘', '냔멘'[15]이라고 이름을 붙여 팔았다. 유업계의 한 펫푸드 제조·판매회사는 카페인 등을 빼고 단맛을 줄인 애완동물용 초콜릿을 판매하였다.

화과자 업계는 '제2의 초콜릿'을 목표로 삼았다. 지바 현 내 백화점에 출점한 교토의 어느 화과자 가게는 이 시기에 하트 모양 밀크만주와 밤 낫토에 '사랑하는 마음' 등의 이름을 붙여 팔았는데, 매년 매상이 약 10퍼센트씩 신장했다고 한다. 일본주 업계에서는 하트 모양 병에 '미스터리어스 하트mysterious heart'라는 이름을 붙였고, 맥주 업계도 생맥주에 '드림 하트'라는 이름을 붙여 백화점 매장에 풀어 놓았다. 가나자와 시의 토속주 주조회사도 병에 든 순쌀 술을 대형 사전 크기의 상자에 넣어 '사랑을 불붙이는 사전'이라는 이름으로 판매하였다(『아사히신문』 1990. 2. 10).

양과자 업계가 창출한 의도된 교환에 여러 업계가 뛰어들어 아이디어 경쟁을 벌인 지 10년 정도 지나자 직장 여성들 사이에 남성 상사나 동료에게 초콜릿을 의무적으로 증여하는 분위기에 대한 저항이 생겨난 것 같다. 그래서 어느 백화점에서는 밸런타인데이와 화이트데이를 존속하고자 1월 14일부터 2월 14일까지를 '밸런타인데이 기간'으로 정하고 답례 사탕이나 손수건, 속옷 등을 판매하

---

15 강아지의 울음소리는 '완'이라 표기하고, 고양이의 울음소리는 '냔'이라고 표기하는 데서 따온 것이다.

였다고 한다(『아사히신문』 1992. 4. 22).

밸런타인데이와 화이트데이의 선물 교환은 그 후에도 조금씩 모습을 달리하면서 계속되고 있는 것 같다. 1997년 2월 9일에 "'끝까지 지켜본 사랑' 물품 속속", "밸런타인 '연애 청산 시장' 의류·반지·신발 여성이 가져온다"라는 표제가 붙은 기사가 게재되었다. 남성에게 사랑을 고백하는 밸런타인데이를 계기로 '과거의 연애에 청산을'이라는 구호 아래 헤어진 연인에게서 받은 선물 등을 파는 벼룩시장이 도쿄 시부야에 있는 백화점에서 11일부터 14일까지 열렸다는 것이다. 처분된 물품은 가게가 맡아서 액막이를 한 뒤 판매되었다. 물건을 가져오는 이는 대부분 여성이었다고 한다(『아사히신문』 1997. 2. 9).

'봄의 풍물시'에도 이변이 일어났는데, 그 후에도 의도된 교환은 계속되었던 것 같다. 도쿄의 백화점에서는 화이트데이에 쿠키나 꽃무늬 손수건이 '의리 초코 답례'로 팔렸고, 긴자의 어느 백화점에서는 의료용 풀로 하트 모양의 크리스털 유리를 목에 직접 붙일 수 있는 스킨 젤리가 팔렸다(『아사히신문』 2000. 3. 14). 또 다른 백화점에서는 월드컵 축구대회의 인기에 착안하여 밸런타인데이에 축구공 모양의 초콜릿이 팔렸다고 한다(『아사히신문』 2002. 2. 1).

밸런타인데이와 화이트데이의 선물 교환은 미디어에서 다루어진 지 20년 정도 경과했는데, 이 의도된 교환은 일본 사회에 상당히 정착한 것 같다. 흥미로운 점은, 1996년경부터 의도된 교환 중에서 교환과는 별도로 '공적 증여'가 싹텄다는 것이다. 공적 증여란 개인 간의 사적 증여에 대하여 국외나 국내의 불특정 다수에 대한 자선행위로서의 증여를 말한다. 노동을 증여하는 자원봉사 활동이나 헌혈(혈액 증여), 장기 제공, 개발 원조 등이 여기에 해당한다. 이것은 글로벌화·무경계borderless화가 진행되어 세계가 하나의 공동체로 생각되는 현대사회에서 증여의 특징 중 하나가 되었다. 이러한 증여는 모두 자발적이고 보상을 바라지 않는 행위이므로 물건이나 돈, 노동, 정보, 기술, 지식 등의 재화가 아낌없이 나누어진다(伊藤 1996:8-13).

스미토모 해상화재 보험회사의 사회공헌활동 그룹 '스미토모 해상 100(hundred) 클럽'은 밸런타인데이에 즈음하여 러시아의 아이들이 그린 그림을 넣은 카드를 만들어 판매한 수익금으로 아프리카 등 소외된 지역의 아이들에게 도움을 주고 있다. 매년 호평을 얻어 1996년에는 '아동지구기금'으로부터 그림을 빌려 밸런타인데이에 사용할 수 있도록 여섯 종류의 색깔로 인쇄한 카드를 만들었다고 한다(『아사히신문』 1996. 2. 1). 시민단체 '피스보트'는 한신·아와지 대지진 이후 1년여 동안 고베 시 나가타 구에서 피해자 지원활동을 계속하였는데, 1996년에 고베의 아이들을 격려하는 '밸런타인 작전'을 시작했다고 한다(『아사히신문』 1996. 2. 3).

이러한 종류의 공적 증여는 증여교환과 기본적으로 다르다. 증여는 재화가 한 방향으로만 이전하고 A가 교환 가능한 재화 x를 B에게 주어도 B는 아무것도 답례하지 않는 행위인 반면, 교환은 재화의 이전이 쌍방향적이고 A가 교환 가능한 재화 x를 B에게 주면

B는 그것을 받고 A에게 교환 가능한 재화 y를 답례하는 행위이기 때문이다. 결국 일본 사회에서는 오본의 추겐中元이나 연말의 세밑 교환이 보여 주듯이 증여보다도 교환이 중시되므로, 의도된 교환으로부터 공적 증여가 파생한 현상은 주목할 만한 가치가 있다.

앞에서 말했지만, 의도된 교환은 현대의 대중소비사회를 상징하는 이벤트이다. 이 이벤트는 과거의 민속문화와는 직접적인 관계가 없다. 밸런타인데이는 유럽의 관습을 도입한 증여의 날, 화이트데이는 현대 일본 사회에서 새롭게 창출된 답례의 날이다. 두 날은 모두 국민축제일도 휴일도 아닌 보통날일뿐이다(伊藤 1995:116). 그러므로 의도된 교환은 네이션으로서의 민족이 가진 공통문화의 일환으로서 근년에 창출된 민속문화라 볼 수 있는데, 오본의 추겐이나 연말의 세밑 교환, 즉 증여교환이라는 민속문화가 그 기층에 있다는 것은 부정할 수 없다. 그러한 의미에서 의도된 교환도 도시축제와 마찬가지로 에트노스로서의 민족이 가진 민속문화와 뒤얽혀 있다고 할 수 있다. 그러한 뒤얽힘을 어떻게 파악할 것인가는 야나기타의 일국민속학 이후 중기 지속으로서 '과정으로서의 역사'를 밝히는 역사민속학의 새로운 과제가 될 것이다. 기층문화에 초점을 둔 '여러 개의 일본'론만이 역사민속학의 과제는 아니기 때문이다.

인류학적 자화상의 미래

흔들리는 정체성

정체성identity은 파악하기 매우 힘든 개념인데, 개인적 정체성이나 집합적 정체성이나 모두 특정한 역사적 상황에서 만들어지기(Macdonald 1993:6) 때문이다. 더욱이 정체성은 결코 고정된 것이 아니다. 오히려 역사적 상황에서 끊임없이 요동친다. 오늘날과 같이 사회나 문화가 어지러울 정도로 변화하여 불안정한 상태가 오래 계속되면 정체성의 동요는 점점 더 격렬해진다. 스튜어트 홀Stuart Hall 등은 통일되고 수미일관하는 정체성은 환상이라고 잘라 말하였다(Hall 1992:277).

그런데 우리는 하나의 정체성만을 가지지 않는다. 사회생활에서 한 사람 한 사람이 다양한 지위를 차지하고 여러 가지 역할을 하는 것처럼 몇 가지 정체성을 몸에 지니고 있다(Epstein 1978:100). 그리고 그러한 정체성은 통일되지 않은 채 우리 안에 감춰져 있다. 이와 같은 정체성은 타자와의 관계에서 '우리'라는 집합적 자의식을 낳는다. 에트노스(에스닉 공동체)에 뿌리를 둔 에스닉 아이덴티티 ethnic identity도, 에트노스를 엮어 넣은 보다 큰 정치·사회 단위에 뿌리를 둔 내셔널 아이덴티티national identity도 집합적 자의식으로서의 정체성의 한 형태이다.

1970년대 이후 인간과학에서는 에스닉 아이덴티티 또는 내셔널 아이덴티티 문제가 주목받아 왔다. 그중에서 몇 가지 담론을 일본의 자문화 연구와 정체성의 관계를 생각해 보는 실마리로 삼고 싶다. 에스닉 아이덴티티를 둘러싼 담론 중에 주목하고 싶은 것이 두 가지 있다.

첫째, 에스닉 아이덴티티가 상황에 따라 변화하는 유동적 개념이라는 담론이다. 스티브 펜턴Steve Fenton은 에스닉 아이덴티티를 사회과정으로 보고 이것이 사회나 정치, 경제 구조 안에 묻혀 있음을 지적하고, 에스닉 아이덴티티가 상황에 따라 변화한다고 하였다(Fenton 1999:21). 이것은 에스닉 아이덴티티가 역사적·사회적 맥락에서 끊임없이 변화하는 상황적·관계적 개념임을 의미한다(Hettne 1996:17).

둘째, 에스닉 아이덴티티가 과거와 연속함으로써 구축된다는 담론이다. 에스닉 아이덴티티는 과거에 개인 또는 집단의 문화유산 안에 묻혀 버린 '과거 지향 아이덴티티'라고 규정된 적이 있는데

(DeVos and Romanucci 1975:363-364), 사회인류학자 토마스 힐란 에릭센Thomas Hylland Eriksen도 에스닉 아이덴티티를 과거와 이어진 연속성을 구상화한 것이라고 설명하였다(Eriksen 1993:68). 역사사회학자 앤서니 D. 스미스Anthony D. Smith가 '에트노스로서의 민족'을 에트니ethnie라 부르고 여섯 가지 속성을 들었던 것은 전술했는데, 그가 '공통된 기원과 출계신화'나 '공통된 역사적 기원'을 도입한 것은 에스닉 아이덴티티를 과거와 연속한 집합적 자의식이라고 생각했기 때문일 것이다(Eller 1999:30).

내셔널 아이덴티티를 둘러싼 담론은 에스닉 아이덴티티에 대한 담론에 비해 상황주의적이고 구축주의적인 색채를 띤다. 내셔널 아이덴티티는 몇 가지 '에트노스로서의 민족'의 정체성을 하나로 만들어낸 다분히 정치성을 띤 집합적 자의식이라고 생각되기 때문이다. 내셔널 아이덴티티의 특징으로서 역사적 연속성의 구상화, 공통된 공공문화 공유 등을 든 데이비드 밀러David Miller는 내셔널 아이덴티티를 근대에 창출된 "허구"(Miller 1995:22-25)라고 잘라 말한다.

스미스의 내셔널 아이덴티티론은 밀러의 언설에 비해 상황주의나 구축주의에 사로잡혀 있지는 않다. 그의 이론은 역사사회학적 관점에서 내셔널 아이덴티티의 근거를 검토한다는 점에서 일본의 자문화 연구와 정체성 문제를 생각하는 데 참고할 만하다. 1991년에 『내셔널리즘의 생명력』(원제 *National Identity*)을 출간한 스미스는 다음과 같이 이야기하였다. "내셔널 아이덴티티는 문화와 정치 양

면의 아이덴티티를 포섭하고, 문화적 공동체와 정치적 공동체에 모두 존재한다. 이 점은 중요하다. 왜냐하면 내셔널 아이덴티티를 형성하려는 시도는 지정학적 지도를 다시 그리거나 정치체제나 국가의 구성을 바꿀 정도의 정치적 결과를 초래하는 정치적 행위이기 때문이다"(スミス 1998:175).

정치적 공동체를 '정치적 단위', 문화적 공동체를 '민족적 단위' 또는 '문화적 단위'로 바꾸면 이 문장은 근대주의자 겔너의 내셔널리즘의 정의에 대응한다. 겔너가 내셔널리즘을 "정치적 단위와 민족적 단위가 일치해야 한다고 주장하는 하나의 정치적 원리"라고 규정하였기 때문이다(ゲルナー 2000:1). 겔너의 맥락에서 보면 스미스의 정치적 공동체는 정치적 단위로서의 국가(정치사회), 문화적 공동체는 민족적 단위 또는 문화적 단위로서의 네이션(민족)을 가리킬 것이다.

이러한 내셔널 아이덴티티의 기능에 대해 스미스는 세 가지 점을 지적하였다. 첫째, 사람들을 개인적 망각에서 구해 내어 집단적 신앙으로 되돌릴 수 있도록 강력한 '역사와 운명의 공동체'를 제공하는 것이다. 둘째, 에스노 히스토리(에트노스로서의 민족의 역사)를 제시하는 것이다. 셋째, 동포애의 이상을 실현한다는 약속이다. 퍼레이드나 기념의식, 전몰자 기념비, 깃발, 역사적 사건의 기록 같은 의례와 상징은 내셔널 아이덴티티의 성공과 지속에 결정적인 요소이다(スミス 1998:272-274).

여기에서는 '역사'와 '운명', '공동체'가 내셔널 아이덴티티의 기

능의 키워드인데, 겔너가 '민족적 단위'(내셔널 단위)를 '문화적 단위'로 바꾸는 것과 마찬가지로(ゲルナー 2000:67) 스미스도 네이션(민족)과 그 문화를 각각 치환 가능한 개념으로 간주하고 내셔널 아이덴티티를 문화적 정체성의 동의어로 보고 있다. 그리고 그는 문화적 정체성이 '연속성의 자각'과 '기억의 공유', '집단의 운명'에 관련된 아이덴티티라고 하며 다음과 같이 이야기하였다.

집단 수준의 문화적 정체성이란 세대를 넘어 여러 가지 요소가 균일함을 의미하지 않는다. 이는 어떤 문화적 단위 안에서 각 구성원 세대가 연속성을 자각하고, 역사상 이전의 사건이나 시기에 대한 기억을 공유하며, 더 나아가 그 문화적 단위나 집단의 운명에 대하여 각 세대가 받아들이는 개념이 있다는 점과 관련된다. 주민은 정해진 문화적 단위 안에서 여러 가지 문화적 요소를 지니고, 그 요소들이 연속성에 대한 의식, 공유하는 기억, 집단으로서의 운명이라는 관념을 형성한다. (スミス 1998:59)

M. 가이버나우Montserrat Guibernau도 문화적 공동체와 의미의 통일이 내셔널 아이덴티티를 구축하는 주요한 원천이라고 지적하고, 스미스와 마찬가지로 상징과 의례가 집합적 감정으로서의 내셔널 아이덴티티를 창출하는 결정적인 요인이라고 했는데(Guibernau 1996:73, 80-83), 내셔널 아이덴티티도 문화적 정체성도 개인적 정체성과 마찬가지로 고정되지도 불변하지도 않는다. 모두 역사적 상

황 안에서 요동치기 때문이다. 이것은 집합적 정체성이 역사과정에서 끊임없이 만들어지거나 다시 만들어짐을 의미한다.

그런데 '에트노스로서의 민족'이나 '네이션으로서의 민족'이 각각 위기 상황에 직면하면 '정체성의 위기identity crisis'가 생겨난다. 일반적으로 정체성의 위기는 개인 수준의 문제라고 생각되지만 개인이 집합된 사회문제이기도 하다(Piper 1993:63). 사회의 역사적 기반이 동요할 때마다 개인을 넘어 '우리는 누구인가', '우리는 어디에 귀속해 있는가', '우리는 무엇을 해야 하는가'라는 물음이 던져지기 때문이다.

현재 우리는 과거에 없던 큰 변동의 시대를 맞이하고 있다. 글로벌화·무경계화와 함께 국가의 제어를 넘어 문화가 등질화되고, 국경을 넘어 공유된 '글로벌 문화'가 보급되고 있기 때문이다. 이러한 움직임이 내셔널 아이덴티티를 잠식하고 있음은 부정할 수 없다. 그렇다고 내셔널 아이덴티티가 완전히 존재 이유를 상실해 버리지는 않았지만, 글로벌 문화의 창출에 대항하여 민족문화national culture 안의 지역적인 다양한 민속문화가 재평가되고 에스닉 아이덴티티나 로컬 아이덴티티가 재확인되는 것이 현실인 듯하다.

자문화 연구와 집합적 정체성

여태까지 두 가지 '민조쿠'학의 자문화 연구에 표상된 몇 가지 '인류학적 담론'을 검토해 왔다. 그것을 집합적 정체성의 맥락에서 재해석하면 다음과 같이 말할 수 있지 않을까?

인류학적 담론의 한쪽 끝에 야나기타 구니오의 '자기성찰'로서의 일국민속학이 있고, 그 반대쪽 끝에 야나기타의 언설을 비판하는 오카 마사오의 일본민족문화형성론이나 아카사카 노리오의 '여러 개의 일본'론이 있다. 전자에 내셔널 아이덴티티(문화적 정체성)가 표상되는 데 비해 후자에는 로컬 아이덴티티가 표상된다. 그리고 그 양극 사이에 가미시마 지로의 순성사회론이나 요네야마 도시나오의 소분지우주론, 오바야시 다료의 문화영역론 등의 인류학적 담론이 끼여 있다.

야나기타 구니오의 생애는 메이지, 다이쇼, 쇼와의 세 시대에 걸쳐 있다. 그의 생애를 근대 일본 내셔널리즘의 궤적에서 파악해 보면 다음과 같을 것이라 생각한다.

야나기타는 1875년 7월에 태어났는데 그 무렵의 일본은 구미 선진국을 모델로 한 민족국가(국민국가) 구축을 목표로 하여 시동을 건 시기였다. 야나기타의 청년기에는 서구화 사상에 대항하여 내셔널 아이덴티티의 확립을 지향한 메이지 시대의 내셔널리즘이 대두하였다. 장년기에서 노년기까지는 쇼와 시대의 울트라내셔널리즘이 풍미한 시대였다. 1931년 만주사변 전후부터 국내에서 우익화가 급속히 진전되었고, 4년 후인 1935년에 국체명징운동国体明徴運動이 활발해지고 일본정신을 고무하는 국가주의나 국수주의를 주장하는 서적들이 잇달아 간행되었다.

그리하여 일본은 파국을 향하여 돌진해 갔다. 1937년 중일전쟁 발발 후에 국가총동원법이 제정되고 1941년 12월 제2차 세계대전에 전면적으로 돌입하였으며 1945년 8월에 패전을 맞이하여 미증유의 위기 상황에 직면하였다. 그로부터 17년 후인 1962년 8월, 야나기타는 세상을 떠났다.

야나기타가 일국민속학이라는 학문의 창출을 단행한 때는 울트라내셔널리즘의 한복판에 있던 쇼와 시대 초기이다. 일국민속학의 뼈대를 굳힌 『민간전승론』(1934)에서 야나기타가 일국민속학의 목적을 '자국민 동종족의 자기성찰'로 규정하였던 것은 전술한 바 있다. '자국민'이란 '일본국민', '동종족'은 '일본민족', '자기성찰'은 스스로 돌아보고 그 시비를 생각하는 것이므로, '자국민 동종족의 자기성찰'이란 우리 일본국민·일본민족이 자신의 문화를 내성적으로 고찰한다는 의미가 될 것이다. 이를 우리 '문화적 정체성의 성찰'이라고 바꿔 읽을 수도 있을 것이다(伊藤 2004:7).

야나기타는 당시 근대 일본이 하나의 '네이션으로서의 민족'과 하나의 언어로 구성된 민족국가이며, 이것이 민속학이라는 학문을 성립시킨다고 확신하였다. 그러한 믿음에 근거하여 그는 새로운 학문영역으로서 일국민속학의 제창을 단행하였는데, 이러한 판단은 메이지 초기에 생겨나 다이쇼·쇼와 시대를 살아온 야나기타의 사상에서 자라난 민족적 의식이나 감정에 기인한 바가 크다.

야나기타의 오랜 생애 가운데 그가 문화적 정체성의 위기를 강하게 의식한 시기가 두 번 있다. 하나는 야나기타가 1923년 국제연맹 위임통치위원으로서 유럽에 머무르던 중 관동대지진 소식을 접했을 때이다. 그는 당시에 "정도正道의 학문을 일으키겠다고 결심하였다"(柳田 1997a:199)라고 회상했는데, '정도의 학문'이란 '자기성찰'과 '경세제민'을 표방한 일국민속학일 것이다. 야나기타가 두 개의 '민조쿠'학을 다룬 기관지『민족』을 간행한 때는 그가 유럽에서 귀국한 지 2년 후인 1925년이었다.

또 하나는 1945년 8월의 패전이다. 패전 직후에 야나기타는 『선조 이야기』(1946), 『신국학담』 3부작인 『사이지쓰 고찰』(1946), 『야마미야 고찰』(1947), 『우지가미와 우지코』(1947)를 잇달아 세상에 내놓았는데, 모두 문화적 정체성의 위기의식을 바탕으로 쓴 것이라고 해도 과언이 아니다(伊藤 2002:119-122). 덧붙여 1954년 12월, 야나기타는 산하 민속학자들과 함께 『일본인』이라는 책을 엮었는데, '일본인'이라는 표제를 붙인 것은 패전 후 문화적 정체성의 위기를 극복하고 그 근거를 분명히 할 필요를 통감했기 때문일 것이다. 야나기타는 『일본인』에 「일본인이란」과 「이에 관념」이라는 두 편의 논고를 기고하였다(柳田 編 1954).

야나기타의 일국민속학은 이와 같이 문화적 정체성을 이끌어 냈는데, '하나의 일본'이라는 일국민속학의 틀은 최근 들어 포스트모더니즘의 세례를 받은 탈구축론자의 좋은 표적이 된 것 같다. 포스트모더니즘은 문화의 전체성이나 균질성을 부정하고 문화의 차이성이나 이질성, 다양성을 중시하기 때문이다. 야나기타가 상정한 바와 같이 일본 문화는 결코 한 덩어리가 아니라는 것이 탈구축론자가 주장하는 '여러 개의 일본'론의 골자이다.

오카 마사오의 일본민족문화형성론이 오카가 1933년 7월 오스트리아의 빈 대학에 제출한 학위논문 「고일본의 문화층」을 기초로 한다는 점은 전술하였다. 「오카 마사오 연보」에 따르면 오카는 1929년 10월에 시부사와 게이조의 호의와 격려에 힘입어 빈 대학에 유학하여 빈 학파의 문화사적 민족학자 빌헬름 슈미트Wilhelm Schmidt, 빌헬름 코퍼스Wilhelm Koppers, 동남아시아 민족학자 로베르트 하이네겔데른Robert von Heine-Geldern 등의 문하에서 배웠고, 그 후 빈 대학 객원교수와 헝가리 부다페스트 대학 객원교수로서 빈에 체재하였다.

오카는 1940년 11월에 일시 귀국했다가 이듬해 독소전쟁이 발발하자 빈, 부다페스트 양 대학의 객원교수를 사직하고 참모본부 촉탁으로 위촉되어 1942년 5월 동남아시아 각지의 민족사정을 시찰하였다. 그리고 1948년 1월 문부성 직할 민족연구소가 설립되자 연구소원으로 임명되어 총무부장을 겸임하였다(岡 1979d:483-485).

오카가 빈 대학에서 학위를 취득하자마자 오스트리아는 히틀러 정권에 함락당하고 독오병합으로 인해 정부가 소멸하는 긴박한 정치상황에 처하였는데, 일본도 울트라내셔널리즘의 폭풍이 휘몰아쳐 중일전쟁과 제2차 세계대전에 돌입하였다. 오카의 학위논문 「고일본의 문화층」이 빈 대학의 영향을 받아 집필되었다는 것은 부정할 수 없지만, 이것을 발전시켜 일본민족문화의 다계·다원구조론을 전개한 「일본문화의 기초구조」(1958)는 그로부터 사반세기가 지난 후 그가 도쿄 도립대학에 재직할 때 집필한 논고이다. 오카는 「일본문화의 기초구조」에서 야나기타의 '하나의 일본'론을 비판하고 일본의 고유문화를 '이질·이계의 종족문화로 성립된 다원적 문화구조'라고 일관되게 주장했는데, 이러한 언설의 배경에 깔린 자문화에 대한 정체성은 어떤 것이었을까? 전전과 전시 중에 맹위를 떨친 단일민족사관에 기반을 둔 편협한 전체주의나 광신적인 천황숭배의 기억을 떨쳐버리지 못한 것은 아니었을까?

오카의 언설은 일본 민속문화의 다양성이 '몇 개 종족문화'의 역사적 연속성에 의한 것이라는 지적에 머물렀지만, 역사학자 아미노 요시히코의 '일본사상'의 영향을 강하게 받은 아카사카 노리오의 '여러 개의 일본'론은 로컬 아이덴티티의 재인식이 두드러진다. 아카사카가 지역연구로서의 '도호쿠학'을 제창한 것이 그 증좌일 것이다.

아카사카에 의하면 도호쿠는 다원적인 종족·문화가 남북으로 풍부하게 교차하는 카오스의 토지라고 한다. 거기에는 '여러 개의 도호쿠'가 묻혀 있다. 그것을 발굴하는 것은 일본 열도의 민족사적 경관 자체를 근저에서부터 변용해 가는 작업이다. 또한 이 작업은 '일본'이라는 국가의 판도를 뛰어넘어 시선을 아시아로 확장해야 할 필연을 안고 있다. 도호쿠학은 '여러 개의 도호쿠'에서 '여러 개의 일본', '여러 개의 아시아'로 새로운 역사 해석 방법을 찾아 출발하는 시도(赤坂 2000:188-189)라는 것이다.

이상은 서정적 문체로 써진 아카사카의 도호쿠학의 대강이다.

지금은 단지 그가 앞으로 어떠한 도호쿠학을 구축해 갈지를 지켜보는 수밖에 없다. 아카사카의 목표는 야나기타가 구축한 '하나의 일본'상을 탈구축하여 '여러 개의 일본'상을 재구축하는 데 있지만, 그가 '지역'을 '하나의 일본'이 무너져 가는 현장으로 파악하고 글로벌화에 대한 저항의 거점으로 삼는다는 점에서 도호쿠학은 포스트모더니즘에 의탁하여 로컬 아이덴티티의 재인식을 촉진하는 언설이라고도 볼 수 있다.

로컬 아이덴티티는 사람들이 태어나 자란 '고향'이라는 작은 생활공동체에 뿌리를 둔다. 고향이 어느 시대에나 사람들의 마음을 끄는 것은 그곳에서 '공통된 역사'나 '공통된 문화', '공통된 말', '공통된 감정'이 길러지기 때문일 것이다. 로컬 아이덴티티는 그러한 의미에서 에스닉 아이덴티티와 유사하다. 에스닉 아이덴티티도 로컬 아이덴티티와 마찬가지로 공통된 과거와 연속한다는 의식이나 감정에 의해 구축되고, '공통된 역사와 문화'가 기본 속성이기 때문이다.

이러한 로컬 아이덴티티의 재인식은 아카사카의 도호쿠학 제창에서만 보이는 현상이 아니다. 정치학자 고토 소이치로後藤総一郎가 오랫동안 계속해온 '상민대학常民大学[1] 운동'도 로컬 아이덴티티를 구축하려는 긴 호흡의 '풀뿌리 운동'이었다. 고토는 고향인 나가노

---

1 1970년대부터 야나기타 구니오 연구의 선두 주자였던 고토 소이치로가 세운 '도야마 상민대학'을 시작으로, 지역에서 야나기타 구니오를 배워 자기인식을 심화하고 스스로의 삶과 지역의 변혁을 목적으로 결성된 집단을 말한다.

현 미나미시나노무라南信濃村에서 출범한 '도야마遠山 상민대학'을 시작으로 10개소 지역 주민의 연구회를 조직했는데, 그중 하나인 도노遠野상민대학은 1987년 여름에 개강하였다.

1997년 8월에 출간된 고토 소이치로 감수·도노 상민대학 편저 『주석 도노모노가타리注釈 遠野物語』는 도노 상민대학의 참가자들이 고토의 지도하에 야나기타 구니오의 『도노모노가타리』를 독해하기 위하여 만든 주석서이다. 감수자가 쓴 「『도노모노가타리』의 신지평—주석연구 10년의 사보—」의 말미에서 고토는 야나기타 구니오가 '상민'이라 칭한 오늘날의 생활자의 학문 이념은 '역사'를 배움으로써 '자기인식'을 획득하는 것이며, 도노 상민대학은 배움을 실천하는 곳이라고 말한다. 그는 이렇게 이야기하였다. "원컨대 현지 도노의 시민들이 널리 이 책을 손에 들고 숙독하여 먼 선조의 고뇌에 넘친 정신사를 돌아보고, 그로부터 출발한 오늘날의 생활과 정신의 상태를 새삼 재검토하고 도노인으로서 '자기인식'을 심화해가면서 자긍심이 솟아오르는 모습을 기대한다"(後藤 監修 1997:4).

고토가 야나기타의 '일국민속학 운동'을 모델로 하여 상민대학운동에 정력을 기울인 지 사반세기 이상의 세월이 지났다. 그가 이같이 긴 호흡의 운동을 계속해온 것은 새로운 '재야 학문'을 구축함으로써 그 땅에 사는 사람들이 로컬 아이덴티티의 싹을 틔우고 보다 강인해지기를 바랐기 때문일 것이다. 그의 글에 반복해서 사용되는 '자기인식'이라는 말이 로컬 아이덴티티를 의미함은 새삼 말할 필요가 없다.

로컬 아이덴티티의 창출은 1980년대 이후 메이지 시대 이래 통합정책의 일환으로서 내셔널 아이덴티티 창출에 부심해온 정부에 의해서도 추진되고 있다. 많은 시정촌에서 지역 일체감의 창출이나 재창출을 지향하여 전개한 이른바 '지역 일으키기 운동'이 그것이다. 1987년에 책정된 '4전종'(제4차 전국종합개발계획)이 '다극분산형 국토 형성'을 기본 목표로 정하고 '개성 풍부한 지역 만들기'의 구체적 시책으로 이벤트 활용을 제시하였기 때문이다. 각지의 시정촌이 이 시책을 받아들여 지역을 활성화하고자 움직였고, 이듬해에 정부가 전국 3,246개 시정촌에 '후루사토 창생'을 목표로 거액의 자금을 지원한 것은 잘 알려진 사실이다. 이러한 정부 시책에 대응하여 각지에서 여러 가지 이벤트가 창출되었고, 전승이 끊어진 민속문화가 부활함과 동시에 민속문화에 글로벌 문화가 수용되어 왔음은 전술하였다.

일본의 인류학적 담론에 표상된 집합적 정체성은 야나기타와 아카사카의 언설이 상징하듯이 지금은 내셔널 아이덴티티에서 로컬 아이덴티티를 향해 움직이는 듯하다. 인류학적 담론은 다른 담론과 마찬가지로 그것을 낳은 역사·사회적 상황과 관계가 있지만, 이러한 집합적 정체성의 동요 속에서 내셔널 아이덴티티를 표상하는 인류학적 담론이 완전히 부정되었다고 판단할 수는 없다. 오히려 인류학적 담론 속에 현재도 두 개의 정체성이 뒤얽혀 공존해 있다고 해야 할 것이다.

현대 일본 사회는 글로벌화나 무경계화에 수반하여 국경을 넘어 공유된 글로벌 문화가 수용됨과 동시에, 국경을 넘어 옮겨 사는 사람들과 공존하는 '다민족공생사회'를 향해 변모해 가는 중이다(伊藤 2002:179-180). 이것은 일본 사회가 복수의 문화적 정체성을 지닌 민족을 서서히 껴안고 있다는 것인데, '타문화의 공존'은 몇 가지 어려운 문제를 품고 있다. 최근 영국의 다문화주의나 프랑스의 동화주의가 균열하는 현상에서 보듯이, 현대 민족국가의 틀에서는 새롭게 옮겨 살게 된 사람들이 기존의 '네이션으로서의 민족'이 가진 평등한 권리와 보장을 획득하기가 매우 어렵기 때문이다.

2005년 가을, 유네스코(국제연합 교육과학문화기구) 총회 제4위원회(문화 담당)에서 '문화다양성협약'이 채택되고, 각국이 고유문화나 다문화주의를 글로벌화로부터 지키기 위하여 보호나 조성 등의 조치를 취하기로 정했다고 한다. 이제 글로벌화는 우리의 내셔널 아이덴티티와 로컬 아이덴티티를 이전보다 더욱 격렬하게 뒤흔들 것이다. '자문화 연구의 인류학'으로서 두 개의 '민조쿠'학은 이렇게 정체성이 동요하는 가운데 이제부터 새로운 과제를 찾아 우여곡절이 뒤얽힌 길을 걸어가게 될 것이다.

후기

올해(2005년) 3월 초순 밤, NHK가 도쿄대공습 60주년을 맞이하여 기획한 〈도쿄대공습〉을 우연히 TV에서 볼 기회가 있었다. 이 프로그램은 1945년 3월 10일 미명未明, 도쿄 시타마치의 혼조(현 스미다 구)와 후카가와(현 고토 구) 일대가 공습을 당하여 10만 명이나 되는 사망자가 나왔다는, 전쟁 말기에 일어난 참사를 회상한 영상기록이다.

영상에서 혼조나 후카가와에서 재난을 당한 고령자들이 어린 시절에 경험한 사건의 한 장면 한 장면을 기억을 더듬어 가면서 이야기하였는데, 그 이야기를 들으며 내 머릿속에도 그 밤의 기억이 조금씩 살아났다. 그날 밤, 나도 다수의 사망자나 피해자와 마찬가지로 혼조의 한구석에 있는 공장에서 불을 끄느라 동분서주했고, 정신없이 도망 다니느라 갈팡질팡했기 때문이다.

당시 나는 15세의 소년이었다. 전해 가을 무렵이었던가, 학도근로령으로 학교 수업이 중단되었고, 나도 혼조의 어느 공장에서 일하고 있었다. 3월 9일에 우연히 야근조에 배치되었다가 이튿날인 10일 새벽에 공중폭격을 당하였다. 이때의 경험과 새벽에 본 처참한 정경을 지금도 잊을 수가 없다. 매년 3월 10일을 맞을 때마다 지나가 버린 세월을 되새기면서 감회에 빠지는 일이 많아진 요즘이다.

그 흉측한 날로부터 어느덧 60년이 넘는 세월이 새겨졌다. 그사이 남들만큼 여러 가지 일들을 경험했지만, 잊기 어려운 것이 몇 가지 있다.

20대 후반부터 30대 전반에 걸쳐 난세이 제도南西諸島의 도카라, 아마미, 오키나와의 섬들을 현지조사하면서 새고 저물어 갔던 날들을 잊기가 어렵다. 어떤 노인에게서 가해자 측의 한 사람이라고 꾸지람을 듣고 야마톤추大和人[1]라는 정체성의 확인을 강요당한 것은 오키나와 본도 남부 서해안 앞바다의 게라마慶良間 군도 중 하나인 게루마慶留間 섬에 머무를 때의 일이다. 그 노인의 딸은 전쟁 말기인 1945년 4월 오키나와 전투 직후에 야마톤추 군인에게 자결을 강요당해 죽었다고 하였다.

오키나와가 본토에 복귀되기 약 10년 전인 1960년 3월의 일이다. 그때 받은 충격은 지금까지 뇌리에 깊게 새겨져 있다. 이 일은

---

1 오키나와 주민들은 일본 본토에서 온 사람들을 야마톤추, 자신들을 우치난추라고 부른다.

내가 야나기타 구니오나 이하 후유, 오리쿠치 시노부 등 오키나와 연구의 선각자들이 전개한 '일류동조론'에 관심을 가지는 계기가 되었다.

그 10여 년 사이에 단속적으로 이어진 현지조사는 내게 무엇과도 바꿀 수 없는 경험이었다. 이 경험이 그 후 나를 민족학(문화인류학)과 민속학이라는 두 개의 '민조쿠'학의 경계 영역으로 이끌어 주었기 때문이다. 이것은 이 책에서 두 개의 '민조쿠'학을 광의의 '인류학'으로 묶은 것과도 이어져 있다.

30대 후반부터 40대 중반에 걸쳐 미국 동부의 하버드 대학과 서부의 캘리포니아 대학(버클리 캠퍼스)에서 연구소 생활을 보내고, 작은 타문화 경험을 쌓고 문화인류학 이론을 배울 기회를 가졌던 것도 잊을 수 없다. 이 책에서 하버드 대학이 있는 보스턴 교외의 캠브리지에 머무를 때 관찰한 것들을 언급하였는데, 이러한 타문화 경험은 그 후 인류학적 담론을 해독하는 데 간접적으로 도움이 되었다.

도미 전부터 동남아시아나 오세아니아의 민족지를 읽으면서 타문화 연구에 관심을 기울였지만, 구미 문화인류학의 이론 문제에 흥미를 가지게 된 것은 30대 중반에 하버드 대학에 있던 무렵부터였다. 캠브리지에서 보낸 2년간은 그 후 내 행보의 방향을 결정지었다.

공동연구를 해나가는 짬짬이 대학원의 문화인류학이나 민족지학, 사회학 관련 강의나 세미나에 출석하였고, 피바디 박물관의 인류학과 도서관이나 윌리엄 제임스 홀의 사회관계학부 도서관을 방문하여 문화인류학과 민족지학, 사회학 등의 정보를 입수하려고 노력한 것은 그리운 추억의 한 자락이 되었다. 이 책에서 재검토한 로버트 레드필드나 조지 M. 포스터 등의 민속문화 논고를 죄다 읽은 것도 하버드 대학에 유학할 때의 일이다.

이 책의 구상에 착수하고 나서 탈고하기까지 3년여의 세월이 지나갔다. 탈고한 지금 한숨 돌리면서 큰 신세를 진 두 기관에 감사를 드리고자 한다.

오사카 센리에 있는 대학공동이용기관법인·인간문화연구기구 국립민족학박물관(민박)에 방문하여 문헌을 검색하고 귀중한 자료를 입수할 수 있었다. 이 지면을 빌려 국립민족학박물관에 깊이 감사드린다.

민박이 '국립대학공동이용기관'으로서 발족한 때는 1974년 6월이다. 그로부터 2개월 전인 4월, 나는 오랜 세월을 지낸 고쿠가쿠인國學院 대학을 사직하고 '국문학연구자료관 국립민족학연구박물관 창설준비실'로 부임하였다. 그로부터 십수 년 동안 민박에 재직하였다. 인생의 절정기를 넘어선 지금 그럭저럭 탈고에 이르게 된 것은 민박에서 몸에 익힌 경쟁원리에 기인한 바가 크다. 연구부문제(강좌제)를 따르는 연구기관에서는 생각할 수 없는 일이지만, 초대 관장 우메사오 다다오 선생의 개성 풍부한 '연구경영' 방침에 따라 교수도 조교수도 조수도 모두 연구자로서 대등한 관계를 맺었기 때문이다.

11년이나 근무하는 동안 연구부장을 겸임하면서 우메사오 관장을 보좌했는데, 1976년 10월, 당시 50대 중반이던 우메사오 선생이 연구부 회의에서 「국립민족학박물관의 연구 방식에 대하여」(梅棹 1993b:109-166)라는 강화講話를 하신 적이 있다. 반파쿠万博 공원에 있는 일본만국박람회기념협회 건물에 임시로 들어가 있던 때로, 발족한 지 2년 후의 일이다. 그때 우메사오 선생이 평소와 달리 드물게 흥분한 얼굴로 우리를 향해 경쟁원리의 필요성을 역설했던 모습이 이제 와 무척이나 그립다.

70명 가까운 민족학자(문화인류학자) 동료들과 함께하던 오사카의 민박에서 민속학 전공 전임교원이 불과 세 명뿐인 조촐한 도쿄 세이조 대학으로 옮겨 오랜만에 학생들과 접하게 되어 당황하며 지내는 사이에 어느덧 정년을 맞이하였다. 세이조 대학에서는 부설기관인 민속학연구소의 소장을 9년 가까이 겸임했는데, 이렇게 오랫동안 겸임한 것은 공사 양면에서 큰 신세를 진 만년의 야나기타 구니오 옹, 그리고 학생시절부터 내게 따스한 배려와 신선한 자극을 준 야나기타 옹의 사위인 호리 이치로 초대 민속학연구소장과 맺은 기이한 인연 덕택일 것이다.

세이조 대학에서는 민속학연구소에서 야나기타 구니오의 장서를 수장한 야나기타 문고를 열람하고 도서관에서 문헌을 이용할 수 있었다. 이에 세이조 대학의 민속학연구소와 도서관에 깊은 감사를 표하는 바이다. 민속학연구소에서는 주임 모기 아키코 씨와 사서 사루와타리 시게코 씨에게 큰 신세를 졌다. 두 분께 깊이 감사드린다.

지쿠마쇼보가 현재 간행 중인 『야나기타 구니오 전집』의 편집에 참가하여 야나기타의 학문과 사상을 다시 접할 기회를 가진 것도 이 책의 집필을 촉진하는 계기가 되었다. 해제를 분담하여 집필하는 과정에서 종종 야나기타의 텍스트를 다시 읽을 필요를 절감했기 때문이다.

세이조 대학에서 정년퇴직을 한 후 '매일매일이 일요일'인 생활을 하며 세속적인 일에서 완전히 해방된 지 이제 6년째를 맞이하고 있다. 이러한 생활을 계속해 오던 내가 다시 집필을 시작하게 된 동기는 세이조 대학에서 퇴직한 지 2년 후인 2002년 가을에 『야나기타 구니오와 문화내셔널리즘』(이와나미쇼텐)을 출간한 일이었다.

이 책에서는 근대 일본이 낳은 뛰어난 지성과 풍부한 감성을 갖춘 야나기타 구니오의 학문과 사상을 재검토하기 위하여 내셔널리즘과 민족을 기본 개념으로 삼았다. 그리고 구미 인간과학의 성과를 검토할 필요를 절감하여, 오사카 센리에 있는 민박을 방문하여 문헌을 검색하고 자료를 수집하는 데 노력을 기울였다. 지금 돌이켜 생각하니, 이것이 이 책의 집필을 부추긴 계기가 되었던 것 같다. 이와 같은 까닭에 이 책은 『야나기타 구니오와 문화내셔널리즘』의 속편이라 할 수 있겠다.

이 책에서는 『야나기타 구니오와 문화내셔널리즘』에서 맥락상 본격적인 논의를 보류해 두었던 몇 가지 문제를 재검토하였다. 재해석한 부분도 있다. 오카 마사오의 '종족문화복합' 개념이나 야나기타 구니오의 고유신앙론 등은 재검토한 문제들 중 하나이다. 또한 이 책의 틀 중 하나로 삼은 민족 개념이나 이 책의 기본 개념으로 설정한 민속문화folk culture 등도 재해석한 문제들 중 하나이다.

민속문화라는 용어는 민속학자들 사이에서 아무런 조작 없이 기술 개념인 '민속'으로 치환될 뿐만 아니라, 개념이 명확히 정의되지 않은 채 사용되고 있다. 이것은 야나기타 구니오의 일국민속학 이래 민속학이라는 학문의 전통일지도 모르겠지만 결코 바람직한 일은 아니다. 이 책에서는 미국 문화인류학자의 민속문화라는 분석 개념을 재검토하고, 이것을 '에트노스로서의 민족'과 '네이션으로서의 민족'의 민속문화로 나누어 민속문화 변용과정의 분석틀을 설정하였다.

이 때문에 『야나기타 구니오와 문화내셔널리즘』과 중복된 부분이 몇 군데 있지만 재검토하거나 재해석한 곳은 가능한 한 본문에 명시하려고 노력하였다. 이 책은 그러한 의미에서 그 책의 자매편이기도 하다.

마지막으로 지쿠마쇼보 편집부의 야마모토 가쓰토시 씨에게 깊이 감사드리고 싶다. 야마모토 씨에게는 『증여교환의 인류학』(1995)을 출간할 때에도 신세를 졌는데, 이 책을 만드는 과정에서

도 귀중한 조언을 많이 받았다. 여기에 거듭 감사의 뜻을 표하는
바이다.

2005년 10월

이토 미키하루

옮긴이의 글

이 책의 원저는 이토 미키하루 선생의 『日本人の人類学的自画像—
柳田国男と日本文化論再考』이다. 이 책의 특징은 인류학의 위치나
정치성, 식민주의 등과는 일정한 거리를 유지하면서 일본의 인류
학이 수행해온 자문화 연구의 틀을 전면적으로 재검토하는 관점을
제공한다는 점이다. 두 개의 민조쿠가쿠(민속학, 민족학), 즉 타문화
를 연구하는 민족학(인류학)과 자문화를 연구해온 민속학을 서로를
바라보는 거울로 삼았다는 점에서 많은 시사점을 던져 주는 책이
다. 일본민속학의 아버지라 일컬어지는 야나기타 구니오를 사사하
고 미국에서 인류학을 공부한 지은이만큼 일본에서 두 학문의 흐
름과 위치에 대해 깊이 이해하는 사람은 드물 것이다. 지은이는 이
책에서 민속학을 발전적으로 읽고, 인류학적 관점에서 일본문화론
에 대한 비판적 분석의 토대를 마련하고자 노력하였다. 특히 '민족

학'이 '문화인류학'으로 명칭을 변경한 사실을 중시하여, 안트로포스anthropos로서의 인류를 연구대상으로 삼으면서 점차 그 의미가 감소하고 있는 민족학과, 지역사회로 눈을 돌리고 있는 민속학의 괴리를 염려한다.

이 책의 핵심어는 '민속문화', '민족', '역사의 척도'이다. 지은이는 일본민속학이 제시하는 '민속' 개념의 모호함을 지적하고 인류학자인 크로버와 레드필드의 '민속문화' 개념을 이용하자고 주장한다. 그는 네이션nation이 형성된 근대 이전에 형성된 에트노스ethnos로서의 민족이 전승해온 문화와 새롭게 창출된 문화를 포괄하는 것이 '민속문화'로서, '민족문화'—민족국가가 형성된 근대 이후의 네이션으로서의 민족의 문화—의 부분문화라고 정의한다. 또한 민속문화의 동일성을 논하는 데 프랑스 역사학의 아날학파가 사용한 역사의 장기·중기·단기 지속이라는 개념을 응용하였다.

구체적으로 살펴보면, 에트노스로서의 민족의 이질성을 전제로 한 기층문화론들을 소개하면서 그러한 연구들이 체계성, 이론적 실증성이 부족하고 문화본질주의에 빠질 위험성이 있다고 지적하고, 한편으로는 '문화의 다양성'이라는 시각을 일본사회 연구에 부여하였다고 평가한다. 하지만 이러한 문화론들은 실증하기가 어렵다는 한계를 지니므로 이에 대한 해결책으로 민족의 등질성에 기초한 야나기타 구니오의 역사과정론을 재검토할 필요성을 환기시킨다. 달리 말하면, 야나기타가 구상한 민속학에는 역사과정이라는 요소를 도입함으로써 민속문화의 다양성을 고찰할 수 있는 토대가 마련되어 있었다는 것이다.

또한 야나기타 구니오가 무의식적으로 제외한 (만들어진) '전통'에도 관심을 기울일 것을 주장하면서, 그 예로서 국가신도의 축일과 신전결혼식을 들고 이를 '국가의 포클로어'라고 파악하였다. 나아가 민속문화를 에트노스로서의 민족이 보지(保持)해온 다양성이 특징인 '민속문화'와, 민족국가 형성과정에서 네이션으로서의 민족을 모태로 창출되어 획일성이 특징인 '공통문화'로 나누고, 두 영역이 겹치는 부분이 이른바 '포클로리즘', 즉 새롭게 창출된 민속문화 영역이라고 설명한다. 또한 현대사회에서 민속문화의 복잡한 정황을 이해하려면 '글로벌 문화'를 상정하여 3자가 뒤엉키는 상황을 적극적으로 포착해야 한다고 강조한다. 마지막으로, 여태까지 일본 사회가 그려온 자화상은 민족적 정체성을 표상하려 한 야나기타의 일국민속학과 지역적 정체성을 재현하려고 한 기층문화론의 다양한 일본사회론을 축으로 형성되어 왔다고 정리하면서, 두 개의 민조쿠가쿠가 일본연구를 매개로 하여 상호교류를 촉진해야 한다고 글을 끝맺는다.

이 책은 민속학과 민족학에 정통한 지은이가 야나기타 구니오 이래 전개된 일본문화론을 성찰한다는 점에서 일본문화론 및 인류학을 공부하는 이들에게 의미 있는 논고라고 생각한다. 더불어 한국인이자 인류학자로서 옮긴이에게 이 책은 몇 가지 생각거리를 안겨 주었다. 첫째, 문화의 다양성에 대한 관점이다. 지은이는 글로벌화의 광풍이 일본의 내셔널 아이덴티티와 로컬 아이덴티티를 뒤

흔들 것이라고 말한다. 유네스코는 이 같은 글로벌화에 맞서 각국의 고유문화를 지키기 위한 보호조치로서 문화다양성협약을 채택한 바 있다. 우리나라도 글로벌화에 대응하여 그동안 내셔널 아이덴티티에 바탕을 둔 민족문화를 강조해 왔다. 하지만 이제 우리도 문화다양성에 대한 인식을 강화하고, 관점을 바꾸어 한국 내의 로컬 아이덴티티에 관심을 가져야 하지 않을까? 기존에 통용되던 민족문화 개념으로는 현재 한국의 민속(민족)문화를 제대로 이해할수 없기 때문이다. 따라서 우리 문화 내부의 다양성을 관찰하고 논의함으로써 기존 민족문화의 외연을 확장하여 새로운 '한국문화'를 분석하고 창조하는 계기로 삼아야 한다고 생각한다.

둘째, 일본의 민족학(문화인류학)이 일본연구를 수행한 과정을 학문의 성립기부터 현대까지 살펴봄으로써 인류학자의 필드워크 fieldwork 대상으로서 일본의 특징에 대해 재인식하게 되었다는 점이다. 일본은 기록·보존해온 문서자료가 방대하고, 이를 바탕으로 민속학, 생태학, 고고학, 역사학 분야에서 다양하고 깊이 있게 연구를 축적해 왔다. 이는 문서 기록의 보급·보존율이 높은 일본이라는 필드의 특징인 동시에 '유문자'사회의 인류학이 지닌 가능성을 시사한다. 인류학은 전통적으로 무문자사회를 연구해 왔으나 이제 동아시아 같은 문자사회를 연구해야 할 필요성에 직면해 있다. 이러한 상황에서 일본은 문자사회를 연구하는 데 필요한 인류학적 방법론을 구축하는 데 훌륭한 필드워크 대상이 될 것이다.

2006년 여름, 규슈 일대를 답사하던 중 후쿠오카에서 비를 긋기 위해 들른 서점에서 이 책을 만났다. 일본인의 자문화 연구의 흐름과 방식을 이해하기 쉽게 논하고 있고 인류학과 민속학에 대하여 한국학계에도 시사점을 제공해줄 것이라 생각하여 번역해야겠다고 결심하고 일조각 김시연 대표님께 말씀드렸더니 흔쾌히 승낙해 주셨다. 그로부터 정말 오랜 시간이 흘렀다. 그 오랜 시간을 묵묵히 기다려 주신 김 대표께 이 자리를 빌려 진심으로 감사드린다. 그리고 이 번역서의 첫 번째 독자로서 다음 독자들이 읽기 쉽게 문장을 다듬어 주고 수많은 역주를 요구해준 편집자 오지은 씨에게도 감사드리는 바이다.

2014년 여름, 전주에서

임경택

참고문헌

* 일본 문헌은 오십음 순, 서구 문헌은 알파벳 순으로 나열하였습니다.

青木 保
    1992. 「「伝統」と「文化」」, エリック・ホブズボウム, テレンス・レンジャー 編, 『創られた伝
        統』, 前川啓治 ほか 訳, 紀伊國屋書店, pp. 471-482.
赤坂憲雄
    2000. 『東西/南北考──いくつもの日本へ』, 岩波書店.
    2002. 「日本像の転換をもとめて──方法としての「いくつもの日本」へ」, 赤坂憲雄 ほか
        編, 『いくつもの日本』Ⅰ(日本を問いなおす), 岩波書店, pp. 3-29.
阿南 透
    1997. 「伝統的祭りの変貌と新たな祭りの創造」, 小松和彦 編, 『祭りとイベント』, 小学館,
        pp. 67-110.
網野善彦
    1982. 『東と西の語る日本の歴史』, そしえて.
    2000. 『「日本」とは何か』, 講談社.
綾部恒雄
    1986. 「20年の後に」, 日本民族学会 編, 『日本の民族学──1964~1983』, 弘文堂, pp.
        iv-vi.
    1993. 『現代世界とエスニシティ』, 弘文堂.
有賀喜左衛門
    1968. 「田植と村の生活組織」(原題 「村落生活──村の生活組織」), 『有賀喜左衛門著作集』

　　　Ⅴ(村の生活組織), 未来社, pp. 5−162(初出, 1948).

　　1971.「同族と親族」,『有賀喜左衛門著作集』Ⅹ(同族と村落), 未来社, pp. 15−66(初出, 1947)

家永三郎

　　1953.「柳田史学論」,『現代史学批判』, 和光社, pp. 83−140.

イーグルトン, テリー

　　1998.『ポストモダニズムの幻想』, 森田典正 訳, 大月書店(初出, Eagleton 1996).

石井研堂

　　1908.『増訂明治事物起原』, 橋南堂.

石田英一郎

　　1970a.「日本民俗学の将来――とくに人類学との関係について」,『石田英一郎全集』第2巻, 筑摩書房, pp. 157−168(初出, 1955).

　　1970b.「日本民族文化起源論の問題点」,『石田英一郎全集』第4巻, 筑摩書房, pp. 201−221(初出, 1966).

　　1970c.「日本民族の形成」,『石田英一郎全集』第4巻, 筑摩書房, pp. 234−243(初出, 1959).

　　1970d.「解説 岡正雄「日本民族文化の形成」――蓋然性をめぐる疑問」,『石田英一郎全集』第4巻, 筑摩書房, pp. 244−257(初出, 1966).

石田英一郎・江上波夫・岡正雄・八幡一郎

　　1958.『日本民族の起源』, 平凡社.

伊藤幹治

　　1982.『家族国家観の人類学』, ミネルヴァ書房.

　　1984.『宴と日本文化――比較民俗学的アプローチ』, 中央公論社.

　　1992.「仕事と余暇」,『成城教育』75: 82−84.

　　1995.『贈与交換の人類学』, 筑摩書房.

　　1996.「贈与と交換の今日的課題」,『岩波講座現代社会学』17(贈与と市場の社会学), 岩波書店, pp. 1−31.

　　2002.『柳田國男と文化ナショナリズム』, 岩波書店.

　　2004.「柳田國男の学問」,『成城大学民俗学研究紀要』28: 1−15.

井上忠司

　　1986.「結婚風俗の変遷――「神前結婚」を中心に」, 端信行 編,『日本人の人生設計』(現代日本文化における伝統と変容 2), ドメス出版, pp. 31−48.

岩竹美加子 編訳

　　1996.『民俗学の政治性――アメリカ民俗学100年目の省察から』, 未来社.

上野和男

　　1986.「日本民俗社会の基礎構造――日本社会の地域性をめぐって」, 竹村卓二 編,『日本民俗社会の形成と発展』, 山川出版社, pp. 23−46.

内田忠賢

　1999.「都市の新しい祭りと民俗学──高知「よさこい祭り」を手掛かりに」,『日本民俗学』
　　　220: 33-42.

　2000.「変化しつづける都市祝祭──高知「よさこい祭り」」, 日本生活学会 編,『祝祭の
　　　100年』, ドメル出版, pp. 130-144.

宇野正人

　1980.「都市祭における伝統への指向──神戸まつり」,『日本民俗学』128: 44-57.

梅棹忠夫

　1990a.「出雲大社」,『梅棹忠夫著作集』第7巻(日本研究), 中央公論社, pp. 277-306(初
　　　出, 1961).

　1990b.「国立民族学博物館はどんなところか」,『梅棹忠夫著作集』第15巻(民族学と博物
　　　館), 中央公論社, pp. 233-264(初出, 1987).

　1993a.「実践・世界言語紀行」,『梅棹忠夫著作集』第20巻(世界体験), pp. 479-671(初出,
　　　1992).

　1993b.「国立民族学博物館における研究のありかたについて」,『梅棹忠夫著作集』第22巻
　　　(研究と経営), pp. 109-166(初出, 1977).

江守五夫

　1976.『日本村落社会の構造』, 弘文堂.

太田好信

　1993.「文化の客体化──観光をとおした文化とアイデンティティの創造」,『民族学研
　　　究』57(4): 383-410.

大塚和夫

　2000.『近代・イスラームの人類学』, 東京大学出版会.

大藤時彦

　1954.「年中行事」, 開国百年記念文化事業会 編,『明治文化史』第13巻(風俗編), 洋々社,
　　　pp. 377-416.

大野 晋

　1957.『日本語の起源』, 岩波書店.

大林太良

　1979.「日本民族起源論と岡正雄学説」, 岡正雄 著,『異人その他──日本民族＝文化の源
　　　流と日本国家の形成』, 言叢社, pp. 415-431.

　1984.「民族形成の時期──日本民族を中心にして」,『民族学研究』48(4): 401-405.

　1990.『東と西 海と山──日本の文化領域』, 小学館.

　1996.「社会組織の地域類型」, ヨーゼフ・クライナー 編,『地域性からみた日本──多元的
　　　理解のために』, 新曜社, pp. 13-37.

岡 正雄

　1979a.「日本民族文化の形成」,『異人その他──日本民族＝文化の源流と日本国家の形

　　　成』, 言叢社, pp. 3-17(初出, 1956).

　1979b.「日本文化の基礎構造」,『異人その他――日本民族＝文化の源流と日本国家の形
　　　成』, 言叢社, pp. 18-36(初出, 1958).

　1979c.「日本民俗学への二, 三の提案――比較民俗学の立場から」,『異人その他――日本
　　　民族＝文化の源流と日本国家の形成』, 言叢社, pp. 61-85(初出, 1958).

　1979d.「岡正雄 年譜」,『異人その他――日本民族＝文化の源流と日本国家の形成』, 言叢
　　　社, pp. 481-489.

神島二郎

　1971.「南島論――〈 原日本 〉を求めて」,『文明の考現学――〈 原日本 〉を求めて』, 東京
　　　大学出版会, pp. 76-104.

　1988.「日本社会と常民」, 桜井徳太郎 編,『日本民俗の伝統と創造』, 弘文堂, pp. 3-21.

蒲生正男

　1960.『日本人の生活構造序説』, 誠信書房.

　1966.「社会人類学――日本におけるその成立と展開」, 日本民族学会 編,『日本民族学の
　　　回顧と展望』, 日本民族学協会, pp. 27-49.

川田順造

　1993.「なぜわれわれは「伝承」を問題にするのか」,『日本民俗学』193: 15-21.

　1999.「「民族」概念についてのメモ」,『民俗学研究』63(4): 451-461.

川田順造 ほか

　1988.「総合討論」, 川田順造・福井勝義 編,『民族とは何か』, 岩波書店, pp. 303-354.

陸 羯南

　1968.「日本文明進歩の岐路」,『陸羯南全集』第1巻, みすず書房, pp. 395-401(初出,
　　　1888).

桑原武夫

　1957.「伝統と近代化」,『岩波講座現代思想』XI(現代日本の思想), 岩波書店, pp. 271-
　　　300.

ゲルナー, アーネスト

　2000.『民族とナショナリズム』, 加藤節監 訳, 岩波書店.

高坂正顕

　1964.「歴史的世界」,『高坂正顕著全集』第1巻(歴史哲学), 理想社, pp. 5-268(初出,
　　　1937).

河野 眞

　2003.「フォークロリズムの生成風景――概念の原産地への探訪から」,『日本民俗学』
　　　236: 3-19.

後藤総一郎

　1997.「『遠野物語』の新地平――注釈研究十年の史譜」, 後藤総一郎監修・遠野常民大学 編
　　　著,『注釈 遠野物語』, 筑摩書房, pp. 1-4.

小松和彦

1997.「総論 神なき時代の祝祭空間」, 小松和彦 編,『祭りとイベント』(現代の世相 5), 小学館, pp. 5-38.

2000.「「たましい」という名の記憶装置――「民俗」という概念をめぐるラフ・スケッチ」, 小松和彦 編,『記憶する民俗社会』, 人文書房, pp. 7-55.

小松和彦・宮田登

1986.「日本民俗学」, 日本民族学会 編,『日本の民俗学――1964~1983』, 弘文堂, pp. 128-133.

佐々木高明

1997.『日本文化の多重構造――アジア的視野から日本文化を再考する』, 小学館.

サーリンズ, M. D.

1984.『石器時代の経済学』, 山内昶 訳, 法政大学出版局.

志賀重昂

1977.「「日本人」が懐抱する処の旨義を告白す」, 松本三之介 編,『近代日本思想大系』(明治思想集 II), 筑摩書房, pp. 7-11(初出, 1888).

篠原 徹

1994.「環境民俗学の可能性」,『日本民俗学』200: 111-125.

1996.「提言メモ――シンポジウム: 転換期における人類科学」,『民俗学研究』60(4): 380-381.

末永美代子

1978.「都市祭りのイメージ構造」, 森岡清美 編,『変動期の人間と宗教』, 未来社, pp. 196-218.

杉本尚次

1977.『地域と民家――日本とその周辺』, 明玄書房.

鈴木正崇

1998.「総説――特集 日本民俗学の現在」,『日本民俗学』216: 1-14.

スミス, アントニー・D

1998.『ナショナリズムの生命力』, 高柳先男 訳, 晶文社(初出, Smith 1991).

1999.『ネイションとエスニシティ――歴史社会学的考察』, 巣山靖司・高城和義 他訳, 名古屋大学出版会(初出, Smith 1986).

薗田 稔

1988.「祭とマチ文化」, 井上忠司 編,『都市のフォークロア』(現代日本文化における伝統と変容 4), ドメス出版, pp. 113-125.

坪井洋文

1979.『イモと日本人――民俗文化論の課題』, 未来社.

1982.『稲を選んだ日本人――民俗的思考の世界』, 未来社.

1986.『民俗再考――多元的世界への視点』, 日本エディタースクール出版部.

鶴見和子
　　1977.「われらのうちなる原始人——柳田國男を軸にして近代化論を考え直す」,『漂泊と
　　　　定住と——柳田國男の社会変動論』, 筑摩書房, pp. 3-34.

東条 操 編
　　1954.『分類方言辞典——標準語引』, 東京堂.

長島信弘
　　1964.「日本文化の地域的差異(二)——村落社会に関する統計的研究」,『人類科学』16:
　　　　87-103.

二宮宏之
　　1988.「ソシアビリテの歴史学と民族」, 川田順造・福井勝義 編,『民族とは何か』, 岩波書店,
　　　　pp. 37-48.
　　1995.「ソシアビリテの歴史学と基層文化」, 川田順造 編,『ヨーロッパの基層文化』, 岩波
　　　　書店, pp. 339-352.

日本民族学会 編
　　1966.『日本民族学の回顧と展望』, 日本民族学協会.
　　1986.『日本の民族学——1964~1983』, 弘文堂.

橋本万太郎
　　1988.「言語からみた民族と国家——中国的民族観をめぐって」, 川田順造・福井勝義 編,
　　　　『民族とは何か』, 岩波書店, pp.69-87.

林 若樹
　　1915.「改暦の影響」,『集古会志』甲寅 1: 1-5(成城大学民俗学研究所柳田文庫所蔵).

ハンドラー , リチャード/リネキン, ジョスリン
　　1996.「本物の伝統, 偽物の伝統」, 岩竹美加子 編訳,『民俗学の政治性——アメリカ民俗学
　　　　100年目の省察から』, 未来社, pp. 125-156(初出, Handler and Linnekin 1984).

平山和彦
　　1992.『伝承と慣習の論理』, 吉川弘文館.

福田アジオ
　　1986.「初期柳田國男の研究と現代民俗学」,『思想』747: 1-16.
　　1998a.「総説 民俗学の方法」, 赤田光男 ほか 編,『講座日本の民俗学』1(民俗学の方法),
　　　　雄山閣, pp. 3-17.
　　1998b.「民俗学の目的」, 赤田光男 ほか 編,『講座日本の民俗学』1(民俗学の方法), 雄山
　　　　閣, pp. 99-114.
　　2000.「みんぞくがく 民俗学」, 福田アジオ ほか 編,『日本民俗大辞典』下, 吉川弘文館,
　　　　pp. 640-642.

福武 直
　　1949.『日本農村の社会的性格』, 東京大学出版会.

藤井隆至

1995.『柳田國男 経世済民の学——経済・論理・教育』, 名古屋大学出版会.

フジタニ, T.

1994.『天皇のページェント——近代日本の歴史民族誌から』, 日本放送出版協会.

藤本 強

1988.『もう二つの日本文化』, 東京大学出版会.

ブローデル・フェルナン

1989.「長期持続——歴史と社会科学」, 井上幸治 編集・監訳,『フェルナン・ブローデル』, 新評論, pp. 15-68(初出, Braudel 1958).

ホブズボウム, エリック

1992.「序論——伝統は創出される」エリック・ホブズボウム, テレンス・レンジャー編 ,『創られた伝統』, 前川啓治 ほか 訳, 紀伊國屋書店, pp. 9-28(初出, Hobsbaum 1983).

ホール, エドワード T.

1979.『文化を超えて』, 岩田慶治・谷泰 訳, TBSブリタニカ(初出, Hall 1976).

馬淵東一

1974.「沖縄民俗社会研究の展望」,『馬淵東一著作集』補巻, 社会思想社, pp. 523-570(初出, 1971)

1988.「古野清人先生をめぐる事ども」,『馬淵東一著作集』第1巻, 社会思想社, pp. 337-347(初出, 1979).

三木 清

1985.「伝統論」,『三木清全集』第14巻, 岩波書店, pp. 307-317.

宮本常一

1981.「常民の生活」, 大野晋 ほか,『東日本と西日本』, 日本エディタースクール出版部, pp. 75-102.

1983.「民俗から見た日本の東と西」,『宮本常一著作集』3(風土と文化), 未来社, pp. 81-103(初出, 1963).

民俗学研究所 編

1951.『民俗学辞典』, 東京堂.

民族学振興会 編

1984.『民族学振興会 五十年の歩み——日本民族学集団 略史』, 民族学振興会.

務台理作

1941.「伝統」,『岩波講座倫理学』第6冊, 岩波書店, pp. 1-26.

村上泰亮・公文俊平・佐藤誠三郎

1979.『文明としてのイエ社会』, 中央公論社.

森岡清美
　1970.『日本の近代社会とキリスト教』, 評論社.

八木康幸
　1994a.「ふるさとの太鼓――長崎県における郷土芸能の創出と地域文化のゆくえ」,『人文地理』46(6): 581-603.
　1994b.「町おこしと民俗学――民俗再帰的状況とフォークロリズム」, 御影史学研究会編,『民俗の歴史的世界』, 岩田書院, pp. 481-502.
　1998.「祭りと踊りの地域文化――地方博覧会とフォークロリズム」, 宮田登 編,『現代民俗学の視点』3(民俗の思想), 朝倉書店, pp. 122-145.
　2003.「フェイクロアとフォークロリズムについての覚え書き――アメリカ民俗学における議論を中心にして」,『日本民俗学』236: 20-48.

柳田國男
　1964.「現代科学といふこと」,『定本柳田國男集』第31巻, 筑摩書房, pp. 3-16(初出, 1947).
　1997a.「故郷七十年」,『柳田國男全集』第21巻, 筑摩書房, pp. 3-375(初出, 1959).
　1997b.「海上の道」,『柳田國男全集』第21巻, 筑摩書房, pp. 377-415(初出, 1952).
　1997c.「鼠の浄土」,『柳田國男全集』第21巻, 筑摩書房, pp. 487-523(初出, 1960).
　1998a.「青年と学問」,『柳田國男全集』第4巻, 筑摩書房, pp. 3-174(初出, 1928).
　1998b.「白髪水」,『柳田國男全集』第6巻, 筑摩書房, pp. 210-212.
　1998c.「狼と鍛治屋の姥」,『柳田國男全集』第6巻, 筑摩書房, pp. 463-494(初出, 1931).
　1998d.「民間伝承論」,『柳田國男全集』第8巻, 筑摩書房, pp. 3-194(初出, 1934).
　1998e.「郷土生活の研究法」,『柳田國男全集』第8巻, 筑摩書房, pp. 195-368(初出, 1935).
　1998f.「花咲爺」(原題「昔話覚書」),『柳田國男全集』第9巻, 筑摩書房, pp. 298-312(初出, 1937).
　1998g.「日本の祭」,『柳田國男全集』第13巻, 筑摩書房, pp. 355-508(初出, 1942).
　1998h.「天の南瓜」,『柳田國男全集』第13巻, 筑摩書房, pp. 588-598(初出, 1941).
　1998i.「自序(国史と民俗学)」,『柳田國男全集』第14巻, 筑摩書房, pp. 86-87(初出, 1944).
　1998j.「国史と民俗学」,『柳田國男全集』第14巻, 筑摩書房, pp. 88-127(初出, 1935).
　1998k.「郷土研究と郷土教育」,『柳田國男全集』第14巻, 筑摩書房, pp. 144-170(初出, 1932).
　1998l.「歴史教育の話」,『柳田國男全集』第14巻, 筑摩書房, pp. 171-181(初出, 1939).
　1998m.「先祖の話」,『柳田國男全集』第15巻, 筑摩書房, pp. 3-150(初出, 1946).
　1998n.「黒百合姫の祭文」,『柳田國男全集』第15巻, 筑摩書房, pp. 415-440(初出, 1944).
　1999a.「氏神と氏子」,『柳田國男全集』第16巻, 筑摩書房, pp. 233-373(初出, 1947).
　1999b.「婚礼の起原」(原題「婚礼考察」),『柳田國男全集』第17巻, 筑摩書房, pp. 607-

624(初出, 1947).

1999c.「炭焼日記」,『柳田國男全集』第20巻, 筑摩書房, pp. 449-719(初出, 1958).

2001a.「凡人史の省察」,『柳田國男全集』第28巻, 筑摩書房, pp. 188-192(初出, 1929).

2001b.「郷土資料の蒐集と分類」,『柳田國男全集』第28巻, 筑摩書房, pp. 546-548(初出, 1932).

2003a.「女性生活史 1」,『柳田國男全集』第30巻, 筑摩書房, pp. 366-371(初出, 1941).

2003b.「民俗学の話(一人座談)」,『柳田國男全集』第30巻, 筑摩書房, pp. 417-425(初出, 1941).

2004.「喜談日録(一~四)」,『柳田國男全集』第31巻, 筑摩書房, pp. 231-244(初出, 1946).

柳田國男 編

1954.『日本人』, 毎日新聞社.

柳田國男・折口信夫・石田英一郎

1965a.「日本人の神と霊魂の観念そのほか」,『民俗学について――第二柳田國男対談集』, 筑摩書房, pp. 5-47(初出, 1949).

1965b.「民俗学から民族学へ――日本民俗学の足跡を顧みて」,『民俗学について――第二柳田國男対談集』, 筑摩書房, pp. 49-86(初出, 1950).

山内昌之

1996.「ネーションとは何か――日本と欧米の非対称性」,『岩波講座現代社会学』第24巻(民族・国家・エスニシティ), 岩波書店, pp. 1-25.

吉田憲司

1999.『文化の「発見」』, 岩波書店.

吉野耕作

1997.「エスニシティとナショナリズムの社会理論」,『文化ナショナリズムの社会学――現代日本のアイデンティティの行方』, 名古屋大学出版会, pp. 19-52(初出, 1987).

米山俊直

1986.「現代社会と祭り――神戸まつり1984」,『都市と祭りの人類学』, 河出書房新社, pp. 179-186.

1989.『小盆地宇宙と日本文化』, 岩波書店.

レヴィ=ストロース, クロード

1972.『構造人類学』, 荒川幾男 ほか 訳, みすず書房(初出, Lévi-Strauss 1958).

ルゴフ, ジャック

1992.「歴史学と民族学の現在――歴史学はどこへ行くか」, 二宮宏之 編訳,『歴史・文化・表象―アナール派と歴史人類学』, 岩波書店, pp. 15-45.

和歌森太郎

1972a.「伝承文化」, 大塚民俗学会 編,『日本民俗事典』, 弘文堂, p. 479.

1972b.「民俗学」, 大塚民俗学会 編,『日本民俗事典』, 弘文堂, pp. 705-707.

1981a. 「日本民俗学概説」, 『和歌森太郎著作集』第9巻(日本民俗学の理論), 弘文堂, pp. 3−177(初出, 1947).

1981b. 「民俗学の歴史哲学」, 『和歌森太郎著作集』第10巻(歴史学と民俗学), 弘文堂, pp. 6−23(初出, 1948).

1981c. 「柳田國男と歴史学」, 『和歌森太郎著作集』第11巻(日本社会史の研究), 弘文堂, pp. 233−387(初出, 1975).

Bausinger, Hermann
1986. "Toward a Critique of Folklorism Criticism." In James R. Dow and Hannjost Lixfeld (eds.). *German Volkskunde: A. Decade of Theoretical Confrontation, Debate, and Reorientation (1967−1977)*. James R. Dow and Hannjost Lixfeld (trans.). Bloomington: Indiana University Press, pp. 113−123.

Befu, Harumi
1983. "Internationalization of Japan and Nihon Bunkaron." In Hiroshi Mannari and Harumi Befu (eds.). *The Challenge of Japan's Internationalization: Organization and Culture*. Nishinomiya: Kwansei Gakuin University, pp. 232−266.

2001. *Hegemony of Homogeneity: An Anthropological Analysis of Nihonjinron*. Melbourne: Trans Pacific Press.

Bellah, Robert N.
1983. "Religion in Japan: National and International Dimensions." In Hiroshi Mannari and Harumi Befu (eds.). *The Challenge of Japan's Internationalization: Organization and Culture*. Nishinomiya: Kwansei Gakuin University, pp. 201−211.

Bendix, Regina
1989. "Tourism and Cultural Displays: Inventing Tradition for Whom?" *Journal of American Folklore* 102: 103−146.

1997. *In Search of Authenticity: The Formation of Folklore Studies*. Madison: The University of Wisconsin Press.

Boissevain, Jeremy
1992. "Introduction: Revitalizing European Rituals." In Jeremy Boissevain (ed.). *Revitalizing European Rituals*. London: Routledge, pp. 1−19.

Brass, Paul R.
1991. *Ethnicity and Nationalism: Theory and Comparison*. New Delhi and London: Sage Publications.

Braudel, Fernand

   1980. *On History.* Sarah Matthews (trans.). Chicago: The University of Chicago Press (Originally published in 1969).

Calhoun, Craig

   1997. *Nationalism.* Buckingham: Open University Press.

Cohn, Bernard S.

   1980. "History and Anthropology: The State of Play." *Comparative Studies in Society and History* 22(2): 198–221.

   1987. "Anthropology and History in the 1980s: Towards a Rapprochement." *An Anthropologist among the Historians and Other Essays.* Oxford: Oxford University Press, pp. 50–77.

Connor, Walker

   1994. "Beyond Reason: The Nature of the Ethnonational Bond." *Ethnonationalism: The Quest for Understanding.* Princeton: Princeton University Press, pp. 196–207 (Originally published in 1993).

De Vos, George and Lola Romanucci–Ross

   1975. "Ethnicity: Vessel of Meaning and Emblem of Contrast." In George De Vos and Lola Romanucci–Ross (eds.). *Ethnic Identity: Cultural Continuities and Change.* Palo Alto: Mayfield Publishing, pp. 363–390.

Dorson, Richard M.

   1969. "Fakelore." *Zeitschrift für Volkskunde* 65: 56–64.

   1976. *Folklore and Fakelore: Essays toward a Discipline of Folk Studies.* Cambridge: Harvard University Press.

Dundes, Alan

   1966. The American Concept of Folklore. *Journal of the Folklore Institute* 3(3): 226–249.

Eller, Jack David

   1999. *From Culture to Ethnicity to Conflict: An Anthropological Perspective on International Ethnic Conflict.* Ann Arbor: The University of Michigan Press.

Epstein, A. L.

   1978. *Ethos and Identity: Three Studies in Ethnicity.* London: Tavistock Publications.

Eriksen, Thomas Hylland

   1993. *Ethnicity and Nationalism: Anthropological Perspectives.* London: Pluto Press.

Fallers, L. A.

1967. "Are African Cultivators to be called Peasants?" In J. M. Potter, M. N. Diaz and G. M. Foster (eds.). *Peasant Society: A Reader.* Boston: Little, Brown and Company, pp. 35–41 (Originally published in 1961).

Fenton, Steve

1999. *Ethnicity: Racism, Class and Culture.* London: Macmillan Press.

Foster, G. M.

1953. "What is Folk Culture?" *American Anthropologist* 55(2): 159–173.

Friedman, Jonathan

1992. "The Past in the Future: History and the Politics of Identity." *American Anthropologist* 94(4): 837–859.

Fujitani, Takashi

1993. "Inventing, Forgetting, Remembering: Toward a Historical Ethnography of the Nation–State." In Harumi Befu (ed.). *Cultural Nationalism in East Asia.* Berkeley: Institute of East Asian Studies, University of California at Berkeley, pp. 77–106.

Gellner, Ernest

1994. *Encounters with Nationalism.* Oxford and Cambridge: Blackwell.

Gomme, George Laurence

1892. *Ethnology in Folklore.* London: Kegan Paul, Trench, Trübner.

1908. *Folklore as an Historical Science.* London: Methuen.

Guibernau, Montserrat

1996. *Nationalism: The Nation–State and Nationalism in the Twentieth Century.* Cambridge: Polity Press.

Hall, Stuart

1992. "The Question of Cultural Identity." In Stuart Hall, et al. (eds.). *Modernity and its Futures.* Cambridge: Polity Press, pp. 273–325.

Handler, Richard

1984. "On Sociocultural Discontinuity: Nationalism and Cultural Objectification in Quebec." *Current Anthropology* 25(1): 55–71.

1986. "Authenticity." *Anthropology Today* 2(1): 2–4.

1988. *Nationalism and the Politics of Culture in Quebec.* Madison: The University of Wisconsin Press.

Handler, Richard and Jocelyn Linnekin

1984. "Tradition, Genuine or Spurious." *Journal of American Folklore* 97: 273–290.

Hettne, Björn

1996. "Ethnicity and Development: An Elusive Relationship." In Denis Dwyer and David Drakakis–Smith (eds.). *Ethnicity and Development: Geographical Perspectives.* New York: John Wiley & Sons, pp. 15–44.

Hutchinson, John

1987. *The Dynamics of Cultural Nationalism: The Gaelic Revival and the Creation of Irish Nation State.* London: Allen & Unwin.

Jenkins, Richard

1986. "Social Anthropological Models of Inter–Ethnic Relations." In John Rex and David Mason (eds.). *Theories of Race and Ethnic Relations.* Cambridge: Cambridge University Press, pp. 170–186.

Kamishima, Jiro

1983. "Political Principles and Japanese Society." In Hiroshi Mannari and Harumi Befu (eds.). *The Challenge of Japan's Internationalization: Organization and Culture.* Nishinomiya: Kwansei Gakuin University, pp. 170–200.

Kapferer, Bruce

1988. *Legends of People, Myths of State: Violence, Intolerance, and Political Culture in Sri Lanka and Australia.* Washington and London: Smithsonian Institution Press.

Kroeber, A. L.

1923. *Anthropology.* New York: Harcourt, Brace.

Lang, Andrew

1910. *Custom and Myth.* London: Longmans, Green.

Linnekin, Jocelyn S.

1983. "Defining Tradition: Variations on the Hawaiian Identity." *American Ethnologist* 10(2): 241–252.

Löfgren, Orvar

1989. "Anthropologizing America: Review Essay." *American Ethnologist* 16(2): 366–377.

Macdonald, Sharon

1993. "Identity Complexes in Western Europe: Social Anthropological Perspectives." In Sharon Macdonald (ed.). *Inside European Identities: Ethnography in Western Europe.* Providence and Oxford: Berg, pp. 1–26.

Miller, David

1995. *On Nationality.* Oxford: Clarendon Press.

Nagashima, Nobuhiro

1984. "Regional Differences in Japanese Culture: A Statistical Study." In

Nobuhiro Nagashima and Hiroyasu Tomoeda (eds.). *Regional Differences in Japanese Rural Culture: Results of a Questionnaire (Senri Ethnological Studies No.14)*. Osaka: National Museum of Ethnology, pp. 199–212.

Nagashima, Nobuhiro and Hiroyasu Tomoeda (eds.)
1984. *Regional Differences in Japanese Rural Culture: Results of a Questionnaire (Senri Ethnological Studies No.14)*. Osaka: National Museum of Ethnology.

Nieguth, Tim
1999. "Beyond Dichotomy: Concepts of the Nation and the Distribution of Membership." *Nations and Nationalism* 5(2): 155–173.

Obayashi, Taryo
1984. "Prerequisites to the Determination of Culture Areas in Japan." In Nagashima Nobuhiro and Hiroyasu Tomoeda (eds.). *Regional Differences in Japanese Rural Culture: Results of a Questionnaire (Senri Ethnological Studies No.14)*. Osaka: National Museum of Ethnology, pp. 213–217.

Ohnuki–Tierney, Emiko
1990. Introduction: The Historicization of Anthropology. In Emiko Ohnuki–Tierney (ed.). *Culture through Time: Anthropological Approaches*. Stanford: Stanford University Press, pp. 1–25.

Piper, Nicola
1998. *Racism, Nationalism and Citizenship: Ethnic Minorities in Britain and Germany*. Aldershot and Brookfield: Ashgate.

Radin, Max
1937. "Tradition." In Edwin R. A. Seligman (ed.). *Encyclopaedia of the Social Sciences Vol. VIII*. pp. 62–67.

Redfield, Robert
1930. *Tepoztlán, a Mexican Village: A Study of Folk Life*. Chicago: The University of Chicago Press.
1955. "Societies and Cultures as Natural Systems." *Journal of the Royal Anthropological Institute of Great Britain and Ireland* 85: 19–32.
1962. "The Folk Society." In M. P. Redfield (ed.). *Human Nature and the Study of Society: The Papers of Robert Redfield, Vol. I*. Chicago and London: The University of Chicago Press, pp. 231–253 (Originally published in 1942).
1964. *The Folk Culture of Yucatan*. Chicago: The University of Chicago Press (Originally published in 1941).
1967. "The Social Organization of Tradition." In J. M. Potter, M. N. Diaz and G. M. Foster (eds.). *Peasant Society: A Reader*. Boston: Little, Brown and Company, pp. 25–34 (Originally published in 1955).

Sekimoto, Teruo

2003. "Selves and Others in Japanese Anthropology." In Akitoshi Shimizu and Jan van Bremen (eds.). *Wartime Japanese Anthropology in Asia and the Pacific (Senri Ethnological Studies No.65)*. Osaka: National Museum of Ethnology, pp. 131–142.

Shils, Edward

1981. *Tradition*. Chicago: The University of Chicago Press.

Skeat, Walter William

1900. *Malay Magic: Being an Introduction to the Folklore and Popular Religion of the Malay Peninsula*. London: Macmillan.

Smith, Anthony D.

1988. "The Myth of the 'Modern Nation' and the Myths of Nations." *Ethnic and Social Studies* 11(1): 1–26.

1989. "The Origins of Nations." *Ethnic and Racial Studies* 12(3): 340–367.

1993. "The Nation: Invented, Imagined, Reconstructed?" In Marjorie Ringrose and Adam J. Lerner (eds.). *Reimagining the Nation*. Buckingham and Philadelphia: Open University Press, pp. 9–28.

Taylor, Chales

1998. "Nationalism and Modernity." In John A. Hall (ed.). *The State of the Nation: Ernest Gellner and the Theory of Nationalism*. Cambridge: Cambridge University Press, pp. 191–218.

Taylor, Edward B.

1913. *Primitive Culture: Researches into the Development of Mythology, Philosophy, Religion, Language, Art and Custom*. 5th ed., Vol. 1. London: Murray (Originally published in 1871).

Wagner, Roy

1981. *The Invention of Culture*. Chicago: The University of Chicago Press (Originally published in 1975).

Wolf, E. R.

1955. "Types of Latin American Peasantry: A Preliminary Discussion." *American Anthropologist* 57(3): 452–471.

사항 색인

273

류큐 민족 34

ㅁ

마쓰리 104, 154, 200~208, 211,
　213~218
　행정 주도형 ── 201, 203
모권적 사회 45, 46
목요회 21, 54, 55
무라구미 117, 118
무의식 37, 91
　──의 구조 91, 92, 136
　──의 전승 139, 143, 146~149
문명 27
　문명사회 25, 26, 145
문화 163, 190, 191, 194, 197, 200
　──의 획일화 200
　──의 균일화 200
　──의 객체화 190, 191, 194
　──의 재맥락화 190, 191
　──의 진정성 194, 196, 197
문화본질주의 106
문화영역 125~128
　──의 설정 126, 128
문화적 공동체 230, 231
문화적 단위 168, 169, 230, 231
문화적 정체성 5, 56, 57, 59, 99, 231,
　233, 235, 241
　──의 위기 54~56, 234, 235
　──의 성찰 57
미도스지 퍼레이드 201, 204~206,
　211, 214, 218, 219
민가 구분 125
민간전승 20, 59, 138, 139, 151, 152,
민속 25, 29, 59, 163, 194, 195, 197,

198, 207, 209
　가짜 ── 197, 198, 207, 209
민속공동체 26
　──의 동의어 59
의사 ── 194
진정한 ──
민속문화 6, 24, 25, 28, 29, 35, 47, 61,
　63, 66, 75, 94~96, 108, 110, 113,
　117, 132, 134, 136, 145, 176, 183,
　186, 187, 191, 194~196, 198~200,
　206, 207, 209~212, 226
　── 요소 211, 212, 219
　──의 가변성 133, 136, 137, 139,
　143, 149, 199
　──의 개념 25
　──의 고정화 127
　──의 구조 70, 120, 136
　──의 구조적 안정성 105
　──의 균일성 187, 210
　──의 기반 212
　──의 다양성 108, 111, 117, 125,
　187
　──의 다원성 105
　──의 단일성 108
　──의 단일화 110, 111
　──의 등질성 107, 108, 114, 117
　──의 등질화 111, 113
　──의 메커니즘 110
　──의 변용 195
　──의 변용과정 8, 196, 199, 211,
　219
　──의 변화 134
　──의 소급 가능성 81, 132
　──의 역동성 81, 192
　──의 역류 193

인명 색인

일본인의 인류학적 자화상

인류학적 관점에서 본 야나기타 구니오와 일본민속학

제1판 1쇄 펴낸날 2014년 8월 29일

지은이 ǀ 이토 미키하루
옮긴이 ǀ 임경택
펴낸이 ǀ 김시연

펴낸곳 ǀ (주)일조각
등록 ǀ 1953년 9월 3일 제300-1953-1호(구 : 제1-298호)
주소 ǀ 110-062 서울시 종로구 경희궁길 39
전화 ǀ 734-3545 / 733-8811(편집부)
733-5430 / 733-5431(영업부)
팩스 ǀ 735-9994(편집부) / 738-5857(영업부)
이메일 ǀ ilchokak@hanmail.net
홈페이지 ǀ www.ilchokak.co.kr

ISBN 978-89-337-0684-8 93330
값 18,000원

* 옮긴이와 협의하여 인지를 생략합니다.
* 이 도서의 국립중앙도서관 출판예정도서목록(CIP)은 서지정보유통지원시스템 홈페이지
(http://seoji.nl.go.kr)와 국가자료공동목록시스템(http://www.nl.go.kr/kolisnet)에서
이용하실 수 있습니다.
(CIP제어번호 : CIP2014024047)